Unverwechselbares OSNABRÜCK

Fotografen:

Peter Franke
Bertram Kober

Interviews mit:

Prof. Dr. Arnulf Baring, Jurist, Historiker und Publizist
Dr. Franz-Josef Bode, Bischof von Osnabrück
Viktoria Freifrau von dem Bussche, Schloss Ippenburg
Dr. Jürgen Ralf Großmann, Unternehmer der Georgsmarienhütte Holding GmbH
Doris Janssen-Reschke, Landessuperintendentin von Osnabrück
Gordian Maugg mit Prof. Daniel Libeskind, Architekt des Felix-Nussbaum-Hauses
Wilhelm von Sternburg, Historiker und Remarque-Biograf
Bruno Switala, Fachdienst für Denkmalpflege Osnabrück

und Beiträge von:

Dr.-Ing. E. h. Fritz Brickwedde, Generalsekretär der Deutschen Bundesstiftung Umwelt
Heidrun Derks, Museumsleiterin „VARUSSCHLACHT im Osnabrücker Land“ gGmbH, Museum und Park Kalkriese
Hubert Dinger, Hauptgeschäftsführer der Industrie- und Handelskammer Osnabrück-Emsland
Dr. Wolfgang Eder, Direktor der Division of Earth Sciences, UNESCO, Paris
Katja Grube, Stadt Osnabrück, Fachbereich Grün und Umwelt
Thomas Held, Geschäftsführer der Deutschen Stiftung Friedensforschung
Inge Jaehner, Direktorin des Felix-Nussbaum-Hauses
Prof. Dr. Gottfried Kiesow, Vorstandsvorsitzender der Deutschen Stiftung Denkmalschutz
Peter Mucke, Geschäftsführender Vorstand, terre des hommes Deutschland e.V. – Hilfe für Kinder in Not
Prof. Dr. Dr. h. c. mult. Paul Raabe, ehemaliger Leiter der Herzog August Bibliothek in Wolfenbüttel;
ehemaliger Direktor der Franckeschen Stiftungen zu Halle
Prof. Dr. Wolfgang Schlüter, ehemaliger Kreisarchäologe in Osnabrück, ehemaliger wissenschaftlicher Leiter
des Forschungsprojektes „Kalkriese“
Dr. Thomas F. Schneider, Universität Osnabrück, Erich Maria Remarque-Friedenszentrum
Rainer Schomann, Niedersächsisches Landesamt für Denkmalpflege, Hannover
Klaus Schröder, Stadt Osnabrück, Fachbereich Grün und Umwelt
Prof. Dr. Gerd Steinwascher, Leitender Archivdirektor, Staatsarchiv Oldenburg
Prof. Dr. Thomas Vogtherr, Universität Osnabrück, Fachbereich Kultur- und Geowissenschaften, Geschichte des Mittelalters

Rosine De Dijn

Unverwechselbares

OSNABRÜCK

herausgegeben vom Verkehrsverein Stadt und Land Osnabrück e. V.

Edition Leipzig

Bibliografische Information Der Deutschen Bibliothek
Die Deutsche Bibliothek verzeichnet diese Publikation
in der deutschen Nationalbibliografie; detaillierte bibliografische
Daten sind im Internet über http://dnb.ddb.de abrufbar.
ISBN 3-361-00586-8

www.edition-leipzig.de

Gedruckt auf alterungsbeständigem Papier mit chlorfrei gebleichtem Zellstoff.
Die Schreibweise folgt den Regeln der neuen Rechtschreibung.

Umschlag, Layout: Oberberg · Seyde und Partner, Lurette Seyde, Leipzig
Karten: S. 238 TERRA.vita Naturpark Nördlicher Teutoburger Wald, Wiehengebirge, Osnabrücker Land e. V.
S. 239, 240: Middendorf grafik & design, Osnabrück
Reproduktionen: Förster & Borries GmbH, Zwickau
Druck und Binden: Grafisches Centrum Cuno GmbH & Co. KG, Calbe
Printed in Germany

Inhalt

Geleitwort

Auf vielen unterschiedlichen Wegen entdeckt die Autorin Rosine De Dijn Osnabrück. Sie hat mit Unternehmern, Künstlern und Wissenschaftlern gesprochen und kann mit ihrem unvoreingenommenen Blick selbst denjenigen ein neues Bild von Osnabrück zeigen, die die Stadt bereits näher kennen. Sie ist einer vitalen Stadt begegnet, die einerseits stolz auf ihre Geschichte ist, sich andererseits aber darauf konzentriert, die Herausforderungen der Gegenwart zu gestalten, um die Zukunft zu gewinnen.

Für das Selbstverständnis der Stadt Osnabrück ist ein Datum von besonderer Bedeutung: Der Westfälische Friede von 1648. Mit diesem Ereignis, das den 30-jährigen Krieg beendet hat, begann eine neue Epoche in Europa. Der Westfälische Friede hat Grundlagen einer Rechts- und Staatskonzeption gelegt, die bis heute gültig sind. Damals siegte pragmatische Vernunft über die Gewalt der Waffen. Ein prägendes Element dieses Friedens war der Gedanke der Toleranz. Auf diesen Errungenschaften politischer und religiöser Kultur gründet Osnabrücks heutiges Selbstverständnis als Friedensstadt. Damit hat sich die städtische Gemeinschaft – die Bürgerinnen und Bürger Osnabrücks – der Aufgabe verschrieben, Vorurteile zu bekämpfen und Impulse für Frieden und Verständigung zu fördern. Einige Elemente des Konzeptes „Friedensstadt" werden in diesem Buch vorgestellt. Dazu gehören das Felix-Nussbaum-Haus, das Erich Maria Remarque-Friedenszentrum, die Osnabrücker Friedensgespräche und das alljährliche Steckenpferdreiten. Besonders stolz sind die Osnabrücker darauf, dass die Bundesregierung entschieden hatte, den Sitz der Deutschen Stiftung Friedensforschung in Osnabrück anzusiedeln. Eine große Bedeutung für die kommunale Friedensarbeit in Osnabrück hat das Kinderhilfswerk terre des hommes, das seine Bundeszentrale in Osnabrück hat.

Der europäische Erweiterungs- und Integrationsprozess ist eine noch nie da gewesene Herausforderung, die gerade den Kommunen die Bereitschaft abverlangen wird, neue Formen des Wirtschaftens, der Integration und der Kultur zu entwickeln. Wenn wir wollen, dass der Einigungsprozess Europas zugleich zu einer Stabilisierung des Friedens auf unserem Kontinent und in der Welt führt, dann müssen wir dort eine Friedenskultur etablieren, wo die Menschen leben: in den Städten und Gemeinden. Ich bin überzeugt davon, dass die Friedensstadt Osnabrück beispielhafte Konzepte entwickelt hat, die zeigen, wie notwendig der Gedanke der Toleranz als Voraussetzung für eine friedliche Entwicklung unserer Gesellschaft – national, aber auch international – noch immer ist.

Hans-Jürgen Fip
Oberbürgermeister der Stadt Osnabrück

Geleitwort

Was ist einzigartig, was besonders interessant und sehenswert im Osnabrücker Land? Der Bogen spannt sich von den historischen Funden der Varusschlacht aus dem Jahre 9 n. Chr. in Kalkriese über die Angebote des Heilbädergartens bis hin zur Präsentation eines abwechslungsreichen Kulturprogramms. Dabei hat die Region viel Einzigartiges zu bieten – von den Trittsiegeln voreiszeitlicher Erdbewohner bis hin zur florierenden Automobilindustrie, die heute schon gestaltet, was übermorgen auf den Straßen der Welt rollt.

Mehr als 500 000 Menschen leben in der Region, die größer ist als das Saarland. Die Menschen im Osnabrücker Land sind zumeist bodenständig und bescheiden, sie arbeiten hart, aber sie verstehen auch zu genießen. Eine volkstümliche Redensart sagt es deutlich: „Wer feste arbeitet, kann auch Feste feiern." Vom Artland bis nach Bad Laer und von Bramsche bis nach Melle, in den 38 munteren Städten, Gemeinden und Samtgemeinden des Landkreises Osnabrück beleben beeindruckende Ausstellungen und Konzerte sowie zahlreiche Volksfeste und Veranstaltungen das tägliche Geschehen.

Das Osnabrücker Land zeigt sich auch kulinarisch von seiner besten Seite – von der deftigen Küche des Landgasthofs bis zu Gourmetrestaurants. Essen und Trinken hält Leib und Seele zusammen – das wissen die Menschen zwischen Teutoburger Wald und Artland. Und es bringt Geld in die Region: Eine florierende Lebensmittelindustrie und zahlreiche Fleisch verarbeitende Unternehmen machen das Osnabrücker Land weltweit bekannt. Und mehr noch: Die Stahl- und Metallbranche sorgt dafür, dass kein Auto in der Welt ohne Georgsmarienhütter Stahl fährt.

Landschaftliche Vielfalt und Schönheit, der reizvolle Heilbädergarten, ein üppiges Freizeitangebot mit unzähligen Kilometern Radwanderstrecken, fünf Golfplätzen, zahlreichen Seen oder mehr als 3000 Baudenkmale laden zum Entdecken ein. Außerdem spielt im Osnabrücker Land die Musik: Ob Klassik bei den Tagen Alter Musik, Jazz im Dissener Bahnhof oder Folk beim Venner Festival – Besucherohren kommen voll auf ihre Kosten. Egal, wo man sich im Osnabrücker Land bewegt und was man tut – Erleben und Genießen werden ganz groß geschrieben.

Manfred Hugo
Landrat des Landkreises Osnabrück

Rechte Seite:
Park der Deutschen
Bundesstiftung Umwelt

Einführung

Es schlug wie eine Bombe ein. An einem Donnerstag, Ende April 2003. Stern und ZDF, McKinsey und T-Online veröffentlichten das Ergebnis der Studie „Perspektive Deutschland", an der sich mehr als 350 000 Menschen beteiligt hatten. 87 Prozent aus der Region Osnabrück hatten dafür votiert, dass es sich hier gut oder sehr gut leben ließe. Mit diesem Wert landete Osnabrück auf Platz 1 dieses bundesweiten Wettbewerbs.

Ausgerechnet Osnabrück! Warum das Osnabrücker Land? Eine Teilantwort gab die Kampagne „Wir sind zum Glück aus Osnabrück". Innerhalb von vier Tagen entstand sie in der Osnabrücker Agentur Hagenhoff und Graef, angestoßen vom Oberbürgermeister und finanziell getragen von der Osnabrücker Wirtschaft. Zahlreiche Anzeigen, Plakate, Aufkleber, T-Shirts und Buttons: Viele Osnabrücker zeigten ihren Stolz auf diesen ersten Platz, manchen wurde es auch zu viel. Man muss wissen: Die Osnabrücker lieben das Understatement. Wenn es wirklich sehr gut läuft, dann ist das nicht etwa „toll" oder „fantastisch", sondern „gar nicht so schlecht". Und dazu passt: „Wir sind gut zufrieden". Schlechtes Deutsch? Ein Lebensgefühl.

Die Idee für dieses Buch ist älter als die oben genannte Umfrage. Aber sie bestätigte uns darin, nach dem Besonderen, dem Unverwechselbaren, dem Identitätsstiftenden in der Region zu suchen und darüber überwiegend Autoren schreiben zu lassen, die nicht aus Osnabrück stammen. Dies ist also kein Buch von Osnabrückern für Osnabrücker, keine lokal- oder regionalpatriotische Publikation. Am Anfang stand die Entscheidung für einen Leipziger Verlag, Leipziger Fotografen, eine belgische Autorin, die Beteiligung auswärtiger Experten sowie die Berufung eines unabhängigen Redaktionsteams von Fachleuten, das über Themen des Buches entscheiden sollte.

Mit dem Verlag Edition Leipzig hatten wir seitens der Deutschen Bundesstiftung Umwelt schon sehr positive Erfahrungen bei der Herausgabe mehrerer Bücher gesammelt. Die Fotografen Peter Franke und Bertram Kober hatten sich schon bei dem wertvollen Bildband „Umwelt Kultur Schutz" bewährt. Die Hauptautorin Rosine De Dijn war uns durch wunderbare Bücher z. B. über Flandern als profilierte Journalistin aufgefallen. Nun galt es durch das Redaktionsteam die Themen zu benennen. Was macht das „unverwechselbare Osnabrück" aus? Den Titel hatte Denkmalpfleger Bruno Switala vorgeschlagen und war auf Zustimmung gestoßen. Gemeinsam mit ihm und dem Leiter des Staatsarchivs Dr. Gerd Steinwascher, später dann seiner Nachfolgerin Dr. Birgit Kehne, Dr. Arno Weinmann (DBU), Dagmar von Kathen, Dr. Sven Jürgensen, Burkhard Riepenhoff und Hartmut Escher (Stadt und Landkreis Osnabrück) berieten wir „Alleinstellungsmerkmale". Dabei mussten wir den „Mut zur Lücke" haben. Dies ist kein Buch, in dem der Leser alles Wichtige findet, sondern nur das Besondere. Zur Vollständigkeit hätten Beiträge zu Universität und Fachhochschulen mit ihren 18 000 Studenten ebenso gehört wie die Darstellung vieler guter Museen und kultureller oder sportlicher Ereignisse. Aber dass die „Wirtschaftswoche" 2004 Osnabrück nach Hamburg, Stuttgart und Düsseldorf zu den „Top 10" der deutschen Großstädte zählte, bestärkte uns darin, sich auf das „Unverwechselbare" zu konzentrieren.

Natürlich wurde die Varusschlacht 9 n. Chr. in Kalkriese bei Osnabrück benannt, der Zusammenstoß der Römer und Germanen, der Feldherren Varus und Arminius, dann die Gründung von Bistum und Stadt 804 durch Karl den Großen, die Unterwerfung und Christianisierung der Sachsen, der Siegeszug des Franken-Kaisers und die sagenumwobene Gestalt des Herzogs Widukind.

Der Westfälische Friede von Münster und Osnabrück 1648 stellt ein herausragendes Ereignis der europäischen Geschichte dar, das bis heute wirkt. Das Einzigartige für unsere Region: Das Fürstbistum Osnabrück wurde über anderthalb Jahrhunderte abwechselnd von einem katholischen und einem evangelischen Fürstbischof regiert.

Das, was der Krieg vom alten Osnabrück übrig gelassen hat – der Dom und die drei mittelalterlichen Hallenkirchen, die Steinwerke, Fachwerk- und Renaissance-Häuser –, gehört ebenso zur Identität der

Bürgergarten in Bad Essen

Stadt wie die Schlösser des Fürstbischofs in Osnabrück und Bad Iburg sowie die Adelssitze im Osnabrücker Land.

Bei dem weltberühmten Antikriegsschriftsteller Erich Maria Remarque aus Osnabrück („Im Westen nichts Neues") handelt es sich ebenso um einen Verfemten des Dritten Reiches wie bei dem Osnabrücker Maler Felix Nussbaum, dem Daniel Libeskind sein erstes Gebäude widmete.

Dass es in der Region Osnabrück Spitzenunternehmen von Weltrang gibt, wird in diesem Buch ebenso beschrieben wie die Schönheit der Natur, gleich ob es sich um die zu zwei Dritteln grüne Stadt mit ihren Parks und Grünanlagen oder um das Wiehengebirge und den Teutoburger Wald handelt, die Osnabrück mit einem Naturpark umgeben.

Die eigentliche Größe der Stadt Osnabrück mit 165 000 Einwohnern wird häufig unterschätzt. In einem Radius von nur zehn Kilometern um das Stadtzentrum leben ca. 275 000 Menschen. Mehrere nordrhein-westfälische unmittelbare Nachbargemeinden sind auf Osnabrück hin orientiert. Der Landkreis Osnabrück mit 350 000 Einwohnern stellt einen der größten Kreise Niedersachsens dar. Im Einzugsgebiet des Oberzentrums Osnabrück leben etwa eine Million Menschen.

Alle Interviewpartner, Autoren von Sachbeiträgen und Mitglieder der Redaktion dieses Buches haben ehrenamtlich für dieses Projekt gearbeitet. Ihnen möchte ich dafür herzlich Dank sagen, dass sie mit ihren Beiträgen zum „Unverwechselbaren Osnabrück" wertvolle Aussagen getroffen haben. Ein besonderer Dank gilt Christina Müller, der Cheflektorin des Verlags Edition Leipzig, Rosine DeDijn, der Hauptautorin unseres Buches, und den Fotografen Peter Franke und Bertram Kober. Sie haben aus der Distanz heraus die Nähe zum Thema unseres Buches gefunden und wesentlichen Anteil am Gelingen dieses Projektes gehabt.

Wie nähert man sich Osnabrück? Ein Mann würde antworten: Über die Autobahnen A 1, A 30 oder A 33 bzw. über den Flughafen Münster/Osnabrück oder mit dem IC oder ICE von Hamburg, Köln oder Hannover kommend. Die Antwort einer Frau können Sie erfahren, wenn Sie sich in die wunderbaren Texte von Rosine De Dijn einlesen und so einer Region nähern, die etwas Unverwechselbares bewahrt hat.

Dr.-Ing. E. h. Fritz Brickwedde
Vorsitzender des Verkehrsvereins Stadt und Land Osnabrück e.V.

Von Spruchbalken und Sole, einem Fluss ohne Quelle, Meyerhöfen und Heuerhäusern, Moorschnucken und eigenwilligen Schlossherren

Ein launischer Streifzug durch das Osnabrücker Land

Blühendes Rapsfeld bei Melle

Eine erste Annäherung

Sollte man sich aus nördlicher Richtung nähern oder zunächst durch den Süden fahren? Auch der Osten besitzt einen ganz eigenen Charme ... , sagen die Leute. So hat man bei der ersten zaghaften Tuchfühlung mit dem Osnabrücker Land – fast so groß wie das Saarland, fest eingebunden zwischen dem westfälischen Münsterland und der norddeutschen Tiefebene – bereits die Qual der Wahl. Es kann also den zögerlichen Fremden nicht zu verdenken sein, wenn sich sogar die Einheimischen gegenseitig Unkenntnis über ihre unterschiedlichen Regionen vorwerfen, die Nordländer ihre südlichen Nachbarn leise bespötteln und behaupten: „Über den Penterknapp, eine kaum 80 Meter hohe Hügelkuppe kurz vor der Tuchstadt Bramsche an der Hase, kommen die fast nie hinweg." Die Südländer unterscheiden sich wiederum nicht nur von den Nordländern, sondern angeblich auch gehörig von den Ostländern, sei es allein schon wegen der andersartigen Landschaft oder dem deftigen Platt. Kann man überhaupt mit diesem Landstrich – in die Form eines Knochens gezwängt, dessen Wege von überall her immer wieder bis in die eng geschnürte Mitte nach Osnabrück führen – auf Anhieb vertraut werden, wenn man sich nicht auskennt? Wohl kaum! Aber man sollte ehrlich sein. Die Geschichte beginnt mit einem Geständnis und gleichzeitig mit einer Abbitte. Was wissen wir schon? Gar nichts. Man ist einfach immer nur vorbei- oder durchgefahren – die Autobahn entlang, eilig, schnell, irgendwohin, von irgendwoher, zügig am Osnabrücker Land vorbei.

Doch wer sanfte Höhen, sattgrüne Wiesenhänge, stattliche Bauernhöfe, Fachwerk, endlose Horizonte mag und Sinn für leise Töne und Poesie hat, für Ursprünglichkeit, unprätentiöse Gastlichkeit und Tradition, wird fast über Nacht unweigerlich in einen Bann gezogen. Ja, alles steht im Internet. Fast alles. Beim Surfen staunt man über Sauriergeschichten, über Germanen und Römer, über Findlinge und Hünen,

Seiten 12/13:
Borgloher Schweiz

„Grüner Tunnel“, Allee bei Gesmold

Sagen über Widukind und Spuren Karls des Großen, katholische und protestantische Kirchtürme, Schlösser und Klöster, Bauernstand und Zuchtpferde, Sole und Körnerbrot. Überzeugend? Noch nicht so recht. So schaut man besser auf die Landkarte und macht sich selbst auf den Weg: nach Gesmold und Bad Iburg, nach Kalkriese und in das Venner Moor, nach Schledehausen und Badbergen, nach Berge, Ankum und Quakenbrück, nach Bramsche und Börstel.

Namen aus dem Nichts? Ja, aber nicht mehr lange.

Gen Osten

So fahren wir an einem späten Sommernachmittag, der schwere Himmel voller treibender Wolken, aus dem Rheinland kommend übers Land, von Bielefeld über Melle nach Bad Essen. Auf einer sanft ansteigenden, kurvenreichen Straße geht es durch zahlreiche Alleen mit mächtigen Eichen, Buchen und duftenden Linden, dann wieder an silbergrauen, hoch gewachsenen Birken vorbei, durch „grüne Tunnel“ und „Schlagwälder“, die hier am nördlichen Hang des Wiehengebirges unter Naturschutz stehen. Immer mal wieder warnt ein Dreiecksschild vor einer „Hofausfahrt“ oder vor „Baumunfällen“ inmitten der weiten Landschaften und im Hochsommer goldgelb anmutender Kornfelder. Dunkles Grün schmiegt sich an den hohen Himmel und mitten in den satten Wiesen entdeckt man hier und dort große Bauernhöfe, ein Fachwerkhaus, Stallungen und grasendes Vieh, aber weit und breit keinen geschlossenen Ort. Im Mai leuchtet hier das Gelb der Rapsfelder, aber auch Spargelbeete sind zu sehen, im Mitsommer das wogende Meer aus Roggen, Hafer, Gerste oder Weizen, dann wieder Kartoffeläcker, so weit das Auge reicht, und Rübenschläge. Ein Fleckchen Erde zum Durchatmen.

Findlinge als Steingrab

Diese Landschaft ist geprägt von den Bauern, die hier Viehzucht und Ackerbau betreiben. Im August kann man sich sicher zwischen dem mannshoch aufgeschossenen Mais verirren und dem Zirpen und Summen der Insekten lauschen. Dann riecht die Erde trocken und der Trubel des städtischen Treibens scheint endlos weit weg. Was für ein himmlischer Frieden!

Wer zerbricht sich wohl in dieser leisen Stimmung den Kopf darüber, was sich hier vor Millionen von Jahren abgespielt haben mag? Immerhin: Aus geologischer und kunsthistorischer Sicht ist diese Region, ein ehemaliges Flussschwemmland, reich gesegnet mit Sehenswürdigkeiten, deren Entstehung zum Teil sehr, sehr lange zurückliegt. Alt ist das Land, sehr alt. Kalksteinschichten mit eingeschlossenen Muscheln, Tintenfischen und Donnerkeilen sind noch heute stille Zeugen dieser bewegten Vergangenheit. Behäbige, tonnenschwere Dinosaurier hinterließen ihre riesigen Fußabdrücke in einer Steilwand in Barkhausen und ganze Heerscharen von Wissenschaftlern durchkämmten diese friedliche Region auf den Spuren unbekannter Wesen.

Gott sei's gelobt, die Jurassic-Monster haben das Wiehengebirge längst verlassen und die besagten Millionen von Jahren und verschiedenen Eiszeiten haben ihre Arbeit getan, für Verwitterung und Auswaschung gesorgt. Übrig geblieben ist schließlich eine reizvolle Landschaft, ein Revier für leidenschaftliche Jäger, die – je nach Jahreszeit – der sprichwörtlichen Sau hinterherjagen, bevor sie feuchtfröhliche Stätten aufsuchen, versteckte Waldkneipen unter mächtigen Laubkronen der Eichen, Buchen und Ahorne. In diesem Paradies für Pilzsammler wachsen dicke Waldbeeren, singen Buchfink und Lerche ihr lautes Lied und hämmert der fleißige Specht die Würmer aus der Baumrinde.

Bereits die Hünen lebten in den hohen Wäldern, ehrten ihre Toten und hinterließen ihre Gräber. Das beweisen riesige Findlinge, die jedoch leider nur allzu oft ahnungslos zerstört wurden. Der Sage nach soll Widukind, der Sachsenherzog, nicht weit entfernt im Örtchen Belm getauft worden sein. Karl der Große, zunächst sein erbitterter Gegner, soll sein Taufpate gewesen sein. Den Historikern war diese Geschichte selbstverständlich nicht ganz geheuer. Aber eines steht fest: Einige Kilometer von Belm entfernt, in Rulle, findet man heute noch Reste der Widukindsburg und in der romanischen Kirche St. Dionysius zu Belm steht ein Sandstein-Taufbecken aus dem 13. Jahrhundert. Ja, so alt ist das Land.

Reste der Widukindsburg

Widukinds Taufe

(aus dem Osnabrücker Sagenbuch)

Widukind war nach all den unglücklichen Kämpfen an dem Glauben seiner Väter irre geworden; Zwiespalt im Herzen tragend, saß er grübelnd auf seiner Burg. Karl sandte zu ihm und ließ ihm Verzeihung anbieten, wenn er dem Heidentum abschwöre. Ein Wunder – so erzählt eine zweite Sage von den Karlssteinen – überzeugte den Sachsenfürsten von der Wahrheit des Christentums. Eines Tages traf nämlich Karl auf einem Jagdausfluge mit Widukind zusammen und Karl suchte seinen Gegner von dem Irrtum der heidnischen Lehre zu überzeugen. Sie waren unterdessen bei den Opfersteinen im Hone angelangt. Da forderte Widukind den König auf, einen Beweis für die Macht des Christengottes und die Wahrheit der christlichen Lehre zu geben. Wenn er mit seiner Reitgerte die gewaltige Steinplatte zerschlage, dann wolle er an das Evangelium glauben und sich taufen lassen. Im Vertrauen auf Gottes Beistand schlug Karl auf den Stein – und siehe! er zersprang in drei Stücke. Jetzt war Widukind bereit, den heidnischen Göttern abzuschwören. Bald trafen sich Karl und Widukind wieder an einer Quelle am Fuße der Widukindsburg im Nettetal und hier ließ der Sachsenherzog sich taufen. Karl selbst war Taufpate. Die Quelle, die auf einer Wiese der Oestringer Mühle entspringt, heißt seitdem Dreifaltigkeitsquelle.

Nach einer anderen Sage wurde Widukind aus dem jetzt noch vorhandenen Taufstein in Belm getauft. Dem Orte gab Widukind den Namen Bethlehem, um anzudeuten, dass er dort im Geiste wiedergeboren sei, wie Christus zu Bethlehem geboren wurde. Aus dem Worte Bethlehem wurde dann im Laufe der Zeit Belm. Nach der Taufe schenkte Karl dem Sachsenherzog ein weißes Ross und deshalb wandelte Widukind das schwarze Sachsenross seines Wappens in ein weißes.

Als Karl gegen Widukind stritt, lagerte er einst bei Bokeloh an der Ems. Einer dritten Sage nach mischte sich Widukind eines Tages, als in dem Kirchlein die Messe gelesen wurde, unerkannt unter die Menge der Gläubigen. Als die Wandlung kam, sah er in der Hostie, die der Priester emporhob, das Jesuskind von Strahlen umglänzt und von der Stunde an wurde er selbst ein Christ.

Und das mit dem friedlichen Nebeneinander

Die Sachsen müssen sich übrigens arg schwer getan haben mit der Christianisierung. Die Burgunder, Franken, Alemannen und Langobarden und sogar die Bayern und Friesen lobten längst das Evangelium, während das Volk am Wiehengebirge und im Teutoburger Wald immer noch Wodan, den Gott der Magier, toben hörte und Freya, der Göttin der Liebe und Fruchtbarkeit, dankte. Erst Karl dem Großen gelang es Ende des 8. Jahrhunderts, das unwirtliche Gebiet zu durchqueren und den ungestümen Widukind zu besiegen. Daraufhin zogen Priester und Mönche aus Osnabrück und Minden mit Weihwasser übers Land, predigten ihre neue Lehre und bauten die ersten Gotteshäuser.

Doch letztlich nicht wegen der katholischen Lehre, sondern wegen des Pomps der römischen Kirche, hatten die bodenständigen Niedersachsen Bedenken. Das kam Gerhard Hecker aus Erfurt, der 1521 Luthers Thesen nach Osnabrück brachte, nur allzu gelegen. Stadt und Land sympathisierten mit dem Protestantismus. Die Zeichen standen auf Sturm. Zwiespalt wurde in die Familien getragen. Zweifel

Kirche in Badbergen, Westseite mit Turm

Taufbecken

Ackerbürgerhof bei Gehrde

Fachwerkhaus im Gröneberg-Park in Melle

zerrissen den Frommen das Herz. Der große Habsburger Karl V. versuchte mit dem Schmalkaldener Krieg 1548, die evangelischen Predigten zu verbieten, die aber 1552, nach dem Passauer Vertrag, wieder frei gehalten werden durften. Ein ewiges Hin und Her bis zum Dreißigjährigen Krieg.

Ob die erdverbundenen Bauern und Bürger überhaupt noch Vertrauen in den vermeintlichen Vertreter Gottes auf Erden hatten? Man legte immer Wert auf ein friedliches Zusammenleben – bis zum heutigen Tage. Im Großen und Ganzen ... , sagt man. Denn man kann das mit der Toleranz zwischen den Religionen – Stolz der Osnabrücker – so oder so sehen. Und Anekdoten gibt es zuhauf. Das Kirchengebäude wurde zwar vielerorts von den Anhängern beider Konfessionen genutzt – eine einmalige Situation für die damalige Zeit –, aber Irritationen gab es allemal: so in Badbergen, wo Protestanten und Katholiken jeweils eine Hälfte des gemeinsamen Taufbeckens nutzten, jedoch große Angst hatten, das heilige Weihwasser könnte sich vermischen und somit entweiht werden. Erinnert sei auch an die Geschichte des Örtchens Glane, das während des Dreißigjährigen Krieges von der Obrigkeit für katholisch befunden wurde. Die Glaner Protestanten wollten sich damit nicht abfinden und legten Einspruch ein. Am grünen Tisch in Nürnberg rang man um einen Kompromiss. Sieben Ortschaften der Region sollten evangelisch werden, sieben katholisch bleiben. Und siehe da, Glane erklärte man erneut für katholisch – und das ist es auch heute noch.

Der winzige Ort Belm wiederum hat seit 1819 zwei Kirchen. Denn einmal verweigerten die Katholiken den Protestanten das Betreten des Gotteshauses, dafür öffneten die umliegenden Güter den Protestanten klammheimlich ihre gute Stube zum Gebet. Amtshandlungen wie Taufen, Trauungen und Beerdigungen blieben aber fest in katholischer Hand, konnte man dafür doch Gebühren erheben, meinten böse Zungen ... , und so scheiterte wiederholt die gemeinsame Kirchennutzung für die Gläubigen beider Konfessionen an der starren Haltung der geistlichen Obrigkeit. So entschieden sich Katholiken und Protestanten für zwei Kirchen. Ja, wie steht es denn da um die viel gelobte Toleranz?

In Ankum, wo mit dem „Artländer Dom“ eines der imposantesten Bauwerke des Osnabrücker Nordlandes steht, erging es den Gläubigen nicht viel anders. Die neoromanische, dem heiligen Nikolaus geweihte Kirche blieb letztlich katholisch, wie die Mehrheit der Bevölkerung des alten Handelsstädtchens. Doch diesem Umstand geht eine langwierige Geschichte voraus. Lange Zeit konnte man sich nicht einigen, ob der Ort nun katholisch oder protestantisch werden sollte. Der Jesuitenpater Lucenius, Gott habe ihn selig, wurde während des Dreißigjährigen Krieges zwecks Prüfung aufs Land geschickt und sollte es richten. Aber er muss wohl vor Verzweiflung die Hände über dem Kopf zusammengeschlagen haben. Ihm lief nicht nur ein verheirateter katholischer Priester mit fünf Kindern über den Weg, sondern auch noch ein Kaplan mit sechs Kindern. Und der Küster war „dem Trunke verfallen“. Was nun, lieber Pater Lucenius?

Spruch über der Haustür, Fachwerkhaus in Ostenwalde

„Pavillönchen“ in Bad Essen

Aber warum so viel hinterfragen? Bis Bad Essen sind es noch zwei Kilometer. Eine faszinierende Fahrt durch Wald und Wiese unter einem immer wieder launig wechselnden Himmel, südlich über den Berg, die Serpentinen hinunter. Hinter der Kurve rechts stehen unvermittelt das im Jahr 1907 erbaute Waldhotel, die historische Wassermühle und, einsam und ein wenig anachronistisch anmutend mitten im Grün, das „Pavillönchen“, das exotische Geschenk der Reedersfamilie Rickmers aus Bremerhaven, seinerzeit von einer Schiffsreise eigens aus China mitgebracht und bis in ihre Sommerfrische nach Bad Essen verfrachtet. Dort genießt es heute ein wunderliches Eigenleben und die bodenständige Gemeinde mit ihren zahlreichen Fachwerkhäusern, der Kartoffel- und Apfelkultur, Solbädern und einem Sinn für Handfestes hütet das filigrane Teehaus wie ein seltsames Kleinod, was es ja auch ist.

In den drei ehemaligen Ackerbürgerhäusern an der Bergstraße, vor noch nicht allzu langer Zeit mit Akribie unter den wachsamen Augen der Denkmalpfleger sorgfältigst restauriert und zum Hotel umgebaut, begegnet man der Landhausidylle pur: üppig wachsende Geranien in Blumenkästen und sattes Grün, säuberlich geschnittene Buchsbäumchen im Vorgarten und eine spontane Gastlichkeit.

„Durch Feuers Glut bin ich geleget nieder. Durch Gottes Hülfe und Menschen Hände stehe ich hier wieder.
Den Eingang und Ausgang segne Gott.
Christina Elsabeln Warrensmanns
Witwe Schmihing et Sohn
Christoff Erdwin Schmihing
Anno 1794 den 15ten Juni. G. H. Focke“

Ein frommer Wunsch, kunstvoll in einen dunklen Balken – den Spruchbalken – eingeschnitzt, ziert das einladende Dielentor. Landauf, landab kann man diese Sprüche an den Fassaden der zahlreichen prächtig erhaltenen Traditionshäuser lesen. Neben der Nennung des Baujahres und der Namen des Bauherrn und Baumeisters werden Gesundheit, Frieden und ein gesichertes Einkommen beschworen und immer wieder, wie am Haupthaus des „Buchenhofes“, wird die flehentliche Bitte geäußert, doch möglichst von einem Feuer verschont zu bleiben.

Das ist nicht ganz unbegründet. Die Angst vor der stets drohenden Feuergefahr saß den Fachwerkhausbewohnern von jeher im Nacken. Heute besitzt fast keines der sächsischen Hallenhäuser mehr das einst charakteristische Strohdach. Das trockene Stroh musste nicht nur regelmäßig mit viel Kosten und Aufwand ausgebessert werden, sondern brannte auch nur zu gern lichterloh. Wie oft läutete die Brandglocke Sturm und rief die Bauern aus sämtlichen umliegenden Ortschaften herbei? Das erbarmungslose Gebimmel schmiedete zwar die Dorfbewohner zusammen, aber die Menschen atmeten doch erleichtert auf, als es endlich Tonziegel zu kaufen gab.

Das Fachwerk übrigens blickt hierzulande auf eine tausendjährige Geschichte zurück. Zwischen den Fächern des Gerüstes setzten bereits im Mittelalter die Baumeister Staken aus harten Buchen- und Eichenästen. Dazwischen flocht man horizontal biegbare Weiden- und Nussbaumzweige. Es ist übrigens keine Mär, dass das von den kräftigen Balken gehaltene, eng vernetzte Gitterwerk schließlich mit einer Mischung aus Lehm und Strohhäcksel, aber auch einer ordentlichen Portion Kuhdung verputzt wurde. Dieser klebrige „Mist“ sorgte für die nötige Stabilität. Das klassische dreiteilige niedersächsische Hallenhaus mit den vorgegebenen drei Räumen am Giebel, ein Wohnhaus für die Bauersfamilie, das Flett, die Wohnküche, heute zur Deele abgeschlossen durch die Grote Dör, und die Stallungen, kennt man schon seit der Bronzezeit. Versammelte sich hier für den Bauern doch alles, was sein Herz erwärmte, unter einem Dach: Mensch, Tier, Ernte und der gesamte Hausstand.

Fachwerkcharme findet man übrigens nicht nur in Bad Essen, in diesem Bilderbuchort, der, wie so viele andere im Osnabrücker Land, wahrscheinlich bereits vor der ersten Jahrtausendwende als Meyerhof gegründet wurde. Dieser anheimelnde Baustil ist sozusagen ein markantes Wahrzeichen für die ganze Region. Allem Anschein nach ist man mit dem architektonischen Kulturgut überall recht pfleglich umgegangen. Nicht nur schmucke Privathäuser, einladende Geschäfte sowie gemütliche Gaststätten und Knei-

Markt und Kirche in Bad Essen

pen vermitteln durch die mächtigen Deckenbalken und die stämmigen Ständer mit den zierlich geschwungenen Kopfbändern eine ganz eigene Atmosphäre. Wo man hinschaut, entdeckt man gut erhaltene Hofstellen, Hallenhäuser in Reih und Glied, Mühlen, Speicher und selbst schlichte Stallungen in bestem Zustand. Sie wurden nicht nur entweder liebevoll wiederaufgebaut oder restauriert, sondern auch den modernen Ansprüchen angepasst, ohne sie ihres ursprünglichen Charakters restlos zu berauben. Jede Kerbe, jeder Spruch, jedes Zapfloch und jeder handgeschmiedete Eisennagel erzählt „von früher" und hat, wenn man so will, eine eigene Geschichte.

Die Einheimischen fühlen sich in der alten Bausubstanz sichtlich wohl. Sie haben das Leben in dieser traditionellen Architektur verinnerlicht. Unter dem uralten Gebälk wird fleißig gearbeitet. Nicht nur die Gastronomen bieten Fachwerkromantik. Auch eine „Gesundheitsschule" in Bad Essen sowie das „Zentrum für traditionelle chinesische und integrative Medizin" haben sich hier bestens eingerichtet und bieten in den properen, mit modernster Technik ausgestatteten Räumen Trainingstherapien für Patienten. Schließlich ist das kleine Städtchen in erster Linie Kurort. Bereits in der Kaiserzeit pilgerten Gäste aus der nahen und ferneren Umgebung zum Kuren hierher. Die aus den Tiefen der Höhenzüge des Wiehengebirges sprudelnde warme Sole soll mit ihrem hohen Schwefel- und Eisengehalt ein Allheilmittel gegen Kreuz- und Gliederschmerzen sein. Bereits seit 1447 weiß man, wie mit dem Wunderwasser so manches Zipperlein behandelt werden kann. Nur trinken sollte man es nicht, denn es riecht nicht nur widerlich, sondern es schmeckt auch so. Im Jahr 1902 wurde der bescheidene Ort schließlich als „Bad" anerkannt. Selbstverständlich mussten daraufhin ein Badehaus und eine Trinkhalle im Pavillonstil erbaut werden, heute zwar außer Betrieb, doch immer noch Zeugen der „guten alten Zeit".

Flanieren und Belle Époque sind out. Dafür hat sich inzwischen ein moderner Kurbetrieb etabliert und Jogging-Anzüge machen das Rennen. In erster Linie treffen sich hier Patienten mit rheumatischen oder orthopädischen Beschwerden und die Bad Essener tun alles, um dem modernen Menschen, der viel zu oft seinen Alltag auf dem Büroschemel verbringt oder stundenlang auf den Bildschirm starrt, wieder auf die Beine zu helfen, wenn es denn auch schon mal Geduld kostet.

Dafür entschädigt ein Spaziergang durch den reizenden Ort, eine kleine Pause unter den hellgrünen Linden, die sich um den bezaubernden Dorfplatz reihen, ein Schlenker durch die Kussallee, eine schmale grüne Gasse, die auf den Markt mündet und keinen Platz für Autos bietet, dafür aber für eng umschlungene Verliebte ... Bilderbuchstimmung.

In Fachwerk-Gasthöfen serviert man Kartoffel- und Apfelgerichte, Produkte vom Bauern nebenan. Selbst die Kaffeehäuser verströmen ländliches Flair. Die Nikolaikirche zeigt ihre kupfergrüne Turmhaube. Das tut sie übrigens schon seit Jahrhunderten, denn sie wurde bereits zu Beginn des 11. Jahrhunderts als Eigenkirche des Meyerhofs gegründet und im Jahr 1224 erstmals urkundlich als Pfarrkirche erwähnt. Gisilbert und Cuniza waren ihre frommen Stifter. Die beiden „Heiden", ursprünglich von uraltem sächsischem Geschlecht, hatten sich taufen lassen. Oder waren sie noch Widukinds Erben? Möglich, denn es ist verbrieft, dass sich ihre Ahnen recht lange gegen die Missionierung aus dem Süden gewehrt haben.

Der östliche Kurort Bad Essen, wegen der Sole kein landwirtschaftliches Terrain, ist als Verwaltungssitz, Knotenpunkt für Handel und wegen des emsigen Schaffens der Handwerker in der gesamten Region bekannt. Bäcker, Schlachter, Brauer, Schnapsbrenner, Zigarrenmacher, Holzschuhmacher, Schuster und Schneider, Schlosser, Schmiede, Tischler, Zimmerleute, Korb- und Wagenmacher, Sattler und Buchbinder: Es gab sie alle und man brauchte sie alle. Für Rechtsfragen gab es selbstverständlich einen Notar und der Gesundheit verpflichtet waren der Wundarzt, der Apotheker und die Hebamme.

Es ist fast 300 Jahre her, dass in Bad Essen die erste Apotheke öffnete. In der ersten Hälfte des 18. Jahrhunderts, und zwar am 6. Dezember 1726, wurde das schöne Fachwerkhaus vollendet, in dessen Garten ein hoch gewachsener seltener Ginkgobaum und eine sich im Herbst kupferrot verfärbende Sumpfzypresse stehen. Um das Jahr 1800 wurde das heute denkmalgeschützte Haus nochmals umgebaut. Staunen kann man über die alte, prächtig erhaltene Offizin aus der ersten Hälfte des 19. Jahrhunderts, einen großen eisernen Mörser, eine Balkenwaage, die immer noch sorgfältig beschrifteten Keramiktiegel und -töpfe, die zahlreichen unterschiedlichen Glasflaschen und den Bindfadenträger. Lang ist's her. Auch wenn sich der Duft der selbst angerührten Sälbchen und handgedrehten Pillen aus der alten Apotheke verflüchtigt hat, Bad Essen bleibt dem Heilen verpflichtet und ein Hauch von Fango-Moor und Massageöl hängt in den Gassen. Neben der klassischen Therapie kann der verzweifelte Patient hier nach wie vor auch alle Spielarten der Physiotherapie in Kombination mit klassischer und alternativer

Einrichtung der alten Apotheke in Bad Essen

Blick vom Vennerberg
zum Wiehengebirge

Medizin, mit den Kneipp'schen Erfahrungen oder mit der traditionellen chinesischen Medizin beanspruchen.

Seit der Jahrtausendwende gibt es hier auch – weit weg von der Großstadt, inmitten schöner, idyllischer Landschaften, verwunschener Örtchen und einer ruhigen Atmosphäre – ein Zentrum für traditionelle chinesische und integrative Medizin. Der Schwabe Dr. Kurz hat sich in diese Ecke des Osnabrücker Landes verirrt und der individuellen Betreuung der Patienten verschrieben. Der dynamische Mann ist begeisterter Diagnostiker und legt zunächst großen Wert auf die Anamnese. Gerätemedizin lehnt er ab. Er lauscht dem Puls, lässt sich die Zunge zeigen, schaut ins Ohr und meint: „Die chinesische Medizin ist eine Erfahrungsmedizin, eine Naturphilosophie, und Beobachten steht an erster Stelle. Das machen die Chinesen bereits seit 3000 Jahren. Von Generation zu Generation." Dr. Kurz' Devise lautet: „Das Hauptgerät bin ich!" und er bietet eine Mischung aus chinesischer (Akupunktur), amerikanischer (Osteopathie) und herkömmlicher deutscher Medizin an.

Weit weg liegen Hektik, Autobahnstress und Großstadtrummel. *Blue Hour* in Bad Essen? Noch ein letztes Glas im niedlichen, vorbildlich restaurierten „Kleinen Haus" am Dorfplatz aus dem Jahre 1429. Man kann sich hier tatsächlich auf jeder Etage, in jeder Ecke verlieren und beim Tête-à-tête schmeckt der Wein am besten. Ist die Nacht klar und schweigt der Abend, weil alle bereits zu Bett gegangen sind, so sehen die Fachwerkhäuser, säuberlich hintereinander aufgereiht, wie Scherenschnitte gegen den Himmel aus. Nur eine wachsende Mondsichel, weiß-gelb, kann für Kitsch sorgen. Macht aber nichts. Schönes, verträumtes Land.

Zurückkommen sollte man unbedingt im Winter, der Stille, der schneebedeckten Zweige und der Schlittenfahrten wegen. Bergauf, bergab verläuft das Land am Wiehengebirge, es ist keineswegs flach wie ein Pfannkuchen, auch wenn die vorgelagerte Ebene mit den weit gestreckten Feldern und Äckern in sämtlichen Farbschattierungen, die bis in die Endlosigkeit des Himmels greifen, ihren ganz eigenen Reiz hat. Dann schwebt sanfte Melancholie über dem ersten milchigen Licht am Morgen oder durchdringt die Ruhe der Abschiedsstunden des müden Tages.

Schlösser, wohin man schaut

Die Landschaft zwischen Wiehengebirge und Teutoburger Wald ist nicht nur überaus reich an Natur, Dorfidylle, gut erhaltenen Gehöften und Bauernhäusern, sondern auch an Wasserschlössern, Burgen und Herrensitzen, die neben all der Bodenständigkeit fast frivol daherzukommen scheinen. „Einem Paradies auf Erden kam die Barockzeit schon sehr nahe, wenn auch nur für den Adel", schrieb Marc-Oliver Schulz in seinem Buch über das Osnabrücker Land und meinte damit die Latifundien so mancher Gutsbesitzer oder auch Schlossherren.

Bevor es dann endgültig in südliche Richtung geht, führt der Weg über Wiesen, durch Parklandschaften und über die Roseninsel noch kurz nach Schloss Hünnefeld, wo im Café „Alte Rentei" *Tea-time* angesagt ist. Oh, *noblesse oblige*! Dort, wo früher der Rentmeister über das Schicksal der Anlagen, Wälder, Wiesen, Äcker und Gesinde bestimmte, führt jetzt die Dänin Ilse Heide, Schwägerin der Schlossherrin, das Zepter und hat aus dem verwunschenen Haus auf dem Schlossgelände ein Café gezaubert. Selbstverständlich kommt der Kuchen aus der eigenen Backstube und im oberen Stockwerk gibt es drei romantische Zimmer für Hausgäste. Blau ist wohl die Lieblingsfarbe der Hausherrin. So wird auf hellblauem Bing & Gröndahl Porzellan serviert und vom blauen Lavendelzimmer aus schaut man auf die gesamte Hofanlage und den historischen Taubenturm. Dieses runde, 1710 nach französischem Vorbild auf dem Wirtschaftshof gebaute Gebilde ist ein Unikum. Durch die etwa 200 Einfluglöcher müssen regelmäßig über 1000 Tauben geflogen sein und dahinter ihr Quartier aufgesucht haben. Die vielen gurrenden Friedensbringer hielt man zur Barockzeit nicht als Eilbriefboten, sondern als kulinarische Delikatesse. Das passt zur heutigen „Alten Rentei". Auch damals muss bei dem riesigen Angebot eine Einladung zum Essen auf Hünnefeld eine große Freude gewesen sein. Selbst wenn man behauptet, die sprichwörtlich gebratenen Tauben seien ein Privileg des Adels gewesen, so ist doch historisch verbürgt, dass die Hünnefelder, ihre Standesgrenzen überwindend, auch ihren Leibeigenen, wenn diese kränkelten, eine kräftige Taubensuppe haben kochen lassen.

Hünnefeld wurde erstmals im Jahr 1146 urkundlich erwähnt und im 13. Jahrhundert als Wasserburg angelegt. Erbschaften und Kauf brachten das Anwesen am 17. März 1447 in den Besitz von Albert von

Schloss Hünnefeld, Taubenturm und Café „Alte Rentei"

Schelenburg in Schledehausen

dem Bussche-Ippenburg. Das Schloss wurde gehegt und gepflegt und Repräsentieren war angesagt. Die Gutsherren der späteren Generationen liebten Eleganz. Nicht selten sollen kokette Damen mit äußerst galanten Begleitern in zwei- und mehrspännigen Karossen über die *cour d'honneur* gefahren sein. Wie schön das klingt!

Man sollte sich im Osnabrücker Land auf den Bissendorfer Burgenweg wagen, der gleich fünf Burgen und Herrensitze miteinander verbindet und in den Süden führt. Zunächst kommt man zur Schelenburg in Schledehausen. Sie gilt als schönste Wasserburg der Region. Ob man es glaubt oder nicht, diese erstmals im Jahr 1160 erwähnte Burg ist seit über 900 Jahren in Familienbesitz. Diejenigen, die es wissen müssen, behaupten, das sei keine Seltenheit in diesem Landstrich.

Die von Schele waren eigenwillig, schon immer. Als man in Osnabrück noch gotisch baute, begann auf der 15 Kilometer entfernten Schelenburg das Zeitalter der Renaissance. Nachdem durch das Ungeschick der Schlossherrin Gertrud von Schele das gesamte Anwesen wegen einer Fackel bis auf die Grundmauern niederbrannte, beauftragte die Familie den Tübinger Baumeister Jörg Unkair, auf den Überresten ihres verkohlten Wohnflügels einen Neubau zu errichten. Dem jungen Architekten der frühen Weserrenaissance gelang ein Kunstwerk. Mitten in einem großen Park entstand 1532 ein prachtvoller Renaissance-Sandsteinbau mit Türmchen und halbkreisförmigen Giebelbekrönungen – Stolz der damaligen Besitzer. Der romanische Wohnturm mit seinen 2,25 Meter dicken Mauern stammt aus dem 12. Jahrhundert und ist der älteste Teil der Schelenburg.

Gut Ostenwalde bei Melle mit Garten

Die Familie von Schele frönte nicht nur dem Landleben, sondern engagierte sich auch maßgeblich für die Einführung der Reformation. Jasper von Schele war 1543 mit einem Empfehlungsschreiben des Osnabrücker Bischofs im Gepäck nach Wittenberg gefahren. Dort promovierte er bei Melanchthon, wurde Tischgenosse Martin Luthers und förderte anschließend die Reformation im westlichen Niedersachsen. Obwohl die protestantische Adelsfamilie zweifelsohne sehr viel Einfluss besaß, wurde die Pfarre Schledehausen nach dem Dreißigjährigen Krieg für katholisch erklärt. 150 Jahre lang fanden deshalb die Gottesdienste für die evangelische Mehrheit des Kirchspiels im dunklen Turm der alten Burg statt. Erst 1803 verständigten sich beide Konfessionen darauf, die Laurentiuskirche nacheinander für ihre Gottesdienste zu nutzen. 1897 aber bauten die Katholiken schließlich eine eigene Kirche in Schledehausen.

Heute sind alle Streitigkeiten beigelegt. Die prächtige Renaissanceburg hat an Wehrhaftigkeit gänzlich verloren. An einem lauschigen Sommerabend kann man unter weißen Sonnenschirmen auf der Terrasse des Kellerrestaurants die *Happy Hour* genießen und beobachten, wie sich die Wasserlilien auf dem Burggraben in der Dämmerung schließen. Drinnen brennt an kühlen Tagen das Holz im offenen Kamin. Was will man mehr? ... Friedliche Zeiten, hoffentlich!

Denn es ist noch gar nicht so lange her, dass Marschall Montgomery 1945 im nahe gelegenen, ursprünglich mittelalterlichen Gut Ostenwalde mit Herrensitz aus dem Jahr 1780 das Hauptquartier der Rheinarmee aufschlug. Damals ging ihm das Gequake der Frösche im Burggraben so auf die Nerven, dass er sie allesamt einsammeln und wegbringen ließ. Vergebens, denn es ist bekannt, dass Frösche immer dorthin zurückkehren, woher sie gekommen sind.

Man sollte auch Schloss Gesmold nicht auslassen, einen zweiflügeligen, 1544 bis 1559 entstandenen Renaissancebau, der an einen aus dem 13. Jahrhundert stammenden Wohn- und Fliehturm angebaut ist. Heute residiert hier die Familie von Hammerstein und gelegentlich, nach Absprache, kann der Besucher durch die feudalen Gärten und entlang dem Schlossgraben flanieren. Das mit dem Schlossgraben ist aber so eine Sache, denn zur damaligen Zeit mussten Schlossgräben ständig mit dem Wasser der umliegenden Flüsse versorgt werden. Auch die Gesmolder Mühlen an dem Uhlenbach sollten mahlen, so meinte der noble Hermann van Amelunxen, Mitte des 16. Jahrhunderts Hausherr in Gesmold. Aber er muss sich seiner Sache nicht sicher gewesen sein. Hat er womöglich, klammheimlich versteht sich, ein wenig nachgeholfen? Das behauptet zumindest folgende Geschichte:

Flüsse gibt es genug im Osnabrücker Land. Sie tragen skurrile Namen wie Nonnenloch oder Hunte, Große und Tiefe Hase, Düte, ein bei Georgsmarienhütte entspringendes unreguliertes Flüsschen, oder

Rechte Seite:
Gut Ostenwalde

Schloss Fürstenau,
Blick über den Teich

Roller Flut, um nur einige zu nennen. Aber was hat es mit der Else auf sich, diesem kapriziösen Wasserlauf ohne Quelle? Sie fließt streckenweise friedlich neben der am Nordhang des 307 Meter hohen Hankenüll im Teutoburger Wald entspringenden, etwa 170 Kilometer langen Hase her und hütet wohlweislich ihr ganz eigenes Geheimnis. Denn die Hase bietet auf ihrem Weg von Wellingholzhausen nach Gesmold, dort, wo die Schlossherren zu Hause sind, eine Naturbesonderheit, wie es sie nur ganz selten auf der Welt gibt. In einer Bifurkation teilt sich der Fluss und beide Arme fließen in verschiedene Flusssysteme: Nahe der Suttmühle lässt der Fluss auf seinem Weg zur Ems ein Drittel des Wassers in die Else fließen. Ihre Wege trennen sich, denn die Else steuert die Weser an.

Zwei Flüsse nebeneinander – wie ein Wunder. Wieso hat die Else keine Quelle? Darüber haben sich viele den Kopf zerbrochen und sich auch maßlos geärgert. Denn zur Zeit des besagten Hermann van Amelunxen, im Jahr 1578, glaubten die Stadtväter und das Domkapitel der Regierungsstadt Osnabrück, der gewiefte Freiherr aus Gesmold habe insgeheim die Hase und den parallel verlaufenden Uhlenbach miteinander verbunden. Der Edelmann wollte sichergehen, dass seine Gesmolder Mühle sowie der Gesmolder Schlossgraben kontinuierlich mit Wasser versorgt blieben, wusste aber, dass „sein“ Uhlenbach nicht durchgehend über ausreichend Wasser verfügte. Bewiesen ist gar nichts, aber Amelunxen soll an zwei Stellen Wasser der Hase abgezapft haben. Dadurch wiederum fürchteten die damaligen Osnabrücker Stadtväter und das Domkapitel, ihre eigenen Mühlen könnten Wassermangel erleiden, und schickten eine Beschwerde los, „dass Er dem Hase-Fluß seinen gebührlichen Lauf lasse“.

Linke Seite:
Rittergut Bruche, Blick über den Teich aufs Herrenhaus

Gut Leye

Schloss Gesmold

Bifurkation der Hase

Die Gabelung der Hase

Georg Brinkmann

(aus dem Osnabrücker Sagenbuch)

Wo im Bruche Els' und Hase
Klagend auseinander gehen;
Jeder möchte gern es wissen,
Wie das Wunder konnt' geschehen.

Drüben auf dem Holterberge
Stand vor Zeiten eine Feste;
Von ihr zeugen majestätisch
Heute noch zerfall'ne Reste.

Mächtig war der Graf von Holte,
Land und Leute ihm zu Lehen.
Doch, wie alles hier auf Erden,
Mußte das Geschlecht vergehen.

Nur ein Sohn war ihm beschieden,
Herwarth, gar ein stolzer Recke.
Bären, Wölfe, Hirsch' und Rehe
Brachte täglich er zur Strecke.

Einst im schönen Frühlingsmonde
Pürscht' er Wild zum frohen Mahle;
Trug zum Schloß des Tages Beute,
Doch sein Herz verblieb im Tale.

Else war es, die er minnte,
Schöner noch als Maienmorgen;
Blumen sich zum Kranze windend
Sah er sie, im Busch verborgen.

Und der Junker ging zu Tale
Täglich ohne Wehr und Meute;
Blumen brachte er der Else;
Doch dem Vater – keine Beute.

Sprach der Graf zu Kurt, dem Knechte:
„Seltnes Wild gilt's zu erlegen;
Wählte dich darum von allen,
Weil gar schlau du und verwegen.

Bei der Mühle, sagt mir Herwarth,
Hätt' ein Rehlein er gefunden,
Zart und schön. Nun Kurt, auf morgen
Ist das Reh im Tal verschwunden.

Heut', wenn Nacht das Tal bedecket,
Gehst du nach dem Grunde jagen.
Still! - Nicht immer gut und ratsam
Ist ein wißbegierig Fragen.

Seltsam Wild mit Purpurlippen,
Seltsam Wild mit Rosenwangen
Hält der Kurt vom Holterberge
Heut' im Uhlenbruch gefangen.

„Hilfe, Herwarth! Rette, rette
Deine Else vom Verderben!"
Ungehört verhallt dein Rufen;
Schöne Else, du mußt sterben.

„Herwarth! Herwarth!" gellt ihr Rufen.
„Else!" tönt's vom Berg hernieder.
Ach, zu spät kommt deine Hilfe;
Siehst die Liebste nimmer wieder.

In das Herz der schönen Else
Fährt ein Dolch mit Blitzesschnelle.
Blutge Spuren zu verwischen,
Nimmt den Leichnam auf die Welle.

Doch, 0 Wunder! Schäumend, grollend
Staut die Flut, entrinnt dem Bette;
Und der Rehtwell' heil'ge Wasser
Scheiden an entweihter Stätte.

Schließt die Tote in die Arme;
Drinnen ruht sie wohlgeborgen.
Leise Klagelieder lispelnd
Fließt die Flut seitdem gen Morgen.

Nächtlich, wenn im Uhlengrunde
Zirp und Unk im Moore schweigen,
Schließen an der Wunderstätte
Elben ihre bunten Reigen.

Doch der Geist des treuen Herwarth
Hat den Schmerz nicht überwunden;
„Else! Else!" ruft's noch heute
In den mitternächt'gen Stunden.

Doch der Gesmolder Gutsherr stellte sich bis auf Weiteres taub. Erst 1691 wurde der neue geheimnisvolle Fluss ohne Quelle Else genannt. Im 19. Jahrhundert hatte sich der Name dann definitiv eingebürgert. Heute leben in der Else Hechte, Zander, Barsche und Bachforellen, Karpfen und Schleien, Brassen, Rotfedern und Plötzen.

Ja, diese Gutsherren ... Und die Ironie der Geschichte? Das Landgut Gesmold, in der Barockzeit mit einem großen französischen Garten und Freitreppe, einer Orangerie und einem großen Wildgehege versehen, kam von 1608 bis 1664 in den Besitz des Bischofs von Osnabrück. Aus dieser Zeit stammen die vier Evangelistenstatuen auf dem Schlossturm.

Die Hase zwischen Bersenbrück und Badbergen

Heilandshäuschen bei Uphöfen

Wo es nach Sole riecht

Trotz allem, „wohnen", so heißt es, kann man eigentlich nur im Süden, wo die Natur üppig ist, dichte Wälder und sanft geschwungene Hügelketten den Horizont bestimmen und der Boden schwer und fruchtbar ist, wo es in den Kurbädern nach Sole riecht, die Kurgäste die Geschäftsauslagen bestimmen und der Teutoburger Wald unmittelbar vor der Tür liegt.

Die Einheimischen wissen, wo die Ausblicke am schönsten sind, führen gezielt über schmale Serpentinen und ansteigende Straßen, damit der unkundige Reisende weit ins Land schauen kann, bis zum Horizont, wo der Höhenzug des Teutoburger Waldes seinen langen, dunklen Schatten wirft. Dieser sagenumwobene, 150 Kilometer lange Bergkamm steigt wie unverhofft aus dem Tiefland empor und wurde wohl noch bis ins 17. Jahrhundert hinein „Osning" genannt. Franken kletterten über die schroffen Felsen und die Sachsen strebten im 6. Jahrhundert durch den geheimnisvollen Wald gen Süden. Sie siedelten sich hier an und im Dickicht der Bäume entstanden ihre Kultstätten. Ihre Mythen beschäftigten die Fantasie der Spökenkieker und Wahrsager, der Dichter und Träumer. Wer hat nicht von den ungeheuren „Völkerwanderungen" gehört, die seit dem 3. Jahrhundert n. Chr. stattfanden? Hier wurde Weltgeschichte geschrieben, da die erfolgreiche Christianisierung der Sachsen die Macht der Kirche dauerhaft stabilisierte und ihre Integration in das Fränkische Reich langfristig die Voraussetzung für die Entstehung des Deutschen Reiches bildete.

„Mein Herz ist grün vor Wald", schrieb ein hiesiger Heimatdichter. Wie kann man es besser ausdrücken? In diesem Landstrich, wo Sagen und Legenden zu Hause sind, wo es zwischen dem Auf und Ab der Wiesen, Hecken und Felder nach Fichten und Heidekraut duftet, locken Abenteuer und Wanderfreude. Wo sich der Abend unter hohen Bäumen schneller neigt, die die geheimnisvolle Nacht erbarmungslos einfangen, fühlt man ein wenig die deutsche Seele, die Schwermut.

Aber keine Bange, auf der Anhöhe soll die Luft klarer sein. Die Gegend wurde nicht ohne Grund „Borgloher Schweiz" getauft. Wer sich über die kleinen Straßen hinaufwagt, schaut über eine bestrickende

Landschaft und es öffnen sich immer wieder wunderbare Panoramen: überall Streusiedlungen, hier ein Kotten, da ein kleines Fachwerkhaus, dort wiederum ein stattlicher Hof. In den Tälern wächst Mohn und blüht zwischen März und Mai der Lerchensporn, rot, lila und weiß, eine wilde Pracht. Es ist das geliebte Land der Sophie von der Pfalz, Frau von Ernst August I., die in ihrer Residenz in Bad Iburg Tanz- und Theatergruppen aus Paris auftreten ließ – damals – was für ein Luxus! Und es ist das Land der protestantischen sowie katholischen Fürstbischöfe, der treu erhaltenen Ackerbürgerhäuser, dort, wo der Bauer auf Bürgerrecht pochte und neben seiner Landwirtschaft auch ein Handwerk betrieb. Es ist auch ein Land der Macher mit innovativen Ideen, wo Paprika und Lorbeerblätter keine Fremdwörter sind und vom ehemaligen Bauerndorf Dissen die verschiedensten exotischen Gewürze ihre Reise in die ganze Welt antreten und auch Würstchen, Fertiggerichte, Salate und Margarine von der Stadt am Hankenüll ihren Weg in die Fremde nehmen.

Der Süden, ja. 600 Jahre lang wurde das Fürstbistum übrigens nicht von Osnabrück, sondern von Iburg aus regiert. Der Dörenberg kurz vor dem historischen Städtchen, ganze 331 Meter hoch und wegen dieser „schwindelerregenden" Höhe der Stolz des Südens, ist schon von weitem zu sehen, und kommt man

Borgloher Schweiz

der Stadt näher, so schaut man auf einen 40 Meter hohen Felsen. Dort ließen sich die Bischöfe nieder, errichteten eine prachtvolle Residenz und aus dem kleinen Nest am Rande des Teutoburger Waldes wurde ein viel beachtetes Residenzstädtchen. Der schwäbische Bischof Benno II., der Heinrich IV. nach Canossa begleitete, gilt als bedeutendster Bischof des Mittelalters. Er gründete in Iburg auch das Benediktinerkloster St. Clemens. Noch heute ist die mächtige Burg Mittelpunkt des Kneippheilbads und wer den steilen Weg hinauf nicht scheut wird feststellen, dass die katholische Klosterkirche St. Clemens und die evangelische Schlosskirche allemal einen Besuch wert sind.

Schloss Iburg und Charlottensee

Aber, *cherchez la femme* ... Denn als die bereits erwähnte Sophie mit dem Pariser Ballett den Wunsch nach einem neuen Schloss hegte, wurde 1673 der Regierungssitz von Iburg nach Osnabrück verlegt. Sophies kapriziöser Traum ging in Erfüllung. Doch kurz vor dem definitiven Umzug, am 30. Oktober 1668, wurde aber noch eine kleine Prinzessin geboren: Sophie Charlotte. Das erwähnen die Iburger nur zu gerne, denn sie heiratete den späteren Preußenkönig Friedrich I., wurde die erste Königin im Preußenland und Großmutter Friedrichs des Großen, verbündete sich mit dem Gelehrten Leibniz und gründete mit ihm die berühmte Kurfürstlich-Brandenburgische Sozietät der Wissenschaften. Die treuen Iburger dankten es ihr, indem sie den malerischen See am Fuße „ihrer" Burg Charlottensee tauften.

Die Stadt mit dem historisch gewachsenen Kern und ihrer gewichtigen Vergangenheit bildet heute zusammen mit Bad Laer und Bad Rothenfelde das Herzstück der „Arbeitsgemeinschaft Heilbädergarten" im Osnabrücker Land. Das ist letztendlich der Sole zu verdanken, und darum gibt es eine Vorgeschichte. Zunächst ging es nicht um Gesundheit, sondern schlicht und einfach um den schnöden Mammon.

Fürstbischof Ernst August II. wusste von den Salzquellen in der Gegend und wollte sich mit seinen Gradiereinrichtungen von teuren Importen unabhängig machen und auch Geld verdienen. Die meisten Brunnen mit salzhaltigem Wasser waren leider nach kurzer Zeit bereits versiegt. Aber der Fürstbischof war nicht nur hartnäckig, er hatte auch Glück. Nachdem er in ungeduldiger Voraussicht bereits sechs Gradierwerke gebaut, ein Wasserrad, zwei Salzkotten und zwei Siedepfannen bereitgestellt hatte, aber immer noch eine wirklich ergiebige Solequelle fehlte, wurde der noble Herr etwas nervös. Da kam ihm am 22. September 1724 Baumeister Johann Christoph Märcker mit der frohen Botschaft, er sei in Rothenfelde „bey 20 Fuß in die tüffe getrungen" und habe „eine schwere und gude Saltz-ader getroffen, welche ziemlich waßer giebt" nur recht. Doch was bitte sind Gradierwerke? Wer zum ersten Mal an der über zehn Meter hohen Schwarzdornhecke in Bad Rothenfelde vorbeiläuft, weiß nicht, was er sieht, und erst recht

Rechte Seite:
Schloss Iburg, Rittersaal

Gradierwerk und Kurhaus in Bad Rothenfelde

nicht, wie das Ganze funktioniert. Im Grunde ist es ganz einfach. Die besagte Sole wird langsam und beständig über die Schwarzdornhecke geträufelt. Schwarzdorn verliert unter Einwirkung von Sole seine Rinde nicht und während des Träufelprozesses verdunstet ein Teil des Wassers, bis letztendlich weißes Salz übrig bleibt.

Inzwischen hat sich das Geschäft mit dem weißen Gold überlebt, aber die Mediziner stellten fest, dass die salzhaltige Luft in der Nähe der Salinen bei der Heilung von Atemwegserkrankungen Wunder wirkt. Man sollte sich also überzeugen lassen und den 80 Meter langen Gang im Bauch des Gradier-Bauwerkes entlanglaufen und sich im Inhalationsraum in salzigen Nebel hüllen. Die Atemwege werden es danken … Heute schlendern Kurgäste am ehemaligen Kurhaus aus dem Jahr 1868 vorbei. Hier vergnügten sich um die Jahrhundertwende die *happy few,* leisteten sich im Weinzimmer und auf den großen Terrassen eine Schorle, schwangen im Roten Saal das Tanzbein und ließen es sich gut gehen. „Trinksole“ war in. Das salzige Getränk muss widerlich geschmeckt haben, aber was tut man nicht alles, um dazuzugehören? So flanierte man dem guten Ton zuliebe mit einem Glas in der Hand an den Schaufenstern entlang. Und es gab und gibt alles: Nippes, Andenken, Nützliches und Schönes – damals wie heute: etwas für die Enkel, eine Puppe, ein Teddybär, ein bunter Nussknacker oder für daheim eine handgemachte Kleiderbürste oder eine Fußmatte in Sonderanfertigung aus dem Spezialladen in der Galerie.

„Die natürliche Heilkraft der Sole und des Moores nutzen – einatmen, ausruhen, entspannen, Elan und Beweglichkeit wiederfinden, sich in seiner Haut wieder wohl fühlen“ – das ist das Credo der Heilbäder von Bad Iburg, Bad Rothenfelde und auch von Bad Laer am Fuße des Blombergs. Ein 208 Meter hoher Berg, ein Ausläufer des Teutoburger Waldes, schützt das charmante Städtchen vor unwirtlichen Winden und sorgt für ein mildes Lüftchen. Der „Blumenberg“ hat seinen Namen nicht von ungefähr, denn im Schatten seines Hainbuchenwaldes, seiner Rotbuchen, Kirschbäume und Ahorne und in der dicken Krautschicht an den Hängen blühen Kuckucksblumen, Waldmeister und Veilchen, Lungenkraut und Schlüsselblumen, Akelei, Lerchensporn und vereinzelt auch geschützte wilde Orchideen. Noch vor gar nicht so langer Zeit trieben hier die Bauern ihr Vieh hoch.

Warum soll sich nicht auch der Mensch ein paar Schritte hinaufwagen? Es geht der Nase nach, wenn der Bärlauch blüht … dieser Waldknoblauch, Heilmittel gegen Arteriosklerose und Bluthochdruck. „In der idyllischen Umgebung im Süden des Osnabrücker Landes kann sich der Körper bei wohltuenden Heiltherapien regenerieren, der Geist sich in der natürlichen Landschaft erholen und der Gaumen sich von den Köstlichkeiten dieser Region verwöhnen lassen – eine gelungene Mischung, die eine Reise wert ist.“ So sagen es die Prospekte, und es stimmt.

Landschaft am Blomberg

Griese Toarn in Bad Laer

Wer sich aber die Zeit zum Wandern, Schnuppern und Entspannen nicht nehmen kann oder will, kommt trotz allem an dem Ort nicht ohne weiteres vorbei. Bad Laer mit den malerischen Fachwerkhäusern besitzt eine 1150 Jahre alte Geschichte und das Wahrzeichen, ein wehrhafter romanischer Kirchturm, stand bereits vor 1000 Jahren am selben Fleck und ist auch heute noch bei der Durchreise nicht zu übersehen. Der „Griese Toarn" aus Piepstein, ein für die Gegend typisches Baumaterial aus versteinerten Gräsern und Schilfen, die sich im Innern des Steines wie Orgelpfeifen aneinander reihen, hat einen Durchmesser von neun Metern und zwei Meter dicke Mauern. Ja, alt ist das Land, sehr alt.

Diese Stille ...

Auf der Fahrt gen Nordosten des Osnabrücker Landes spüren wir diese Stille fast körperlich. Hier im Venner Moor, einem der wichtigsten Feuchtgebiete Europas, Tausende und Abertausende Hektar groß und Heimat seltener Pflanzen und Vögel, liegt ein endloses Schweigen über der nostalgischen Ebene. Kein Wunder, dass hier zahlreiche Zugvögel auf ihrem Weg in den Süden rasten und ein wehmütiges Fernweh zurücklassen. Die Stimmung in diesem Moor muss wohl schon immer so gewesen sein: entrückt und beschaulich.

Im Frühnebel des feuchten Tages wandert fast schemenhaft wie ein Scherenschnitt vor dem ersten Licht ein Schäfer in seiner Tracht, die Umhängetasche über der Schulter, den Hut tief ins Gesicht gezogen, am Horizont entlang. An seiner Seite trottet der treue altdeutsche Hütehund. Der Hirte liebt die Tradition. Er hat sie verinnerlicht, und das kommt nicht von ungefähr, denn bereits im 14. Jahrhundert zogen hier Mensch und Schnucke durch die Moorlandschaft. Noch heute sollen drei mal zwölf Perlmuttknöpfe an des Hirten Jacke die Tage auf der Weide symbolisieren und zwei mal sieben Knöpfe die Tage im Stall. Seine Moorschnucken, brave, weiße Zotteltiere, hält er mit seinem Hund auf Trab. Im März, wenn die träge Moorlandschaft wieder aus ihrem Winterschlaf erwacht, bringen hier Tausende Mutterschafe ihre Lämmer zur Welt und sind ein Segen für die Natur, die hierzulande viele hungrige Schafe benötigt, um fachgerecht beweidet zu werden. Sie blöken leise vor sich hin und tun sich zwischen Tümpeln und Sträuchern an Besenheide, Bentgras, Birken und Kiefern gütlich. Kräuter und Gräser der kargen Landschaft reichen zum Sattwerden, die Tiere lieben die ständig hohe Luftfeuchtigkeit und das saure Moorwasser und sind hart im Nehmen. Im Stall reichen Heu und Stroh. Und nicht zu vergessen, ihr wild-herzhaftes Fleisch gehört zu den edelsten Delikatessen des Osnabrücker Landes.

Der Norden, das ist Bauernland, weites Land. Über alte Hohlwege geht es vorbei an großen Höfen, prächtigen Herrenhäusern, Flüssen und Bächen, an leise sich wiegenden Weiden und müdem Moor, Korn-

Schafe auf der Weide

Venner Moor

Windmühle in Groß Mimmelage

feldern und dazwischen friedlich grasendem Vieh. Lerche oder Goldamsel singen ihr hohes Lied. Je nach Jahreszeit schaut man über blühende Kartoffelfelder, Gerste, Weizen, Roggen, Mais oder leuchtend gelben Raps. Landschaften haben ihre eigene Melodie. Es ist der Fleiß der Generationen von Bauern, die sich auf die Gebote Gottes berufen, der diese satten Felder und die reiche Erde schuf. Dazu gehört das zähe Ringen mit den Launen der Natur. Das Land ist nach wie vor des Bauern Schatzkammer.

Hier im Norden des Osnabrücker Landes liegen die Bauernhöfe nicht, wie so oft, versteckt hinter Wald und Hecken. Im Gegenteil: Ihre Giebel zeichnen sich überall zwischen Himmel und Erde wegweisend ab. Hinter jedem Horizont liegt ein bezauberndes Anwesen und führt auch heute noch oft ein landwirtschaftliches Eigenleben. Das Singen der Winde, die heilende Kraft der Kräuter, die Spur von Hase, Fuchs und Kaninchen, Fasan, Rebhuhn, Ente, Schnepfe und Amsel, das Auf- und Untergehen der Sonne und der geheimnisvolle Einfluss des Mondes – das alles ist die Welt der Landbevölkerung in der Einsamkeit der Natur. Aber nicht nur das.

Feld, Wald und Wiese liefern Heu für den Viehstall, fleißige Bienen im Stock sorgen für Honig, das Schwein für saftigen Schinken, die Kuh für Milch, Butter und Geschlachtetes. Der Hühnerhof, die Stallhasen und der Gemüse-, Kräuter- und Blumengarten waren und sind auch heute oft noch das Revier der Bäuerin. Denn eines ist klar: Will der Bauer zu Wohlstand kommen, ist die Bauersfrau unentbehrlich. Dieser Wohlstand, er ist heute noch fast greifbar in einer der fruchtbarsten Gegenden Norddeutschlands, dem Artland, der einstigen Kornkammer des Fürstbistums Osnabrück. Es hat bis heute eine ganz eigene Kultur und Tradition bewahrt. Man kommt aus dem Staunen nicht heraus. Denn nirgendwo sieht man eine derartige verschwenderische Pracht an wunderschönen, in ihrer Form einzigartigen Fachwerk-Bauernhöfen, die diesen Landstrich so berühmt gemacht haben. Vierseithöfe nennt man sie, diese Burgan-

König-Grothe-Hof, Badbergen

Bauernhaus bei Bippen

lagen mit den geschlossenen Gebäuden, die sich um einen Hof gruppieren und dem neugierigen Fremden nur auf einer Seite Einlass gewähren. Aber man zeigt, was man hat, denn den „Schaugiebel" des Haupthauses – Wohnhaus, Stallungen und Lagerraum in einem – sieht, wer über Feld und Wiesen fährt, bereits von weitem. Nur das riesige Rundbogentor und die mächtigen Holzbalken mit den kostbaren Verzierungen und Inschriften lassen sich erst beim Vorfahren bewundern. Mächtige Bäume, Eichen, Buchen und Linden reihen sich wie stolze Soldaten um die Anlage und demonstrieren Reichtum und Selbstbewusstsein des Bauernstandes. Für ein gewöhnliches Artländer Bauernhaus reichten einmal 20 Stämme Eichenholz. Aber bereits im 18. Jahrhundert war das entschieden zu wenig, wollte der reiche Artländer doch vor allem repräsentieren. Nicht selten mussten über 80 ausgewachsene Eichen für einen einzigen Hof herhalten. Und ... wer viel Holz hatte, konnte viel Holz verarbeiten ... Das sollte an den möglichst kunstvoll gestalteten Fachwerkgiebeln gezeigt werden.

So kommt auch kein Fremder am kostbaren Giebel des Berner Hofs in Wehdel bei Badbergen vorbei. Dieser prachtvolle Giebel entstand 1750/51 und ist das Resultat zweier ehrgeiziger, miteinander in Konkurrenz liegender Bauern links und rechts der Hase. Aber weit gefehlt: Nicht der Berner Hof trug den Sieg davon, sondern die Wehlburg, die jedoch seit 1975 im Freilichtmuseum von Cloppenburg zu bewundern ist. So bleibt beim Fahren übers Land nur noch der Berner Hof. Er wird wie eh und je landwirtschaftlich genutzt. Das Reetdach musste zwar 1978 wegen der Versicherung roten Ziegeln weichen, aber das Ambiente ist geblieben und auch die Taxushecken an der Längsseite des Gebäudes werden nach wie vor von den aufeinander folgenden Generationen seit über zwei Jahrhunderten liebevoll geschnitten, gehegt und gepflegt. Besitz verpflichtet!

Nicht selten auch bieten die stolzen Höfe mit ihren mächtigen Fachwerkgiebeln heute müden Wanderern oder unermüdlichen Radlern Rast und Ruhe, Brot und Bett, zur Not im Heu. Die Bauersfrau macht's möglich. Da, wo kein Vieh mehr weidet und die Äcker brach liegen, haben sich auch Städter in jahrhundertealte Höfe und Scheunen verliebt, ließen sie nach ihren Vorstellungen umbauen und verbanden modernen Komfort mit nostalgischem Flair – im Geiste weit weg von der Stadt, eine verklärte Romantik, an welcher der bodenständige Bauer aber zeitlebens wohl kaum jemals Anteil hatte. So erging es auch manchem Heuerhaus, ursprünglich die Bleibe der Heuerleute. Seit 1618 bestimmte nämlich ein neues Gesetz auch im Osnabrücker Land die Erbteilung. Nur der älteste Sohn sollte den Hof erhalten. So konnte die Zahl der Großbauern weitgehend gesichert bleiben. Nicht Erbberechtigte stellte man als Gesinde ein, verpachtete ihnen, damit sie heiraten konnten, das eine oder andere Nebengebäude, die späteren Heuerhäuser. Das konnte auf die Dauer nicht gut gehen. Die meisten Heuerleute wurden „bis aufs Blut ausgesaugt" und der „Heuermann" lebte vom Acker, vom Tagelohn und vom „Holland gehen". Er musste „manche Seite Speck, manches Schwarzbrot und den Buttertopf mit dahin nehmen, um so viel Geld zurückbringen zu können, indem es in Holland so theuer ist für baares Geld zu zehren". So mancher

Taxushecke am Berner Hof

Berner Hof in Wehdel bei Badbergen

Verzweifelte zog auch in die Ferne, nach Amerika, in eine unbekannte Zukunft mit dem Spruch auf den Lippen: „Hier sind wir Bauernsklaven, drüben fahren wir Kutscherwagen ..."

Gut ging es nur den Großbauern, die sich Meyer nennen durften. Die Herren dieser Höfe, bereits um die erste Jahrtausendwende entstanden, hatten besondere Aufgaben und verfügten im Gegensatz zum Rest der Bevölkerung über sämtliche Vorrechte. Sie erwarben für ihre „Verwaltungsleistungen" des Öfteren große Ländereien und stattliche Hofanlagen. Noch heute erinnern Namen an die früheren Meyerhöfe wie die Bauernschaften im Ankumer Land, Meyer zu Brickwedde und Meyer zu Starten, oder wie im Artland, Meyer zu Devern. Doch auch das Bauernleben ist mittlerweile aus den Fugen geraten. Dörfer im alten Sinne gibt es kaum noch. Zuerst verschwanden die bäuerlichen Gerätschaften – Sense, Sichel, Pflug und Egge –, dann die Dienstboten – Knechte, Mägde – und auf so manchem Feld einstmals voller wiegendem Korn wuchsen moderne Häuser.

Heute ist Bio-Ernte angesagt und einige Hofanlagen im Artland wurden für Gäste geöffnet. Dort, im Backhaus oder unter dem gewaltigen Dachstuhl der ehemaligen Stallungen, bietet die Bäuerin selbst gebackenes Brot und Kuchen an und nicht selten werden an langen Tafeln Produkte aus eigener Schlachtung serviert.

Wenn der Tag zur Neige geht, kann man wunderbar einkehren im prachtvollen Hof Elting-Bußmeyer in Badbergen, wo aus dem alten Lehm-Backofen im historischen Backhaus das blauweiße Geschirr auf den Tisch kommt und jedem Gast in der heimeligen Stube unter den schrägen Balken Hausgemachtes angeboten wird: Artländer Apfelkuchen und zur herzhaften Stulle unterschiedliche Wurstspezialitäten. Je nach Jahreszeit gibt es auch Wild aus dem eigenen Revier. Wir sind neugierig: Darf man erfahren, was die Inschrift in der alten Bank im Backhaus zu bedeuten hat? Bauer Bußmeyer belehrt uns eines Besseren. Das reich geschnitzte Holzteil gehört nicht zur Bank, sondern wurde traditionsgetreu anlässlich einer Hochzeit auf den Ackerwagen zum „Brautgut fahren" montiert. Denn eine Woche vor der Trauung wurde das „Brautgut", eine Truhe mit Wäsche, Haushaltsgegenstände, ein Melkschemel und die Federbetten, von dem Elternhaus der Braut zu ihrem zukünftigen Heim gebracht. Da durfte ein Reisigbesen, mit bunten Bändern, Kinderflasche und Mausefallen geschmückt, nicht fehlen. Wurde dieser Besen unterwegs gestohlen, war ein „Lösegeld" fällig. Noch heute soll die Braut im Osnabrücker Land genötigt werden ... So sind die Sitten. Die Familie Bußmeyer weiß ohnehin, was Tradition ist. Ihre Vorväter und Väter haben es vorgelebt, und sie zeigt es den Fremden selbstbewusst, aber nur bedingt, denn das eigene Wohnhaus bleibt tabu. So steht man zögernd auf der Schwelle der guten Stube. Prachtvolle Brauttruhen und jahrhundertealte Vitrinen voller altem Porzellan zeugen von Wohlstand und Geschmack mehrerer Generationen. Das nennt man Hofkultur. Hier lassen sich die Menschen nicht so schnell aus dem Gleichgewicht bringen. Soziale Konflikte und besondere Privilegien sind Geschichte. Große moderne Stallgebäude und monumentale Silohaufen säumen die Dorfstraßen und liebevoll gepflegte Fachwerkhäuser ergänzen das Bild. Traktoren tuckern über die Feldwege und das Muhen der Kühe, nicht selten die Züchtung einer ausgefallenen Rasse wie Limosin, Charolais oder das irische Rind mit dem zotteligen Fell und den anmutig gebogenen Hörnern, ist landauf, landab nicht zu überhören.

Beschaulichkeit, Bescheidenheit und Traditionsbewusstsein sind nach wie vor fest mit dem dörflichen Leben verknüpft. Vertraute Regeln schaffen ein starkes Gemeinschaftsgefühl. Gemeinsame Arbeit, Hilfsbereitschaft und gemeinsames Feiern verbinden. Man lebt und leidet halt mit seinesgleichen: der Bauer, seine Familie, das Gesinde und die Nachbarn. Noch heute hält man im Osnabrücker Land am „Notnachbar“ fest, der in Not und Gefahr zu helfen weiß. Es ist zwar nicht mehr so wie früher, wo dieser bei schwerer Krankheit für den geistlichen Beistand zu sorgen hatte, am Krankenlager dem Sterbenden die letzten Gebete aufsagte und im Sterbefall die Trauerfeier mit dem Leichenschmaus ausrichtete. Aber immer noch wird heute im Falle eines Falles der erste Nachbar informiert, der dann alle weiteren Veranlassungen mit den anderen Nachbarn abstimmt und in die Wege leitet.

Wenn der Erntesegen geborgen ist, Stall, Scheune und Keller gefüllt sind, dann darf auch gefeiert werden. Dann ist es Zeit für Trank, Tanz und Spiel, Zeit, Feste zu arrangieren und das tut man auf dem Lande nach wie vor ausgiebig, so beim Schützenfest in Ankum, wo am Montagmorgen sogar beim Ausklang der tollen Tage 1000 Männer bei Bier und Schnaps zum Frühschoppen erscheinen. Frauen sind dabei allerdings nicht erwünscht! Gut so, meint der Einheimische: „Haben die Frauen letztendlich doch das Sagen.“ Dieses Ankum.

Bereits im 10. Jahrhundert, präzise gesagt laut einer Urkunde seit dem Jahr 977, war dieser Ort Zentrum des altsächsischen Farngaues. Damals übereignete Kaiser Otto II. seinem Gefolgsmann Herigisus auf Bitten des Osnabrücker Bischofs Luidulfus einige Besitzungen, darunter eine in Ainghem. Daraus wurde später Ankum. Graf Otto von Tecklenburg genehmigte 1240 Getreidelieferungen an das Kloster Bersenbrück, und zwar „per mensuram in Anchem“. Das „Ankumer Maß“ war somit geboren und wurde im weiten Umkreis die gebräuchliche Maßeinheit. Der Ort strotzte nur so vor wirtschaftlicher Bedeutung. Ist das der Grund, warum sich die Ankumer mit ihrer mächtigen Nikolaus-Kirche, auch schon mal halb ernst, halb spöttisch der „Artländer Dom“ genannt, ein wenig in den Dimensionen vergriffen? Der Bau ist 52 Meter lang und im 19 Meter hohen Mittelschiff könnte sich manches Mehrfamilienhaus verstecken. Der majestätische Tempel ist nicht zu übersehen und gehört zweifellos zu den gewaltigsten Bauwerken im Osnabrücker Nordland.

Wer es aber noch nicht weiß, Ankum ist nicht nur historisch bedeutsam, sondern auch die Pferdehochburg schlechthin. Hier tummeln sich Stuten von edelstem Geblüt auf saftigen Wiesen, ihre kostbaren Fohlen im Schlepptau, und sind der Stolz ehrgeiziger Züchter. Das Artland ist ein altes, renommiertes

Gestüt in Menslage

Gasthof „Backhaus“

Hof Elting-Bußmeyer

Artländer Dom in Ankum

Zuchtgebiet, denn die Ankumer Pferdemärkte waren bereits vor Jahrhunderten für Pferdenarren *the place to be* und schon im Oktober 1769 hieß es: „Es ist bekand, daß zu Walsem in Kirchs. Ankum in der nähe beym Dorffe, Montags nach Rogate jährlichs ein Marckt gehalten, welches von vielen frömbden Kauff-Leuthen frequentiert, und woselbst vor Zeiten große handelungen geschehen, er ist aber ganz in decadence gerathen.“ Im Jahr 1927 wurden auf den Märkten in Ankum noch 1800 Pferde versteigert und auch heute erzielen hier Spitzenpferde aus Europa und der ganzen Welt immer noch exorbitante Preise. In den gemütlichen Ankumer Kneipen wissen auch distinguierte Dressurreiter und elegante Springreiter, wie das einheimische Bier und der kalte Schnaps schmecken. Geschäfte für Sättel und passende Reiterkleidung, Sporen, Gerten und Stiefel gibt es zur Genüge ... Traditionsreiches Land, altes Land.

Wer bedenkt, dass hier, kaum einen Steinwurf entfernt, vor beinahe 2000 Jahren, im Jahr 9 n. Chr., die „Schlacht im Teutoburger Wald“ – die Varusschlacht – stattfand: nämlich in Kalkriese. Aber das weiß man erstaunlicherweise erst seit 1989, nachdem Wissenschaftler mit geradezu kriminalistischen Methoden die Beweise ans Tageslicht beförderten. Geahnt hatte man es schon länger, denn schließlich hatten Bauern beim Ackern und Pflügen immer wieder römische Münzen entdeckt – bis die römischen Schleuderbleie gefunden wurden, römische Kriegswaffen! Das war Nahrung für die Fantasie so manchen Heimatforschers und für romantische Nationalisten, die diese Schlacht ohnehin als die Erlösung vom „welschen Joche“ feierten.

OS UG 800
OS NU 909

Rathaus Quakenbrück

Begibt man sich heute auf den 40 Meter hohen Turm des Museums Kalkriese, blickt man nicht nur auf die weite Landschaft, die den Römern vor fast 2000 Jahren zum Verhängnis wurde, sondern auch auf geschichtsträchtige Ortschaften und historische Stätten, wie auf Bramsche, das bereits im Jahr 1097 in den Annalen als Schnittpunkt wichtiger Handels- und Verkehrswege erwähnt wird.

Die Tuchmacherinnung stammt aus dem Jahr 1586, aus ihr entwickelte sich Mitte des 19. Jahrhunderts am Ort eine Tuchfabrik. Die Tuchmacherstadt an der Hase wurde international bekannt durch das »Bramscher Rot«, das im 18. und 19. Jahrhundert sogar die Uniformen der königlichen Armee Englands schmückte. Noch heute wird im Tuchmachermuseum am Mühlenort gewebt, gehaspelt, gefärbt und gesponnen. Einheimische erzählen immer noch von den Tüödden, diesen „Hanseaten des Kleinhandels", Leinenverkäufern aus dem benachbarten Westfälischen. Sie zogen seinerzeit übers Land, denn es herrschte große Armut. Arbeiter, Torfstecher, Grasmäher, Kesselschmiede und Hunderte von armen Schluckern der Gegend suchten, ein Großteil des Jahres von ihren Familien getrennt, ihr Auskommen in der Fremde, besonders als Hausierer. Die Tüödden in Mantel und Zylinder, den Leinenrollen, das Ellenmaß und die an einer Kette hängende Schere als Erkennungszeichen, kamen aus den westfälischen Tüöddendörfern und zogen oft über Osnabrück nach Oldenzaal in Holland, ein insgesamt 111 Kilometer langer Weg. Tüödden gibt es nicht mehr, aber ihre Spuren führen bis heute knapp über die Grenzen des Osnabrücker Landes hinweg zu den bekannten Tüöddenfamilien Brenninckmeyer, Boecker, Hettlage und Stockmann.

Wer sich schon an das Wörtchen Tüödden gewöhnt hat, braucht sich die Zunge nicht mehr zu zerbrechen, wenn er das Wort Poggen ausspricht. Poggen sind schlicht und einfach Frösche, aber wer kann das schon wissen? Doch spätestens beim Aussteigen in der Hauptstadt des Artlandes, in Quakenbrück, mit seiner vielfältigen historischen Fachwerkarchitektur, weiß man das. Der Name Quakenbrück alleine könnte einem auf die Spur helfen. Denn Frösche quaken ... Das wissen auch die Quakenbrücker und somit begibt man sich dort nicht von ungefähr auf große grüne Froschfüße, die vom Tourismusamt auf die Bürgersteige geklebt wurden, damit man auch ja keine einzige wichtige Sehenswürdigkeit der Stadt auslässt, wie die von Marc-Oliver Schulz beschriebenen Fußstapfen der damaligen Burgmänner, „die zwischen Disziplin und Selbstbehauptung, zwischen Treue und Trotz auf schmalem Grat schritten".

Linke Seite:
Kirchgasse in Quakenbrück

Diese vom Osnabrücker Bischof beauftragten Burgmänner, zehn an der Zahl, sollten das Osnabrücker Nordland vor Angriffen schützen und so wird bis heute die in der obersten Ecke des Nordlandes gelegene

Wallfahrtskirche und Kloster Lage

Kloster Malgarten bei Bramsche

Rechte Seite:

Bersenbrück, Klosterpforte

Kaufmannsstadt, im Mittelalter ein blühendes Handelszentrum, Burgmannsstadt genannt. So meint der gleiche Autor auch nicht zu Unrecht: „Über Quakenbrück liegt noch ein Hauch mittelalterlicher Standeswürde.“ Denn drei der 38 Burgmannshöfe haben die Zeiten überdauert, ebenso die mittelalterliche Kirchenburg um St. Sylvester, kühn überragt vom Barockhelm mit der offenen Laterne. Die historische Burgmannstadt am Binnendelta der Hase bietet neben dem historischen Marktplatz mit dem klassizistischen Rathaus für romantische Seelen auch eine wunderschöne Altstadt und zahlreiche verwinkelte Gässchen. Die Hase war ihr Schicksal, sieben Arme dieses Flusses durchzogen den bezaubernden Ort. Die künstlichen Wassergräben sicherten die Bürger vor unerwünschtem Besuch. Die ehemalige Hansestadt wusste schon immer ihre günstige Lage zu nutzen. Womöglich hat es die Osnabrücker schon damals gewurmt, dass der Markt zu Zeiten der Burgmänner bereits größer war als ihrer und dass innerhalb der Stadtmauern von Quakenbrück regelmäßig Turniere stattfanden. Ja, eines steht fest: „Es gibt Orte, da spürt man den Zauber des Augenblicks.“

Kloster Börstel

Das wussten die Zisterzienserinnen bereits im Jahr 1245, als sie von Menslage aus in den Börsteler Suddern im äußersten Norden des Osnabrücker Landes pilgerten, auf der Suche nach unberührtem Land, der Lehre ihres Stifters, des hl. Bernhard, folgend, dessen Credo lautete: „Aus dem Schweigen kommt die Kraft.“ Mitten in der verschwiegenen Natur, in einer idyllischen Landschaft mit wogenden Weizenfeldern, jahrhundertealten Eichenwäldern und verträumten Alleen, mehr als eine Fußstunde von der bewohnten Welt entfernt, bauten diese frommen Frauen ihre erste Kirche. In mühsamster Kleinarbeit, Backstein für Backstein eigenhändig geformt und gebacken, entstand 1251 die romanische Unterkirche, die später vollendet wurde und als „Juwel der frühen Gotik“ gilt. Hier hält die Zeit den Atem an und schwingt „Heimweh“ nach dem Ursprünglichen der christlichen Ideale mit. Eine Sehnsucht, die damals die ersten Ordensschwestern gespürt haben müssen, als sie das Wort Gottes nur in der inneren Stille ihres Herzens zu hören glaubten und ein Leben in der Zurückgezogenheit wählten, in der „Klausur“ des Klosters, weit weg von der Außenwelt und dem alltäglichen Treiben.

Ein Hauch dieser getragenen Stimmung schwebt noch heute durch „Börstel“. 750 Jahre spirituelles Leben auf lehnenlosen Bohlenbänken in der Unterkirche, wer hat nicht hier schon zu sich selbst gefun-

Abendstimmung am Alfsee

den? Man kann sich der faszinierenden Ausstrahlung des wunderschönen kleinen Backsteinbaus und der schlichten Anmut und Stille des Innenhofes nicht entziehen. Aber die Abgeschiedenheit in der einsamen Natur allein bot nicht immer Schutz.

Während des Dreißigjährigen Krieges zertrampelten Soldaten die bestellten Felder der Umgebung und verwüsteten die Ernte der Bauern. Sie machten auch vor Börstel nicht Halt. Die Äbtissin floh mit ihren Mitschwestern nach Lingen, versäumte es aber nicht, noch kurz vor ihrer überstürzten Abreise einige Schätze ihrer kleinen Kirche zu verstecken. Zu allem Überfluss ging jedoch auch noch die Pest um und die mutige Klosterfrau starb in Lingen, ohne das Geheimnis ihres Verstecks preisgegeben zu haben. Als die Ordensschwestern nach 20 Jahren wieder heimkehrten, fanden sie eine verwaiste Kirche vor und glaubten, alles sei geplündert. Eine Sage mutmaßte später, das „hillige Mareienbeld" sei in die Telgter Wallfahrtskirche gelangt, weil die Nonnen den „olden Glowen" verlassen hätten. Denn tatsächlich, Luthers Lehre hatte zu der Zeit auch das abseits gelegene Börstel erreicht.

Im Jahr 1625 bekannten sich von den zehn Kapitularinnen sechs zum lutherischen und zwei zum katholischen Glauben, während die übrigen zwei unentschieden blieben. Sie wurden später zu den Lutheranern gezählt. So wurde aus dem kontemplativen Zisterzienserinnenkloster im Jahr 1650 ein freiweltliches hochadliges Damenstift mit einem Kapitel, bestehend aus acht lutherischen und zwei katholischen Damen. Das ist bis heute so geblieben. Gelebte Ökumene.

Aber die Geschichte ist noch nicht zu Ende. Als Denkmalpfleger, Architekten, Tischler und Maurer 1963 die ehemalige Zisterzienserinnenabtei Börstel restaurieren wollten, lüfteten sie unverhofft das große Geheimnis. Sie entdeckten in der Mensa hinter einer Mauer, so gut wie vollständig im Original erhalten, sechs mittelalterliche Figuren. Die älteste, eine Madonna aus Eichenholz, stammt aus der Zeit um 1230 und ein thronender Nikolaus mit blauem Kragen datiert aus dem Jahr 1290. Der eindrucksvollste Fund ist eine Anna Selbdritt aus der Werkstatt des Meisters von Osnabrück, entstanden um 1515.

So umschließt einen in Börstel, am Rande des Osnabrücker Landes, die Zeit. Es bleibt nur noch, im Bann der Beschaulichkeit dieses versteckten Fleckchens Erde, ein kurzes in sich Verweilen, bevor sich alles wieder verflüchtigt ... und dann der Abschied.

„Die Macht der Geschichte ist größer als man denkt und schwingt nach Jahrhunderten immer noch mit."
Franz-Josef Bode, Bischof von Osnabrück

Aller Anfang war Karl der Große

Treppengiebelhäuser am Markt

Die in Stein gemeißelten Propheten auf der Marienkirche

Standhafte christliche Tradition

Man sollte auf den Turm der prachtvollen Marienkirche klettern, eine der schönsten gotischen Marktkirchen Nordwestdeutschlands, und seine Blicke über die Dächer der Stadt streifen zu lassen. Von dort, wo die Luft dünn ist, die gebeugten, in Sandstein gemeißelten Propheten sich in einsamer Höhe in vorbeiziehenden Wolken verstecken und in den windigen Nischen die Tauben gurren, von dort oben schaut man weit über die Bischofsstadt hinweg. Gotteshäuser mit ihren imposanten Türmen bestimmen das Panorama der mittelalterlich geprägten Stadtsilhouette, wo man hinschaut Kirchtürme, am Horizont das Osnabrücker Land, sanfte Hügel zwischen Wiehengebirge und Teutoburger Wald.

Fragmente, Bruchstücke aus der bewegten Geschichte der Bürger, über ihre Gottesfurcht, ihr Leid und Leben, ihre Zerrissenheit und Frömmigkeit, ihre Bodenständigkeit und Standhaftigkeit, über Niedergang, Katastrophen und letztendlich auch über so manche Zerstörungen, die in wirren Zeiten die Stadt heimsuchten, schwingen in Gedanken mit und verflüchtigen sich wieder. Diffuse Geräusche der Stadt dringen nach oben.

Im Osten recken sich der schmale romanische Nordwest- und der massive gotische Südwestturm des Domes gen Himmel, wuchtig und dominierend. Dieser mächtige Bau steht ganz in der Tradition der großen Gewölbekirchen Paderborns, Mindens und Münsters, eine vertraute sakrale Architektur. Bei diesem Anblick denkt man kaum daran, dass an dieser exponierten Stelle zunächst eine bescheidene Holz- oder Steinkirche stand, damals, als Karl der Große um 780 Osnabrück zum Bischofssitz erhob.

Was mag den großen *Fundator* der Einheit bewogen haben, hier ein neues Bistum zu errichten und was veranlasste ihn dazu, die Gebeine des Brüderpaares Crispin und Crispinian hierher zu überführen? Wer kannte schon diese Märtyrer des 3. Jahrhunderts aus der Krönungsstadt Soissons? Hier zu Lande wohl niemand.

Ein wenig schwindelig wird es einem, wenn man von der luftigen Höhe auf die Altstadt hinunterschaut, dorthin, wo die Treppengiebelhäuser des alten Marktes im Dunst des Tages verschwinden. „Stadtluft macht frei". Hier war schon vor 1000 Jahren viel los. Die Osnabrücker trieben bereits im 10. Jahrhundert Handel. Ab dem Jahre 1002 gab es nachweisbar das entsprechende Privileg dazu, denn in dem Jahr verlieh der Kaiser Heinrich II. am 28. Juli dem Osnabrücker Bischof das Recht, im Schutz der Domburg einen

Rechte Seite:
Dom St. Peter. Seine Baugestalt stammt im Wesentlichen aus dem 13. Jahrhundert. Auffallend sind die verschieden starken Türme des Westbaus – der schmale romanische aus dem 12./13. Jahrhundert, der mächtige gotische aus dem 16. Jahrhundert.

Seiten 50/51:
Blick über die Altstadt von Osnabrück. Dominierend im Stadtbild links der Dom, rechts St. Marien, davor das Rathaus, am unteren Bildrand die weißen Gebäude des Carolinums

Markt abzuhalten, eine Münzstätte einzurichten und Zoll von den Marktbesuchern zu erheben – die entscheidende Voraussetzung für ein fleißiges Hin und Her, für Kaufen und Verkaufen. Die zahlreichen Handwerker aller Couleur sowie fremde Kaufleute aus aller Herren Länder wussten, was leicht von der Hand ging, und sie ehrten ihren Gott, den allmächtigen Herrn.

Nicht nur der Dom, der heute zu den großen deutschen Kathedralen zählt und dessen Fundamente aus dem 8. Jahrhundert stammen, lässt einen über die christliche Ergebenheit der damaligen Gläubigen nachdenken, die zutiefst geprägt waren von Todesfurcht und Endzeiterwartung, vom Diesseits und Jenseits, von Himmel, Fegefeuer und Hölle. So überrascht es nicht, dass die damals knapp 8000 Einwohner der mittelalterlichen Stadt an der Hase Bau und Ausbau ihrer Gotteshäuser und deren Ausstattung immer wieder als Herausforderung und Aufgabe betrachteten und nicht müde wurden, sie mit Leben zu füllen. Mit Stiftungen und Spenden wetteiferten sie um das Ausschmücken ihrer geweihten Orte in großer Sorge um ihr Seelenheil. Später schickten Hochwürden ihre Ablassprediger über Stadt und Land, ein Dorn im Auge der Reformatoren. Nicht umsonst schränkte die katholische Kirche im Tridentinischen Konzil (1545–1563) das Ablasswesen ein.

In der zweiten Hälfte des 13. Jahrhunderts wurden in Osnabrück die dreischiffigen Hallenkirchen St. Johann und St. Marien mit ihren schönen Langhäusern errichtet, fast nahtlos hintereinander, aber trotz allem in ihrem Konzept und ihrer Ausstrahlung recht unterschiedlich. Das wird für die damaligen Bauherren Ehrensache gewesen sein. Die Stiftskirche St. Johann zählt zu den frühesten großen Hallenkirchen Westfalens und besticht durch ihre reine Frühgotik, während die Marienkirche in ihrer „reifen" Gotik filigran anmutet.

Das fromme Volk hatte kaum tief Luft geholt, da wurden schon wieder zu Ehren Gottes Gerüste hochgezogen, Quadersteine gestapelt, wurde gemauert und gemeißelt, geschmiedet und gezimmert. Im 13./14. Jahrhundert entstand die zweite Stadtpfarrkirche St. Katharinen. Noble Eleganz breitete sich aus, denn um diese jüngste, hochgotische Kirche konzentrierten sich damals die Höfe des Osnabrücker Adels. Man wollte hoch hinaus, ihr stolzer Turm ist der höchste der Stadt und er besaß einst, bevor ein verheerender Brand im Jahre 1868 durch die engen Gassen fegte, eine barocke Haube.

Auch die zahlreichen Patres und Nonnen lobten und ehrten ihren Gott. So entstanden um 1285 die Kirche des Franziskanerklosters, um 1287 die des Augustinerklosters und um 1289 die des Dominikanerklosters, von den zahlreichen kleinen Kirchen und Kapellen bei den Spitälern oder den privaten Stiftungen ganz zu schweigen.

Dominikanerkirche, heute Kunsthalle

Katholische Kirche St. Johann

Rechte Seite:
Mittelschiff des Domes, Blick zum Chor und Altar

Altstadt mit Dom, Domfreiheit und St. Marien aus der Luft

Gegeneinander, nebeneinander, miteinander?

Die Reformation änderte das Leben. Am 2. Februar 1543 hielt in St. Marien der Reformator Hermann Bonnus seine erste evangelische Predigt in Osnabrück. Das Volk war gespalten, die Kirchen wurden geteilt. St. Johann und der Dom blieben als Kanonikatskirchen den Katholiken erhalten, während St. Marien und St. Katharinen, von der Bürgerschaft gebaut, den Protestanten zugesprochen wurden, und das blieb so bis heute. Die Tradition hat Stand gehalten, wenn auch den Zeichen der Zeit angepasst.

Über dem Hauptportal des Domes wacht nach wie vor die Figur des Friesen Wiho, des ersten Bischofs von Osnabrück, über die Gläubigen.

Zwischen den hohen Pfeilern und unter dem imponierenden Gewölbe des Mittelschiffs der Basilika erklingen noch immer, und das bereits seit über einem Jahrtausend, die frommen Gesänge des Domchors und der Chorherren, die sie in ihren prachtvollen Ornaten der Liturgie der katholischen Kirche entsprechend zu hochkirchlichen Anlässen, zu feierlichen Priester- und Diakonenweihen oder zum festlichen Hochamt anstimmen.

Die Christianisierung, damals vor über 1200 Jahren, war eine blutige Geschichte. Karl der Große (reg. 768–814), einer der mächtigsten Herrscher der Geschichte, Eroberer von Land und Gütern, Visionär des europäischen Gedankens, der sich der Pflege der deutschen Sprache und des Studiums der Antike verpflichtet fühlte, wurde zum Begründer des mittelalterlichen Kaisertums mit den vielfältigen Wechselbeziehungen zwischen Kaiser und Papst. Seine Feldzüge und Reisen waren und sind bis heute legendär. Für die Ausweitung der Frankenherrschaft musste er Krieg führen – auch gegen die Sachsen. Dieser Volksstamm war noch fest verbunden mit seinem heidnischen Glauben und den alten Sitten. Aber Karl der Große kannte kein Pardon. Er entschloss sich zur Unterwerfung und Christianisierung der Sachsen.

Im Jahre 777 wurde der erste Reichstag im sächsischen Paderborn abgehalten und das Sachsenland bereits in Missionsbezirke eingeteilt. Erste, recht brutale Gesetze dokumentieren den Unterdrückungskrieg. Jede Verschwörung gegen die christliche Kirche oder gegen den König, jede Unterlassung der Taufe, jeder Bruch der Fastenordnung in Sachsen wurde mit dem Tode bestraft. Nachdem die Sachsen Kirchen zerstört hatten, rächte sich Karl der Große gnadenlos. Er hielt über den sächsischen Adel ein grausames Blutgericht. Tausende Sachsen sollen enthauptet worden sein. Im Jahre 785 brach der sächsische Widerstand zusammen, der Anführer Widukind unterwarf sich und ließ sich schließlich taufen. Bereits im Jahre 780 hatte Karl der Große in Osnabrück eine Missionsstation errichten lassen, deren Leiter und erster Bischof der heilige Wiho war.

Seit November 1995, über 1200 Jahre später, ist jetzt Dr. Franz-Josef Bode sein würdiger Nachfolger. Als einer der jüngsten Bischöfe Deutschlands, unweit von Osnabrück in Paderborn geboren und aufgewachsen, führt er das ehemals flächenmäßig größte Bistum in Deutschland, das im Laufe seiner langen Geschichte über die vielen Jahrhunderte mehrfach seine Grenzen ändern musste. Es war einst 46 000 Quadratkilometer groß und umfasste die so genannten Norddeutschen Missionen, heute die Bundesländer Schleswig-Holstein und Hamburg sowie Bremen, den Mecklenburger Teil von Mecklenburg-Vorpommern sowie das westliche Niedersachsen.

Während der DDR-Zeit war der Kontakt zum Mecklenburger Teil erheblich erschwert. Deshalb ernannte der Papst 1973 für die Leitung und Verwaltung dieses Teils einen „Apostolischen Administrator“ und errichtete das „Bischöfliche Amt Schwerin“. Die katholische Kirche in Mecklenburg war damals direkt dem Papst unterstellt, das Gebiet gehörte kirchenrechtlich aber weiterhin zum Bistum Osnabrück.

Die Wiedervereinigung Deutschlands brachte auch eine Neuordnung der Bistumsgrenzen im Osten. In diesem Rahmen wurde das Bistum Osnabrück Anfang 1995 mit der Gründung des Erzbistums Hamburg „geteilt“: Der nördliche Teil (Hamburg, Schleswig-Holstein, Mecklenburg) wurde zum neuen Erzbistum Hamburg, der südliche Teil (Bremen und der größte Teil Westniedersachsens) bildet das „neue“ Bistum Osnabrück. Es hat eine Fläche von rund 12 500 Quadratkilometern mit rund 580 000 Katholiken in 256 Kirchengemeinden. Das bedeutet alle Hände voll zu tun für einen Oberhirten.

Kurz nach seiner Amtsübernahme im November 1995 trat Bischof Bode den „langen Marsch“ durch das Bistum an, besuchte sämtliche Gemeinden und hatte sich als ehrgeiziges Ziel für diese die Idee einer

Der Löwenpudel vor dem Dom

Statue des heiligen Wiho über dem Hauptportal des Domes

Statue Karls des Großen über dem Portal des Rathauses

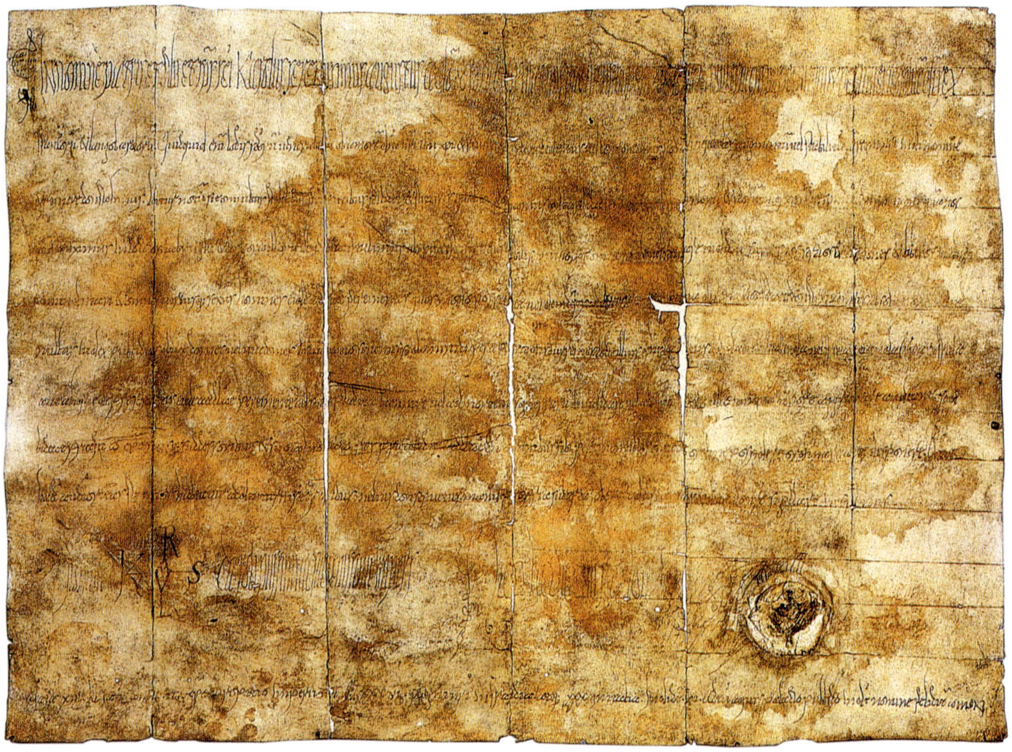

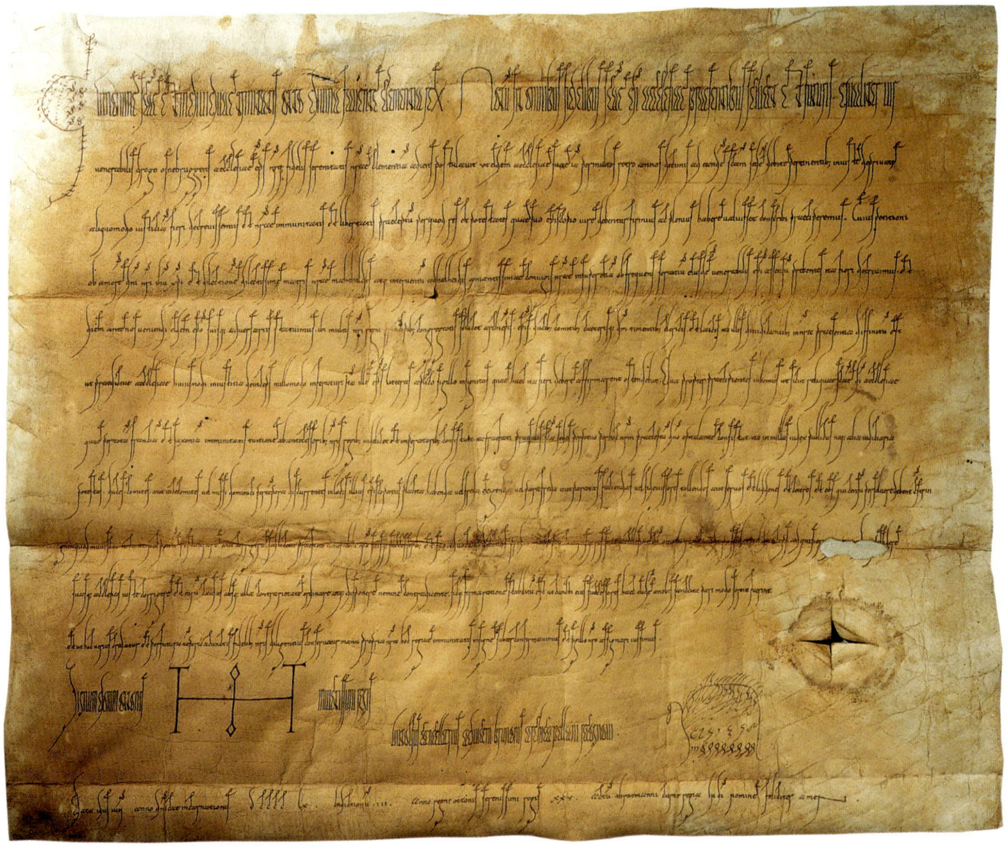

Kaiser Karl der Große schenkt dem Osnabrücker Dom die Reliquien der Heiligen Crispinus und Crispinianus und verleiht ihm die Gerichtsbarkeit. Aachen, 19. Dezember 803 (Fälschung). Diözesanarchiv Osnabrück, Jostes Nr. 1

König Otto I. bestätigt der Osnabrücker Kirche die Immunität und den gesamten Besitzstand. Dortmund, 13. Juni 960 (Fälschung). Nds StAOS Rep. 3 Nr. 2

„neuen Identität und eines neuen Selbstbewusstseins“ gesteckt. Da blieb nicht viel Zeit für kontemplatives Zurückziehen in das bischöfliche Palais an der Großen Domfreiheit zu Osnabrück oder für einen Spaziergang über den schönen Platz vor den beiden Domtürmen. Hier ist sein Zuhause. Hier atmet das katholische Osnabrück. An dieser Stelle befanden sich auch die Grenzen der frühmittelalterlichen Domburg, des karolingischen Bischofssitzes, wo die wichtigsten und ältesten Verkehrswege der Region auf-

Landfriedensbündnis der westfälischen Städte 1372, in der Mitte das Siegel Osnabrücks.
Nds StAOS Dep 3a II C Nr. 360

Bischof Arnold bestätigt die Hospitalsgründung St. Viti mit Kapelle an der Hase, 1177.
Nds STAOS Rep 3 Nr. 12

Befestigungsprivileg König Rudolfs mit Siegel, 1280.
Nds StAOS Dep 3a 1 I Nr. 3

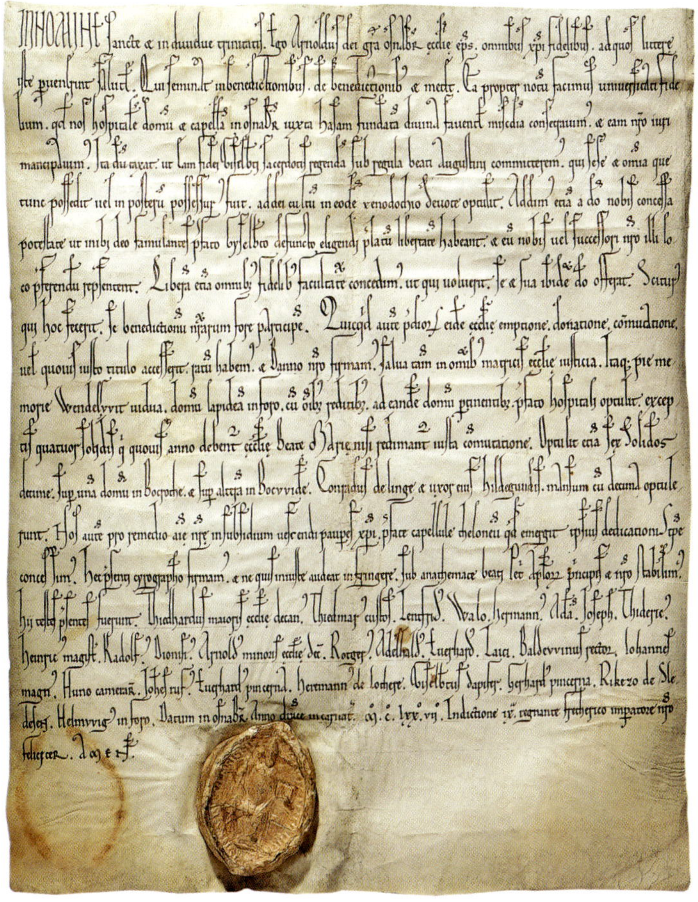

GLORIA IN EXCELSIS DEO
PUER
NATUS
EST NO
BIS ET
FILIUS
DATUS EST
NOBIS CUIUS IMPERIUM SUPER
HUMERUM EIUS ET VOCABITUR NOMEN
EIUS MAGNI CONSILII ANGELUS
Abbildungen freistellen

Domschatzkammer

einander trafen. Hier wohnten die Geistlichen und die Domherren. Hier standen die Häuser der Vikarkurien und der zahlreichen Bediensteten der Hochwürden.

Noch heute sind fast alle Häuser um die Große Domfreiheit kirchliche Häuser. Auf der Mitte des Platzes steht das Justus-Möser-Denkmal. Über diesen politischen Schriftsteller, Juristen und Historiker schrieb Friedrich Meinecke: „Individuelles, Lokales und Europäisches verschmolz sich in ihm zu jener Prachtgestalt, die schon des jungen Goethe Entzücken erregte." Mit ihm schaut man nicht nur zum alles überragenden Dom, sondern auch auf das Carolinum, Deutschlands ältestes Gymnasium, auf die Gymnasialkirche, auf Arbeitsstätten und Wohnhäuser der Domkapitulare, des Domdechanten, des Weihbischofs, auf das Bischöfliche Priesterseminar und das Dompfarramt: ein katholisches Biotop im Herzen der Stadt, eine Oase zwischen Linden, deren ausladende Zweige zum Verweilen, zum Nachdenken über 1200 Jahre katholische Geschichte einladen. Die Große Domfreiheit ist wahrlich ein historisch trächtiges Pflaster in dieser „Stadt des Friedens", des „Miteinanders". Bischof Bode, der sich wegen seiner Offenheit, Toleranz und Verlässlichkeit auch in der breiten nichtkirchlichen Öffentlichkeit viel Sympathie erworben hat und Fernsehsendungen, Talkshows und Fragen hartnäckiger Journalisten nicht scheut, weiß um diese Geschichte und er stellt sich ihr: Zwangschristianisierung und Religionskrieg – eine Geschichte, die sich immer und immer wiederholt – Gewalt anstatt Überzeugungsarbeit, Machtspiele unter dem Deckmantel der Religion. Hätte Karl der Große nicht ohne den Bekehrungszwang und ohne Blutvergießen seine politischen Ziele erreichen können? Im Jahre 795 trieb er mit seiner Gefolgschaft rücksichtslos Tausende Sachsenfamilien in das Innere des Reiches. In die verlassenen Siedlungen zogen Franken oder rechtzeitig zum Sieger und zum Christentum übergetretene Sachsenfamilien ein. Nachdem der sächsische Adel kapituliert hatte, blieben die „heidnischen" Bauern immerhin noch 20 Jahre lang standhaft. Gibt es da Parallelen zu heute?

Wir Christen sind im Laufe unserer Geschichte nicht zimperlich mit anders Denkenden umgegangen. Nicht nur Karl der Große, sondern auch die spanische Isabel la Catolica oder Philipp II., um nur einige zu nennen, erkämpften sich mit Waffengewalt ihre so genannten christlichen Stätten. Selbst in unserem 21. Jahrhundert sind wir leider fast täglich wieder konfrontiert mit den schrecklichen Folgen der Verquickung politischer und religiöser Konflikte. Denken wir an den Balkan, Nordirland, an den Nahen und Mittleren Osten, an die Extremisten, die unter uns weilen. Wie sollen wir Christen heute mit unserer Schuld umgehen?

Linke Seite:
Codex Gisle, p. 25, um 1300,
Diözesanarchiv

Kaselkreuz mit Darstellung der Heiligen Sippe, der Geburt und Verlobung Mariens, Stickerei mit Goldfaden und Seide auf Leinen, Amsterdam, zwischen 1510 und 1520, Diözesanmuseum Osnabrück

So genannter Kamm Karls des Großen, Elfenbein, (Köln?), um 1000, Domschatzkammer Osnabrück

Kapitelkreuz, westdeutsch, (Köln?), vor 1050, Domschatzkammer Osnabrück

Armreliquiar, Domschatzkammer Osnabrück

Taubenfibel, Silber, vergoldet, erstes Viertel 9. Jahrhundert, Domschatzkammer Osnabrück

So genanntes Schachspiel Karls des Großen, Bergkristall, ägyptisch-fatimidisch, 10.–12. Jahrhundert, Domschatzkammer Osnabrück

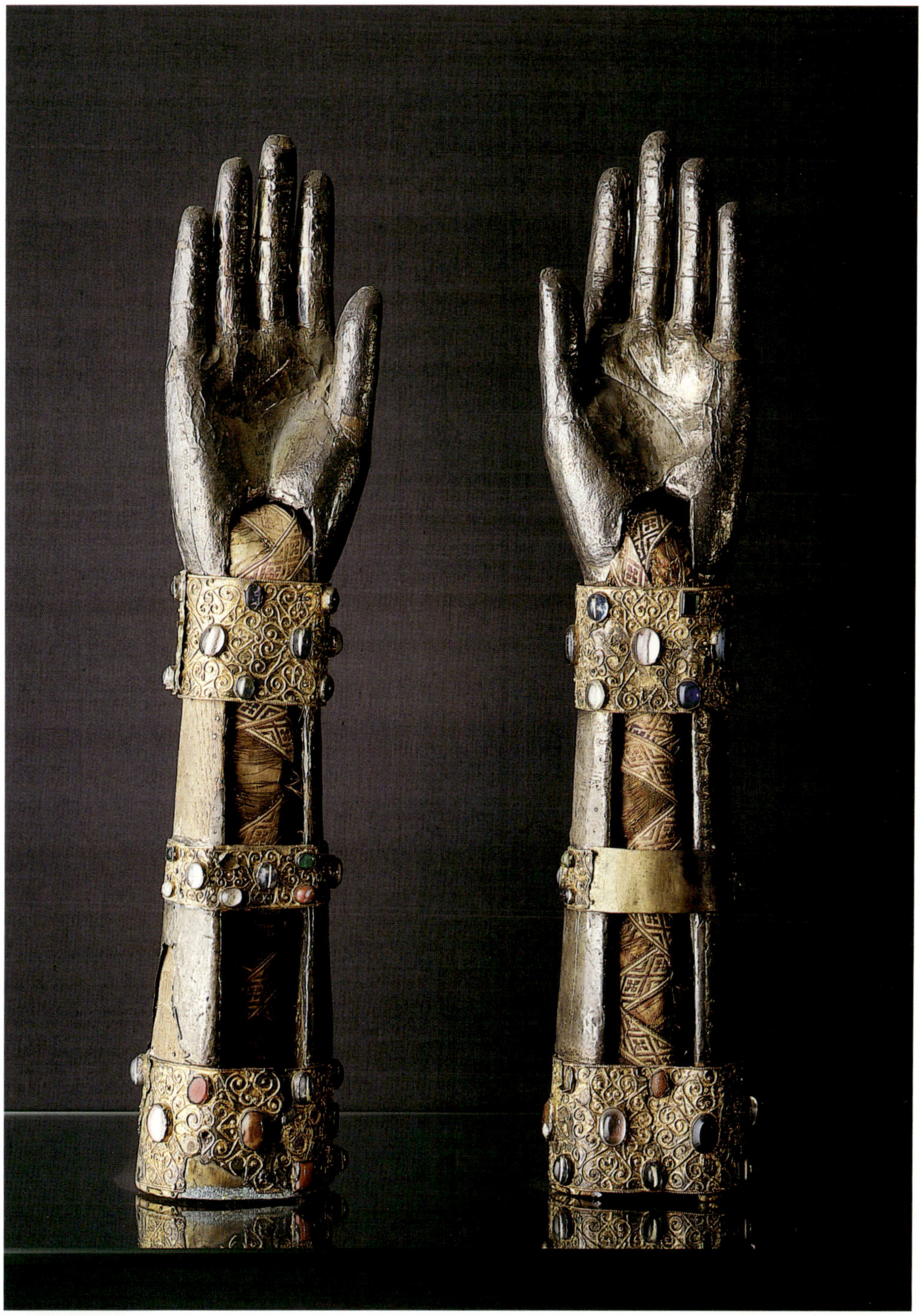

Heiliger Michael als Seelengeleiter, Eichenholz, westfälisch, um 1320, Diözesanmuseum Osnabrück

Meister von Osnabrück, heiliger Apostel Andreas, Eichenholz, um 1525, Diözesanmuseum Osnabrück

Engelbert Hofslegers, Thronende Muttergottes mit Kind, Silber, vergoldet, Osnabrück, 1483, Domschatzkammer Osnabrück

Große Domfreiheit und Dom vom bischöflichen Palais aus gesehen

Sich der Geschichte stellen

Bischof Bode, am Ort des damaligen Geschehens, von dem aus der mittelalterliche Kaiser seinen Willen durchsetzte, hat sich Zeit für eine Antwort genommen und schaut nachdenklich im stillen Besucherzimmer seines Palais zwischen den eleganten Biedermeiermöbeln über die sorgfältig gedeckte Kaffeetafel hinweg.

Das Phänomen der Religionskriege ist vielschichtig. Es sind oft Kriege politischer Mächte, die ihre eigene Position religiös überhöhen und die Religion als Rechtfertigung missbrauchen. Auf der anderen Seite beobachtet man natürlich auch eine Entwicklung der Religionen und der Glaubensgeschichte: Phänomene, die der Versuchung zu Gewalt und Zwang nicht entgehen und damit dem Stifterwillen widersprechen – so auch im Christentum. Solch blutige Geschichte müssen wir ehrlich, vorurteilsfrei und gerecht angehen. Man darf sie nicht herunterspielen. Allerdings sollte das immer unter Berücksichtigung der damaligen Zeitsituation geschehen, aber die können spätere Generationen nicht immer leicht beurteilen. Der Papst hat durch sein Schuldbekenntnis und seine Vergebungsbitte im Jahre 2000 einen sehr wichtigen Schritt getan, weil er vieles ausgesprochen hat. Wir müssen eben deutlich machen, dass Religion niemals als Rechtfertigung für Gewalt angesehen werden kann und darf, sondern im Gegenteil: Religion darf auf gar keinen Fall mit Gewalt verbunden werden, sondern muss zur Humanisierung des Menschen beitragen. Weder im Namen der Religion und schon gar nicht im Namen Gottes können Krieg oder Gewalt eingesetzt werden. Auch ich habe im April 2000 in einem „Versöhnungsgottesdienst“ im Osnabrücker Dom ein „Schuldbekenntnis“ für Verfehlungen aus der katholischen Kirche heraus abgelegt.

Leider lässt sich das Politische oft schlecht vom Religiösen trennen. Das Motiv ist meistens politisch, aber die Religion wird vereinnahmt, damit das Ganze Kraft und Tiefe bekommt und die Menschen dafür eingenommen werden können. Man stellt heute im Islam Tendenzen fest, die Gewalt religiös zu untermauern. Da habe ich große Fragezeichen. Aber es gibt eine Menge Muslime, die diese Entwicklung ganz und gar nicht gutheißen. Sie leben den Koran und die islamische Religion ganz anders, nicht als Untermauerung von Gewalt, sondern eher als einen geistlichen, einen spirituellen Weg.

Was ist Ihres Erachtens Toleranz? Sie schreiben in Ihrem „Ökumene-Papier“, das auf dem Ersten Ökumenischen Kirchentag in Osnabrück zum 350-jährigen Jubiläum des Westfälischen Friedens im Jahre

1998 verabschiedet worden ist: „Alle Christen tragen gemeinsame Verantwortung für das Gespräch mit Menschen anderer Religionen sowie unterschiedlicher politischer und weltanschaulicher Ausrichtung in unserer Stadt." Nach dem Westfälischen Frieden gab es keine unbegrenzte religiöse Toleranz. „Cuius regio – eius religio" – „wessen Land – dessen Glaube" war die Aussage. Die heutigen Zuwanderer aus aller Herren Länder bringen ihre eigene Religion und Religiosität mit. Sollte das Bekenntnis zu irgendeiner Religion, z. B. zum Christentum, eine Voraussetzung für die Integration sein oder können wir alle, trotz unterschiedlichster religiöser Prägungen, friedlich nebeneinander leben?

Nach der blutbeladenen Geschichte der Religionskriege stellten die Pragmatiker den Staat über die Religion. Die Französische Revolution erklärte das Religiöse sogar für völlig privat. Soll sich die Religion aus friedenspolitischen Gründen dem Staat unterordnen und eine persönliche Angelegenheit bleiben? Denken wir an die Kopftuchdiskussionen. Darf der Staat seinen Beamtinnen das Kopftuch verbieten? Muss hier das Gesetz das letzte Wort haben? Lassen wir uns nicht zu sehr von unseren eigenen Ängsten leiten, der Angst vor dem „Fremden"?

„In Deutschland breitet sich die Bereitschaft aus, Mitmenschen zu verachten, wenn sie anders sind. Politische Ohnmacht, Angst vor Arbeitslosigkeit: Was bedeuten diese Gefühle für das gesellschaftliche Klima, für das Miteinander der Bürger? Nichts Gutes, lautet der Befund einer neuen Langzeituntersuchung. Auch in der Mitte der Gesellschaft schwindet die Toleranz?", fragt sich eine deutsche Wochenzeitschrift recht besorgt. Können Minderheiten in unserem Land sicher sein, geschweige denn sich noch wohl fühlen?

Man kann meines Erachtens das Religiöse nicht in das rein Private verbannen. Denn indem ich einen Gott anerkenne, der größer ist als alles, relativiere ich bereits die Staatsallmacht und relativiere auch totalitäre Systeme. Wir bestätigen die Menschenwürde, indem wir in jedem Menschen das Ebenbild Gottes erkennen. Das heißt, eine Religion, die den Menschen als Ebenbild Gottes ansieht und in der sogar Gott als Menschgewordener geglaubt wird, kann gar nicht unpolitisch bleiben. Sie macht eine entscheidende Aussage über den Menschen an sich. Unsere ganze Demokratie und die Frage der Menschenwürde begründen sich auf diese christlichen Grundsätze. Das sind eminent politische und öffentliche Themen und keine rein privaten Angelegenheiten. Auf der anderen Seite muss natürlich die Toleranz gewährleistet sein. Das Zweite Vatikanische Konzil hat sich über die Religionsfreiheit geäußert und festgestellt, dass auch in den anderen

Große Domfreiheit mit Blick zum bischöflichen Palais, Markttag

Bischöfliches Palais

Religionen tiefe Wahrheiten enthalten sind. Man sollte sich gegenseitig kennen und auch schätzen lernen, die unterschiedlichen Wege zu Gott verstehen lernen. Selbstverständlich spielt die christliche Religion in Europa, in unserem Abendland die tragende Rolle. Unsere Verfassung, unsere Auffassung von Menschenwürde, von Menschenrechten und Grundrechten beruht auf dem Christentum. Andere Kulturen, andere Religionen, die jetzt bei uns Heimat suchen, müssen diese Verwurzelung unseres Landes und Europas in der christlichen Religion respektieren. Das Christentum hat übrigens immer mit Auseinandersetzungen gelebt. Ich denke, ein Miteinander muss und kann möglich sein. Dafür ist aber ein inhaltlich profilierter Dialog notwendig.

Lohnt sich die Diskussion um ein Kopftuch?

Das Problem bei dem Kopftuch ist, dass es sich dabei nicht eindeutig um ein religiöses oder politisches Zeichen handelt. In unserer Gesellschaft müssen religiöse Zeichen möglich und erlaubt sein. Sie sind auch notwendig, eben weil unsere Verfassung und unser ganzes Miteinander auf religiösen Prinzipien beruhen. Wir erleben die Religion in unserem Land auch positiv. So dürfen religiöse Symbole in der Öffentlichkeit nicht verboten werden. Wenn aber das Kopftuch ein anti-demokratisches, integrationsfeindliches Zeichen setzen soll, dann kann es in unseren öffentlichen Schulen nicht getragen werden. Wir würden etwas billigen, was sich gegen unsere Verfassung richtet. Man kann aber oft nur schlecht unterscheiden, also wird man sich auch künftig hier wohl schwer tun. Denn auf der einen Seite muss die Möglichkeit religiöser Zeichen bewahrt bleiben, andererseits darf man diese Zeichen oder Symbole nicht politisch missbrauchen. Dazwischen muss sich die Gesetzgebung bewegen. Das ist nicht einfach.

Das „Ökumene-Papier“ haben sämtliche christlichen Kirchen mit unterschrieben: die Evangelisch-Lutherische Kirche, die Evangelisch-methodistische Kirche, die Evangelisch-reformierte Gemeinde, Ihre Römisch-katholische Kirche, die Serbische Kirchengemeinde St.Georg und die Katholische Gemeinde der Altkatholiken. Auch Gastmitglieder wurden mit einbezogen: die Christliche Gemeinschaft Osnabrück/Andreasgemeinde, die Landeskirchliche Gemeinschaft und Jugendbund EC, die Evangelisch-Lutherische Dreieinigkeitsgemeinde Osnabrück, die Evangelisch-Freikirchliche Gemeinde (Baptisten) und die Freie Christengemeinde. Eine lange Reihe ...

Wo ist das Verbindende und wo das Trennende? Als Leitsatz gilt in Zukunft für die ökumenische Zusammenarbeit: Die Kirchengemeinden planen und tun alles gemeinsam, was möglich ist, ohne von der anderen Konfession etwas zu verlangen, was sie (noch) nicht tun kann. Ungleichheiten in der ökumenischen Praxis müssen ausgehalten werden. Dabei darf niemand dem anderen den christlichen Glauben absprechen. Wie sieht das in der Praxis aus?

Christen finden sich zusammen in dem Glauben an die Dreifaltigkeit Gottes, an einen Gott, der Mensch geworden ist, an einen personalen Gott, einen Gott, den man ansprechen kann, zu dem man beten kann. Das ist das Verbindende. Die Unterschiede liegen in der Bedeutung, die die verschiedenen Gemeinschaften der Kirche auf ihrem Weg zu Gott zumessen. Bei den Katholiken z. B. hat die Kirche eine fundamentale Bedeutung. Für uns ist die sichtbare Kirche sehr wichtig, die sichtbare Gemeinschaft des Gottesvolkes mit Bischöfen, Priestern, Diakonen, mit dem Einheitsamt des Papstes, die sichtbare Gemeinschaft durch die Sakramente. Eine Freikirche dagegen legt viel mehr Wert darauf, dass die Menschen sich über die Bibel, über das Wort Gottes zusammenfinden. Auch die evangelische Kirche pflegt stärker die individuelle Beziehung des Einzelnen zu seinem Gott. Auch da spielt die sichtbare Gemeinschaft keine so große Rolle. Die Orthodoxie dagegen akzentuiert besonders das Geheimnis des Heiligen Geistes, die Liturgie und die Schönheit des Glaubens. Alle sind aber vereint in dem Glauben an Jesus Christus als Sohn Gottes und an den Heiligen Geist als Lebensprinzip.

Der Verlauf der Reformationsgeschichte im Fürstbistum Osnabrück wich von anderen Regionen ab. Das führte zu einem Nebeneinander evangelischer und katholischer Kirchengemeinden. So gibt es in fast jedem Dorf zwei Kirchen. Es galt, die Rechte und Privilegien der Katholiken wie der Protestanten unverletzt zu belassen. Wie lebt es sich heute so „nebeneinander“? So mancher Historiker behauptet, dass aus diesem Impuls heraus verstärkte Anstrengungen beider Seiten gedeihen, dem Wohl des Staates zu dienen. Gibt es nach wie vor eine Konkurrenzsituation zwischen den Religionen hier im Osnabrücker Raum? Gibt es überhaupt in den gesellschaftspolitischen Fragen noch einen Unterschied zwischen Katholiken und Protestanten?

Das Miteinander der Konfessionen ist in unserer Stadt etwas Selbstverständliches. Aber wir stehen immer auch ein wenig in liebevoller Konkurrenz. Wir achten aufeinander. Das hat seine Vorteile.

Konkurrenz ist belebend. Spricht man vom „katholischen Bäcker“ oder „protestantischen Metzger“, dann tut man das mit einem Augenzwinkern. Es ist aber so, dass es hier in dieser Stadt schon ein Gespür für eine Mentalität der Katholiken oder Protestanten gibt. Das ist schwer zu beschreiben, aber immer latent vorhanden. So kann man weder im politischen noch im kirchlichen Bereich denken oder handeln, ohne „die anderen“ mit einzubeziehen. Sollte man es vergessen, was schon mal passiert, kommt umgehend der Gedanke auf: „Wir müssen das Miteinander wieder ins Gespräch bringen.“

Wir in der katholischen Kirche handeln eigentlich niemals, ohne den ökumenischen Blickwinkel zu berücksichtigen, auch pastoral nicht. Die Protestanten verhalten sich gleichermaßen. Wir müssen miteinander rechnen und miteinander leben. Das ist schon in der Alltäglichkeit unseres Christseins verankert. Wir Katholiken sind freilich allein schon wegen der aufwendigeren Liturgie und unserer feierlichen Gottesdienste oft sichtbarer in der Stadt. Außerdem umfasst das Bistum einen größeren Bereich als der Sprengel der protestantischen Landessuperintendentin.

Es ist zugleich positiv, dass die Konfessionen hier eine Menge voneinander gelernt haben. Ich denke dabei an die Hochschätzung der Bibel, in der evangelischen Kirche seit eh und je ein ganz wichtiger Kernpunkt, an die Liturgie des Wortes. Diese Hochschätzung hat in den letzten Jahrzehnten aus dem Nebeneinander zu einem größeren Miteinander geführt. Die katholische Kirche hat sich dem sehr stark geöffnet und eine neue Beziehung zur Bibel, zum Wort Gottes und zu der Wertigkeit des Wortes Gottes gefunden. Auch von der persönlichen und stärker individuellen Beziehung zu Christus und dem Zeugnishaften der Freikirchen haben wir uns bereichern lassen. Auf der anderen Seite hat sich die evangelische Kirche stärker den Symbolen und den sakramentalen Zeichen zugewendet. Sie feiern z. B. öfter als früher das Abendmahl, dessen Bedeutung dort wieder deutlich gewachsen ist. Der ökumenische Dialog und das Miteinander hier in Osnabrück, wo Protestanten und Katholiken eng zusammen leben und wohnen, hat dazu geführt – bei allem Skandal der Trennung –, dass man den größeren Reichtum des Christentums, die verschiedenen Akzente der Konfessionen nicht aus dem Auge verloren hat. Wir erleben auch eine bereichernde Verschiedenheit, nicht nur eine trennende und schmerzliche. Die verschiedenen Konfessionen in unserer Stadt fordern sich zum Christsein gegenseitig heraus.

Eine Kirche „im Fluss“, der Zeit gerecht. Franz-Josef Bode weiß, wie sehr die Gläubigen auf Ansprache und Zuneigung angewiesen sind, wie sehr die Menschen, heute mehr denn je, reflektieren und sondieren.

Der engagierte Hirte, einer der jüngsten unter den 27 Diözesanbischöfen in Deutschland, hat sich der Offenheit verschrieben – ein Bischof zum Anfassen. Ob es um ein Fußballspiel des VFL Osnabrück geht, um die traditionelle „Osnabrücker Mahlzeit“ – er war 1998 „Grünkohlkönig“ – oder sich um einen Besuch bei Jugendlichen in einer Discothek handelt, nichts ist ihm fremd.

Im September 1996 wählten ihn die deutschen Bischöfe zum Vorsitzenden der Jugendkommission der Deutschen Bischofskonferenz und er wurde in dieser Funktion im September 2001 für weitere fünf Jahre bestätigt. Bode hält nicht nur in persönlichen Gesprächen und in Diskussionsveranstaltungen den Kontakt zu den Jugendlichen. Er wählt für einen Bischof auch ungewöhnlichere Wege und stellte sich z. B. bald nach seinem Amtsantritt für einen so genannten Internet-Chat zur Verfügung, wo er via Datenautobahn jungen Leuten Rede und Antwort stand. Er erhielt in Bad Iburg den undotierten „Courage-Preis“ 1998. Er habe sich vor allem der Jugend zugewandt, den Dialog gesucht und gegen Perspektivlosigkeit und Zukunftsangst der jungen Menschen gekämpft, hieß es zur Begründung.

Der katholische Hirte stellt sich der Geschichte und bleibt keine Antwort schuldig.

Kreuzigungsgruppe an der Gymnasialkirche

Rechte Seite:
Seitenschiff des Domes

Die vier großen mittelalterlichen Kirchen von Osnabrück

Gottfried Kiesow

Unter den vier großen mittelalterlichen Kirchen von Osnabrück ragt der Dom auf Grund seiner Anfänge bereits im 8. Jahrhundert, seiner Monumentalität und Raumform und seiner kirchengeschichtlichen Bedeutung als Bischofskirche heraus. Von ihm unterscheiden sich die drei Pfarrkirchen St. Marien, St. Katharinen und St. Johann durch die jüngere, erst seit dem 13. Jahrhundert aus Frankreich eingeführte Raumform der Hallenkirche. Der zwischen 1218 und 1277 erbaute Dom aber blieb bei der seit der Spätantike üblichen Gestalt einer Basilika, bei der das Mittelschiff deutlich höher ist als die halb so breiten Seitenschiffe. Als ältester Kirchenbau der Stadt strahlt er vor allem in der Westfassade mit den beiden wuchtigen Türmen noch etwas von der Schwere der erdgebundenen spätromanischen Baukunst aus. Im Inneren herrscht zwar der Spitzbogen der Frühgotik vor, in den rundbogigen Obergadenfenstern über den Arkaden werden jedoch romanische Formen beibehalten. Aus ihnen fällt schräg von oben ein mystisch wirkendes Licht in das Mittelschiff, die Seitenschiffe verbleiben wegen ihren relativ kleinen, tief sitzenden Fenstern weitgehend im Dunkel. Streng axial ist das Langhaus auf den heller erleuchteten Chor ausgerichtet, ganz im Sinn eines für feierliche Prozessionen und Liturgien bestimmten Sakralraumes, dessen Stimmung vom graubraunen Sandstein und von hellen Putzflächen bestimmt wird.

Ganz anders die drei anderen großen mittelalterlichen Sakralbauten der Stadt, die im Zeitraum zwischen etwa 1250 und 1400 als Hallenräume mit drei gleich hohen Schiffen in der für bürgerliche Pfarrkirchen typischen Bauweise entstanden sind. Es sind mehr Versammlungs- als Prozessionsräume, in denen der Wortgottesdienst an Bedeutung gewann. Aus den fast die ganze Höhe der Seitenschiffe einnehmenden, breiten Maßwerkfenstern fällt ein starkes, sich gleichmäßig ausbreitendes Licht in den Innenraum, den man wegen seiner geringen Länge, der weiten Pfeilerabstände und damit breiten Arkaden auch im diagonalen Durchblick erleben soll. Die älteste der drei Hallenkirchen von Osnabrück ist die katholische Pfarrkirche St. Johann. Beim Näherkommen könnte man sie auf den ersten Blick wegen ihrer wuchtigen Doppelturmfassade mit dem Dom verwechseln. Mit zwei Türmen wurde sie wohl wegen ihres ursprünglichen Ranges als Stiftskirche ausgezeichnet. Pfarrkirchen der Gotik begnügen sich im Allgemeinen mit nur einem Westturm, um mit dessen möglichst großer Höhe den Wettbewerb mit den anderen Türmen leichter bestehen zu können. Die gleichmäßige Folge von drei Giebeldreiecken über den Langseiten weist darauf hin, dass es sich um eine Hallenkirche handelt. Das anschließende, leicht vorspringende Querschiff ist für Pfarrkirchen unüblich und in der ursprünglichen Funktion als Stiftskirche begründet. Für diese benötigte man wegen der Vielzahl von Klerikern ein größeres Sanktuarium. An den frühgotisch geformten, quadratischen Pfeilern mit flachen Vorlagen und dünnen Gewölbediensten erkennt man die frühe Entstehungszeit zwischen der Grundsteinlegung 1256 und der Weihe 1292. Als zweiten Sakralbau in der zeitlichen Reihenfolge erbaute man ab 1306 St. Marien am Marktplatz als Kirche des Rates. Ihr schlanker Turm mit dem hohen Helm ist in das Hallenlanghaus mit seinen vier Quergiebeln eingebunden. Ungewöhnlich ist, dass man den ursprünglichen Plan aufgab, einen Hallenchor anzufügen und statt dessen

St. Johann, Mittelschiff, Blick zum Altar

Linke Seite:
St. Marien, Blick ins Gewölbe

St. Katharinen, Innenraum

um 1430 einen basilikalen Umgangschor errichtete, wie er im Mittelalter eigentlich nur Stifts- und Bischofskirchen zukommt. Eine Ausnahme bildeten dabei die Backsteinkirchen in den Hansestädten an der Ostsee zwischen Lübeck und Stralsund, die ihrerseits auf die Pfarrkirchen der flandrischen Städte zurückgehen, so dass man hier einen Einfluss der Hanse auf die Gestalt der Chores vermuten kann. Das Innere wirkt durch die breiteren Seitenschiffe und die schlankeren Bündelpfeiler weiträumiger und schlanker als das von St. Johann. Die auf westfälische Vorbilder begründete Raumidee einer Hallenkirche ist hier am stärksten verwirklicht worden. Als jüngste der drei Pfarrkirchen von Osnabrück erbaute man in der zweiten Hälfte des 14. Jahrhunderts St. Katharinen. Der mit 103 Metern ungewöhnlich hohe Westturm wurde erst im zweiten Viertel des 15. Jahrhunderts angefügt, nach 1493 um ein Geschoss erhöht und 1511 mit einem steilen Pyramidenhelm ausgestattet. Seine heutige Form lehnt sich an den 1880 erneuerten neugotischen Helm an, der beim Luftangriff 1945 verbrannte. Auf Grund der Kriegsschäden musste das Äußere verputzt werden und wirkte, wie das Innere, moderner als die beiden anderen Pfarrkirchen. Im Grundriss ist das Langhaus mit nur drei Jochen breiter als lang. Dadurch kommt die erwünschte Raumform eines Zentralbaus mit neun Gewölben auf vier schlanken Bündelpfeilern zum Ausdruck. Im Zweiten Weltkrieg wurden die vier mittelalterlichen Kirchen von Osnabrück schwer beschädigt, alle jedoch in einer Zeit wieder aufgebaut, als der Wohlstand in Deutschland noch längst nicht seinen Höhepunkt erreicht hatte. Inzwischen wurden alle vier Hauptkirchen der Stadt außen und innen erneut umfangreich saniert. Als letzte dieser Kirchen erlebte der Dom eine mehrere Jahre dauernde, besonders vorbildliche Instandsetzung. Begleitende Grabungen der Stadt- und Kreisarchäologie führten zu neuen Erkenntnissen über die städtische Vergangenheit.

Historische Bauwerke dieser Größe und dieses Alters benötigen eine ständige Bauunterhaltung, insbesondere der Dächer und Fenster, die den Stürmen und wechselnden Temperaturen ausgesetzt sind. Deshalb gilt es jetzt, die auftretenden Schäden an den kostbaren Zeugnissen einer großen Vergangenheit laufend zu beseitigen und damit zum eigentlichen Sinn des Wortes Denkmalpflege zurückzukehren. Da die öffentlichen Kassen leer sind und die Einnahmen der Kirchen stark sinken, wird die Erhaltung unseres kulturellen Erbes in Zukunft zunehmend vom Engagement und der Spendenbereitschaft der Bürger abhängen.

Rechte Seite:
St. Johann, Chorgestühl

Ne extendas manus super puerum
Abraham

Karl der Große – Franken und Sachsen – Christianisierung

Thomas Vogtherr

Ein Standbild Karls des Großen ziert die Rathausfassade der Stadt; die älteste Schule der Stadt, womöglich des Landes, trägt seinen Namen; Dom und Bistum verdanken ihr Entstehen dem legendär gewordenen Kaiser: Da liegt es nahe, danach zu fragen, worin Osnabrücks offensichtlich besonderes Verhältnis zu diesem Herrscher seinen Ursprung hat.

Wenn Karl (reg. 768–814) auch persönlich wohl niemals in Osnabrück gewesen ist, so hat seine Politik seit den frühesten Jahren der Königsherrschaft doch auf die Region, in der das Bistum gestiftet, der Dom erbaut worden und bald danach eine Stadt entstanden ist, vielfältig eingewirkt. Am Rande des fränkischen Siedlungsbereiches gelegen, der sich bis in das Münsterland erstreckte, bildete der Zug der Mittelgebirge mit Teutoburger Wald und Wiehengebirge die natürliche Grenze des Reiches gegenüber den im Norden in der Tiefebene lebenden Sachsen. Diese Grenze war schon vor Karls des Großen Zeiten mitunter von Franken überschritten worden, aber Sachsen war niemals unter die Botmäßigkeit der fränkischen Könige geraten.

Als Karl 772 die Kriegshandlungen eröffnete, die spätere Generationen zusammenhängend als „die Sachsenkriege" bezeichneten, lag seinem Handeln offensichtlich eine Konzeption zugrunde. Anders als seine Vorgänger war er nicht auf das bloße Grenzscharmützel, auf den punktuellen Gewinn eines Gefechts aus. Ihm lag an der Eroberung des gesamten Sachsenlandes, an der Eingliederung in das Fränkische Reich und vor allem an der Verbindung von Eroberung und Christianisierung der bis dahin nichtchristlichen Sachsen. Die charakteristische Verbindung politischer und religiöser Ziele wurde für diese Zeit typisch, aber unanstößig war sie nicht. Zeitgenossen hielten ihm entgegen, er habe „mit eiserner Zunge predigen" lassen: Das war offene Kritik an königlichem Vorgehen, und dies aus der Feder von Geistlichen.

Die Jahre zwischen 772 und 785 sahen Karl und seine fränkischen Truppen in vielfache Kämpfe mit sächsischen Stammesteilen verwickelt. Hin und her verliefen die Fronten zwischen den vordringenden Franken und den verteidigenden Sachsen. Fränkische Vorstöße bis zur Elbe und sächsische Truppen vor dem heute zu Köln gehörenden Deutz wechselten sich ab. Die Gegenwehr der Sachsen gegen die Franken war für etwa ein Jahrzehnt nicht wirklich zu brechen.

Widukind, der legendäre Sachsenführer, wurde zum Organisator sächsischen Widerstandes gegen Karls Franken. Nur wenig wissen spätere Historiker über ihn zu sagen. Seine Herkunft, sein Schicksal und sein Ende verlieren sich hinter jenen Nebelschwaden historischen Dunkels, die zu lüften selbst Jahrhunderte dauernde Forschung nicht vermochte. In den Jahren zwischen 776 und 785 ist Widukind historisch greifbar, aber alles, was man über ihn weiß, wird aus der Perspektive fränkischer Geschichtsschreiber berichtet, aus dem Blickwinkel der Sieger also.

Freilich scheint so viel sicher, dass dieser sächsische Adlige und sein offensichtlich erhebliches Gefolge in der Osnabrücker Region eine wesentliche Stütze hatten. Die zahllosen Hinweise auf ihn – Sagen und historische Lieder, Benennungen von Burgen und Örtlichkeiten – sprechen dafür. Wie viel von diesen Hinweisen auf Widukind aber mit seiner Person wirklich zu tun haben, wie viel vielleicht einem nur noch in Legenden verklärten Anführer der Sachsen zugeschrieben wird, von dem schon die Zeitgenossen der ottonischen Kaiser des 10. Jahrhunderts wenig mehr wussten, als dass es ihn gegeben hat, das muss offen bleiben. Widukinds Taufe in der fränkischen Königspfalz Attigny im Jahre 785 ist gleichzeitig die letzte sichere Nachricht über diesen Mann und markiert das Ende sächsischen Widerstands im gesamten Gebiet westlich der Weser. Lediglich im Elbe-Weser-Dreieck sowie entlang beider Ufer der Elbe wurde noch bis nach 800 punktueller Widerstand geleistet.

Noch während der sächsische Widerstand unter Widukind den Franken ernsthafte Probleme bereitete, wurde in Osnabrück eines der sächsischen Bistümer gegründet. Ein Datum dafür ist schwer auszumachen. Es mag um oder bald nach 780 liegen und gehört in den Zusammenhang einer Aufteilung ganz Sachsens in Missionsbezirke und Bistumsgebiete. „Um über Sachsen zu disponieren", sei Karl der Große 782 zu einer Reichsversammlung nach Paderborn gekommen, und es mag durchaus sein, dass bei dieser Gelegenheit eben auch das Osnabrücker Bistum errichtet wurde. Die Domweihe mag dann 786 stattgefunden haben.

Der erste Osnabrücker Bischof Wiho war ein Landfremder. Das war einerseits schlichte Notwendigkeit in einer Region, die eben erst christianisiert wurde und in der einheimische Priester deswegen gar nicht vorhanden waren. Andererseits spricht aber Wihos Herkunft für sich: Er stammte aus einer schon früh christianisierten Gegend in Friesland. Er war also aus dem Norden, dem die Mentalität und die Sprache der Osnabrücker nicht allzu fremd gewesen sind. Natürlich wurde Wihos Bistum durch den Stifter, eben durch Karl den Großen, mit Reliquien der Heiligen Crispin und Crispinian aus dem französischen Soissons und mit Privilegien versehen. Unter diesen Privilegien soll sich auch die Gründungsurkunde einer Schule für Latein und Griechisch befunden haben, auf die das Osnabrücker Gymnasium Carolinum lange seine Tradition begründet hat. Historiker haben ermittelt, dass es sich bei dieser Urkunde um eine Fälschung des ausgehenden 11. Jahrhunderts handelt, die der bedeutende Bischof Benno II. von Osnabrück (1068–1088) in Auftrag gegeben oder vielleicht sogar selber angefertigt hat. Am Vorhandensein einer Bistumsschule um das Jahr

Alte Alexanderkirche in Wallenhorst

800 bald nach der Gründung des Bistums ist aber dennoch kein Zweifel.

Die Bischofsernennung und die Ausstattung des Bistums sind das eine, die Christianisierung der Umgebung Osnabrücks das andere: Fast nichts wissen wir über die Verbreitung des neuen Glaubens in der Umgebung der Bischofsstadt. Von Osnabrücks Bischöfen des 9. Jahrhunderts gibt es keine Lebensbeschreibungen ihrer Zeitgenossen, aus denen sich ableiten lassen würde, wie sie die Missionierung vorangetrieben haben. Als freilich ein Enkel Widukinds 851 für eine eigene Stiftsgründung in Wildeshausen südlich von Bremen Reliquien heranschaffen ließ, machten seine Begleiter auf der Reise in der Nähe einer Kirche in Wallenhorst Station. Auch sie ist bis heute aus dem Andenken an die Frühzeit des Bistums Osnabrück nicht wegzudenken und ein Hinweis darauf, dass es bald nach der Bistumsgründung auch Kirchen auf dem Land gegeben haben wird.

Die Christianisierung im weit nach Norden und Nordwesten reichenden Sprengel des Bistums Osnabrück lag zu wesentlichen Teilen in der Hand von Mönchen. Aus dem Weserkloster Corvey kamen Missionare nach Wiedenbrück, nach Meppen und nach Visbek. Sie begründeten in der Peripherie des Bistums Missionszellen, die lange Jahre von den Bischöfen in Osnabrück selber unabhängig blieben und deren vollständige Einbeziehung in die bischöfliche Herrschaft erst gegen Ende des 11. Jahrhunderts gelingen sollte.

Osnabrück und seine Bischöfe spielten in den ersten Jahrhunderten nach der Gründung des Bistums in der Geschichte des Reiches keine wichtige Rolle. Im karolingischen 9. Jahrhundert, im ottonischen 10. Jahrhundert und auch über weite Strecken des salischen 11. Jahrhunderts lagen das Bistum und die entstehende Siedlung Osnabrück am Rande des Interesses der politisch Führenden. Nur einmal noch während des Mittelalters erwarb sich ein Osnabrücker Bischof auch außerhalb seines Bistums einen Namen: Mit Benno II., dem vermutlichen Fälscher der Gründungsurkunde des Gymnasiums Carolinum, gelangte 1068 ein prominenter Vertreter der Reichskirche auf den Bischofsstuhl. Ausgebildet an den besten Schulen des mittelalterlichen Deutschlands, ausgewiesen als Lehrer von Rang und als erfahrener Spezialist bei Großbauten vom Zuschnitt des Speyerer Domes, wurde dieser Anhänger König Heinrichs IV. eine der bestimmenden Persönlichkeiten des Investiturstreits, jener epochalen Auseinandersetzung um den Einfluss weltlicher Herrscher auf die inneren Angelegenheiten der Kirche. Zweifelhaften Ruf erwarb sich Benno durch seine überwiegend erst um 1900 enttarnten Urkundenfälschungen zum Nutzen des eigenen Bistums. Derselbe Benno war aber auch ein strikter Anhänger der mönchischen Reformbewegung seiner Zeit und gründete aus diesem Geiste das Kloster Iburg, in dem er bestattet wurde und das in späteren Jahrhunderten bis zum Bau des Schlosses die wesentliche Residenz der Osnabrücker Bischöfe werden sollte.

Seit dem 11. Jahrhundert entstanden in und um Osnabrück Kirchen und Klöster, wurde das Pfarrkirchennetz ausgebaut und die Seelsorge intensiviert. Nach der Christianisierung der Zeit Karls des Großen wurde das hohe Mittelalter die Periode, in der sich der christliche Glaube in Stadt und Land festigte. Als Bischofssitz und Zentrum für das weite Umland erwarb die Stadt Osnabrück eine seit dem 12. Jahrhundert langsam, dann schneller zunehmende Bedeutung. Mehr und mehr von den Bischöfen unabhängig, nicht selten in Opposition zu ihnen stehend, bildete sich eine Bürgergemeinde, die im Rat ihre eigene politische Führung bestimmte.

Es mag in jenen Zeiten gewesen sein, dass sich eine Mentalität entwickelte, die in einer eindrucksvollen Mischung aus Lokalstolz und Regionalbewusstsein, aus Skepsis gegenüber der Herrschaft und Vertrauen in die eigenen Fähigkeiten bestand und besteht.

Weinkrüger

„Stellt sich die Stadt selbst nicht weit besser, genauer, bedeutender dar, als es jede Ausstellung vermag?"
Professor Dr. Wolfgang Braunfels

Osnabrücks gute Stuben: Steinwerke und stolze Bürger

Hohe Brücke über die Hase am Nordende der Befestigungsanlage. Ihre verblüffende Einzigartigkeit besteht in ihrer Ausbildung als Hohlbrücke. Wie die Schießscharten oberhalb der kleinen Bögen ausweisen, führt ein von einem Gewölbe überdeckter Gang im Innern der Brücke über die Hase, aus dem heraus die wichtigen ehemaligen Stauwehre haseabwärts gut geschützt verteidigt werden konnten. Details lassen eine Datierung ins 15./16. Jahrhundert zu.

Linke Seite:
Blick von Nordosten zum Dom. Die an dieser Stelle zum mittelalterlichen Wehrgraben ausgebaute Hase wird am jenseitigen Ufer von der so genannten Hellingsmauer, einer Stadtmauer vermutlich aus dem 12. Jahrhundert, begleitet.

Seiten 76/77:
Fachwerkhäuser in der Marienstraße

Der Dialog mit der urbanen Architektur

Die Hase windet sich genüsslich um die Osnabrücker Altstadt. Wer weiß schon mehr über diesen 170 Kilometer langen Nebenfluss der Ems, an dessen Ufern, hier vor den Toren der Friedensstadt mit ihren beachtlichen Baudenkmälern, das Grün der Trauerweiden tief bis ins seichte Wasser reicht? Es lässt sich nur mühsam an sie herankommen.

Nur Reiter trabten damals, weit über 1000 Jahre ist es her, an ihren Ufern entlang. Sie kämpften sich durch Wälder und Sümpfe über unwirtliche Wege, die von Westen nach Osten und von Süden nach Norden führten, um sich just hier, an einer Furt über den Fluss, zu treffen. Die Römer, die Sachsen und Karls des Großen *Schiara Francisca,* die kleine Schar der unbesiegbaren schweren Panzerreiter, kannten diese frühmittelalterlichen Handelswege. Die Hase gab der Stadt Osnabrück ihren Namen. Denn *Osna* soll eine alte Form des Flussnamens sein, vielleicht abgeleitet von der gleichen Wurzel der „Osning", und *brück* bedeutet ein alter Übergang, ursprünglich wahrscheinlich nur ein Bohlendamm, der sich am Hasetor in der Nähe der heutigen Hasestraße befunden haben soll.

Aber der Fluss zeigt sich nach wie vor unberührt von all dem Wissen. In seiner Umarmung verflüchtigt sich jede Hektik des 21. Jahrhunderts. Für den heutigen Spaziergänger bleibt nur ein wohliges Sinnieren, während er über den Wall und die alten Brücken, die in die Innenstadt führen, ohne Stress – wenn er es denn will – auf die kleinen Gässchen mit ihren schönen Fachwerkhäusern zuläuft. Zum Glück bemerkt er nicht mehr, dass man vor noch gar nicht so langer Zeit sich nicht genierte, zur Gewinnung von Parkflächen das friedliche Hase-Gewässer teilweise kurzerhand einzubetonieren. Aber *mea culpa*, die Sünder zeigten sich längst reuig. Man verzeiht ohnehin diesen *Fauxpas* auf der Stelle, wenn man sich auf die Atmosphäre des Bischofssitzes einlässt, Neugier walten und sich durch den Tag treiben lässt. Eine zaghafte Annäherung eines Fremden an ein unbekanntes Osnabrück.

Beim Streifzug durch die Straßen gibt es zahlreiche historische Gebäude zu entdecken, die ihre ureigene Geschichte erzählen. Man kann das Wachsen und Gedeihen der Stadt und den stolzen Bürgersinn beim Spaziergang recht schnell erkennen und den Rhythmus der Jahrhunderte an den Fassaden ablesen. So z. B. am romanischen Dom. Bereits um 785 soll das erste Gotteshaus geweiht worden sein. Der *dritte* Dom an der gleichen Stelle, heute prächtig restauriert, wurde schließlich das spätromanische Wahr-

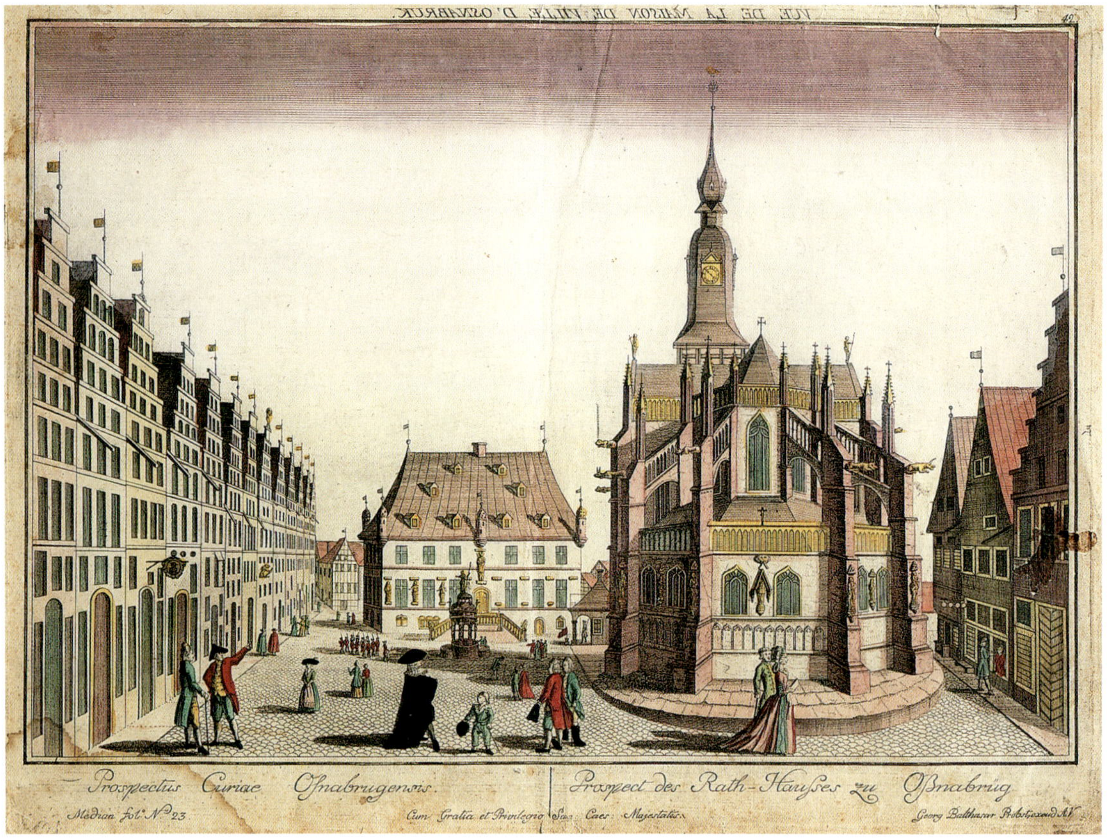

„Prospekt des Rath-Hauses zu Osnabrüg". Georg Balthasar Prebst nach Christian Ludolph Reinhold, nach 1777. In einer groß angelegten, Jahrzehnte dauernden Maßnahme schuf sich das Osnabrücker Bürgertum in der Zeit um 1500 durch Abriss vorhandener Bauten und unter Einbeziehung des Kirchhofes von St. Marien einen großartigen neuen Versammlungsplatz mit dem neuen Rathaus (Bauzeit 1487 bis 1512) als demonstrativem Wahrzeichen. Zum Teil bestehenden Bauten vorgeblendet, zum Teil neu gebaut, erhielt der Platz durch die auf dem Stich idealisiert abgebildeten Treppengiebelhäuser und die gotische Marienkirche eine bedeutungssteigernde, himmelwärts weisende Raumkante.

zeichen der Stadt. Wer sich zur Dämmerstunde unter den Rundbögen und Würfelkapitellen des Kreuzganges versteckt, wähnt sich weit weg vom weltlichen Getriebe, vielleicht irgendwo in der klösterlichen Abgeschiedenheit eines spanischen Monasterio, und glaubt leise, über die hohen Fenster des stattlichen Gotteshauses getragene Stimmen mittelalterlicher Mönche zu hören, die unter den Gewölben ein gregorianisches Kyrie anheben. Christliches Abendland!

Weiter ist die Einmaligkeit der Hallenkirchen St. Johann, St. Katharinen und St. Marien zu bestaunen. Man hörte nicht auf, den Herrgott zu ehren. Über 150 Jahre baute das fromme mittelalterliche Volk ohne Unterbrechung immer wieder neue Kirchentürme in den hohen Osnabrücker Himmel. Und es waren nicht nur die bischöflichen Ministerialen am Domhof, sondern vor allem die Kaufleute und Handwerker, die mit einer eigenen Marktkirche, später mit dem stolzen Renaissance-Rathaus und der Waage über Jahrhunderte den Dialog zwischen Klerus und Bürgerstand belebten.

In der Neustadt, um 1000 entstanden und als „Viertel" wesentlich kleiner als die Altstadt, blieb auch nach 1307 ein eigener Stadtrat erhalten, obwohl zu diesem Zeitpunkt beide Stadtteile bereits zu einer Stadt vereinigt wurden. Ab 1348 verfügte der kleinere Stadtteil dann zur Regelung der eigenen Angelegenheiten über ein eigenes Rathausgebäude. Erst unter Napoleon wurde der Neustädter Rat aufgelöst, das Rathaus aber blieb bis heute bestehen. So tolerant war man eben in diesem Osnabrück.

Die alten, beeindruckenden Wohnhäuser der Bürger bestimmten übrigens noch bis Ende des letzten Krieges das Antlitz der Stadt. Dagegen hinterließ die Barockzeit in der Friedensstadt kaum entscheidende Spuren. Ernst August I. von Braunschweig-Lüneburg, ein „Aufsteiger im Barocken Reich", setzte mit seinem prachtvollen Barockschloss zwar ein dominierendes Zeichen. Dabei blieb es aber, außer, man lässt sich während des Spaziergangs durch die verwinkelten Gassen von den plastischen barocken Evangelisten an den Knaggen unter den Auskragungen der Walhalla-Fassade in der Bierstraße beeindrucken. Wer tut das nicht?

Aber auch das klassizistische Osnabrück mit der Fürstbischöflichen Kanzlei und so manchem reichen Patrizierhaus wie das inzwischen liebevoll restaurierte La Vie an der Krahnstraße, wo man herrlich speisen kann, ist der Betrachtung wert.

Schließlich sollte man während des knappen Streifzugs durch die Jahrhunderte das Stadttheater nicht auslassen. Der typische Jugendstilbau, von spendablen Kunstliebhabern der Jahrhundertwende

Dom, Südflügel des Kreuzganges mit offenen dreiteiligen Säulenarkaden. Die erhaltenen Kapitelle unterschiedlicher historischer Gewölbekonstruktionen und die Geschichtsspuren am ursprünglichen Mauerwerk weisen auf die mittelalterliche Entstehungszeit im 12./13. Jahrhundert hin.

Die bischöfliche Residenz zu Osnabrück, nach Christian Ludolph Reinhold, nach 1777. In zwei Bauphasen von Ernst August I. von Braunschweig-Lüneburg errichtet (1669/72;1678/79), dokumentiert das Schloss die höfische Prachtentfaltung des Absolutismus. Zugleich verweist es als potenzieller Wohn- und Regierungssitz des jeweiligen evangelischen Fürstbischofs auf die Osnabrücker Einzigartigkeit der successio alternativa – diese im Rahmen des Westfälischen Friedens 1648 allein für Osnabrück gefundene und praktizierte Festlegung des ständigen Nachfolgewechsels von katholischem und evangelischem Fürstbischof mit jeweils lebenslänglichen Regierungsansprüchen.

Walhalla, Bierstraße 24, und La Vie, Krahnstraße 1/2. Während das Gebäude des Walhalla von 1690 mit Material, Konstruktion, Gebäudetypus und -gliederung die spezifische Osnabrücker Fachwerkbauweise zweier Jahrhunderte im Gewande des Barock tradiert, dokumentiert das Gebäude La Vie, erbaut um 1800, den Stil des Osnabrücker Klassizismus der Zeit 1780 bis 1840 in besonders repräsentativer Form. Im Obergeschoss des La Vie befindet sich die einzig erhaltene originale Raumfolge des Klassizismus in Osnabrück.

Eingangsfront des Osnabrücker Theaters. Im Kriege wurde es stark zerstört und danach durch funktional notwendige Anbauten wie Foyer, Nebenbühnen, Proberäume nach Osten erweitert. Das 1907 bis 1909 erbaute Haus mit seiner vom Jugendstil geprägten Sandsteinfassade bestimmt die stadträumliche Situation am weitläufigen Domvorplatz, dem historischen Kernbereich der Stadt. Im Vordergrund steht die zeitgenössische Plastik „Toleranz“ von Jochen Bandau, aufgestellt 1998.

ermöglicht, war zur Entstehungszeit die Visitenkarte eines selbstbewussten Bürgertums. „Dort wurde Ibsen gespielt!“, wollte man sich doch von der verstaubten Mentalität so mancher Hoftheater lösen. Immerhin!

Auf mehr als 1200 Jahre Geschichte blickt diese Stadt an der Hase also zurück. Wer denkt schon darüber nach? Wer weiß es überhaupt so genau? Draußen pulsiert der moderne Alltag. Modegeschäfte, italienische Schlemmerlokale, Konditoreien und Warenhäuser machen ihr Geschäft. Aber in diesem Ort mit seinen 160 000 Einwohnern, der weder Groß- noch Kleinstadt ist, soll auch die Langeweile umgehen ...? Ist das wirklich so oder sind es nur Vorurteile, die von bösen Zungen verkündet werden? Nun, wer genau hinschaut, lässt sich eines Besseren belehren.

Professor Dr. Wolfgang Braunfels warf anlässlich der Ausstellung „1200 Jahre Osnabrück“ im Jahr 1980 die nicht unbegründete Frage auf: „Stellt sich die Stadt selbst nicht weit besser, genauer, bedeutender dar, als es jede Ausstellung vermag?“ Und er fügte hinzu: „Man möchte in die Häuser hineinsehen, in die Kirchen, auch in die Straßen, und zwar in jedem Jahrhundert. Man möchte die Architektur und die Reste der Ausstattung – es kann nicht sehr viel sein, das aus der Überfülle der großen Jahrhunderte gerettet wurde – in Bezug setzen zu den Lebensformen und den Kultformen, den Arbeitsformen und den Formen der Freizeitgestaltung, die sie im Wandel der Zeiten umschlossen hielten.“

Ja, man sollte es tun. Begeben wir uns auf die Spuren der weit gereisten Osnabrücker Kaufleute und der Handwerkskünstler aus anderen Regionen, wie z. B. dem Rheinland. Ihrem Einfluss soll es übrigens zu verdanken sein, dass hier in der Altstadt und auf der Domburg eine gewisse Leichtigkeit aus der Kölner Dombauhütte salonfähig wurde. Wir finden die Spuren der Handwerker, die nicht nur für die auf der Domburg lebenden Geistlichen arbeiteten, sondern weit über die Grenzen der Stadt hinaus einen Ruf zu verteidigen hatten und Osnabrück im ausgehenden Mittelalter mit mehr als 1200 selbstständigen Handwerksmeistern zur ausgesprochenen Handwerkerstadt machten: Schuhmacher, Fleischer, damals so genannte Knochenhauer, Bäcker, Schmiede, Krämer, Schneider, Pelzer, Riemenschneider, Gerber, Weißgerber und Sattler. Später kamen die Wollweber, die sehr angesehenen Goldschmiede und die mächtigen Tuchhändler hinzu. Alle waren sie vertreten und alle waren organisiert: in Gilden und Zünften. Einmal etabliert, wie sollte es damals anders gewesen sein als heute, zeigten die Würdenträger keine Neigung, die Zahl der Innungen zu erweitern. Privilegien und Schutz blieben, wie immer, den auserkorenen Mitgliedern vorbehalten. Das war ihre Stärke und ihr Stolz.

Bierstraße 7, rückwärtige Ansicht der Südfassade. Um 1220 erbaut, vereinigt dieses älteste bestehende Steinwerk Osnabrücks alle spezifischen Eigenarten des in sehr differenzierten Formen auftretenden Osnabrücker Gebäudetypus in sich. Außer dem zeitlichen Superlativ, kann es auch noch den des besterhaltenen und in der Nutzung einzigen unveränderten Steinwerks beanspruchen.

Krahnstraße 1/2, Dachgewölbe des Steinwerks von innen. Viele Bauphasen hat dieses Steinwerk aus dem 13./14. Jahrhundert über sich ergehen lassen müssen und doch ist seine Grundform erhalten geblieben.

Zunächst lebten die strebsamen Handwerker, arm wie reich, in Fachwerkhäusern. Holz gab es in der waldreichen Osnabrücker Landschaft zur Genüge. So war es im 12. und 13. Jahrhundert. Im darauf folgenden Jahrhundert begannen die Osnabrücker, wie fast zeitgleich die Bewohner der anderen norddeutschen Städte, als Vorsichtsmaßnahme gegen Feuer, die seitlichen Fachwerkwände durch starke Mauern zu ersetzen und zu so genannten *Steinwerken* auszubauen. Übrigens verbot bereits 1338 eine Verordnung des Osnabrücker Rates das Decken der Häuser mit Stroh oder Lehm. Und die Steinwerke? Sie blieben und sind heute die guten Stuben der Stadt. Eine seltene Attraktion.

Was aber sind Steinwerke?

Ein wenig verwirrt dieser Begriff den auswärtigen Besucher schon. Sollten sie etwas mit dem kulinarischen Treffpunkt an der Hegerstraße zu tun haben, dort, wo man sich mittags wie abends vom Meisterkoch verführen lassen kann und unter imponierendem Steingewölbe – nicht im Keller wie üblich, sondern „auf der oberen Etage" – köstliche in- und ausländische Weine genießen darf? Nein, nicht ganz!

Steinwerke haben viel mehr Archaisches. Sie kommen nicht nur robust daher, sondern sind tief in der Geschichte der Osnabrücker Bau- und Lebensart verankert und gehören zur Seele der Stadt wie die Hase und Karl der Große, wie der Westfälische Frieden und die Gebeine des Brüderpaares Crispin und Crispinian. Man begegnet ihnen fast an jeder Ecke der Stadt. In den restaurierten Gassen oder an so mancher lebendigen Einkaufsstraße taucht immer wieder mal hinter einem mehr oder weniger intakten alten Haus ein zurückstehendes Gebäude auf. Im Gegensatz zum Vorderhaus im Fachwerkstil, schaut der Spazier-

Bierstraße 7, Steinwerk, Fassadenausschnitt des Westgiebels. 1968/69 wurden die Fensterveränderungen der Renaissance, die sich ausschließlich auf den Westgiebel bezogen hatten, zurückgebaut und der romanische Ursprungszustand anhand noch feststellbarer Bauspuren rekonstruiert.

Bierstraße 7, Nord- und Westfassade des Steinwerks. Während der Westgiebel frei steht und durch die spätromanischen Zwillingsfenster repräsentativen Anspruch erhebt, dient die oberhalb des Erdgeschosses geschlossen ausgebildete Nordwand ausschließlich dem Anschluss des Vorderhauses, das einst nur im Erdgeschoss einen Zugang zum Steinwerk besaß. Deutliche Spuren von Ortganganschluss und Kaminanlage verweisen hier noch heute auf das ursprünglich vorhandene, gleichzeitig errichtete Vorderhaus, dessen First im rechten Winkel an den des Steinwerks unterhalb der Traufe anschloss.

gänger überrascht auf ein wesentlich wuchtigeres Gebäude mit einem höher liegenden Erdgeschoss über einem sich deutlich abzeichnenden Keller. Die Wände und Fensteröffnungen des Einraumhauses sind recht massiv und das Kraftbündel aus Stein ist insgesamt immer wieder nur drei Stockwerke hoch. Das ist ein Steinwerk, eindeutig, und es hat fast ein Jahrtausend überlebt.

Bruno Switala, aus Aachen „zugereister" Denkmalpfleger der Hasestadt, der im Laufe der Jahre im Herzen Vollblut-Osnabrücker geworden ist, begeistert sich für diese baulichen Urtypen, die im Jahr 1177 zum ersten Mal urkundlich erwähnt wurden:

Nach den archäologischen Grabungen und bauhistorischen Untersuchungen der letzten Jahre erscheint es notwendig und berechtigt, den Steinwerken in Osnabrück im Gegensatz zu den anderen, in Norddeutschland auftretenden Beispielen z. B. in Lemgo, Braunschweig oder auch im Landkreis Osnabrück eine derartig eigene Ausformung zuzuschreiben, dass man von einem spezifischen Osnabrücker Bautypus sprechen kann, der seit ca. 1200 errichtet wurde und dessen letzte Spätformen ins 16. Jahrhundert datiert werden.

Wer das Glück hat, von ihm an die Hand genommen zu werden, taucht für ein paar Stunden ins pure Mittelalter der Stadt ein. Zunächst aber wird man durch eines der bedeutendsten Steinwerke aus dem 13. Jahrhundert geführt, das sich auf dem Hofgelände der Bierstraße 7 befindet, einem ehemaligen Besitz des außerhalb der Stadtmauern liegenden Klosters Gertrudenberg. Hier arbeitet der Denkmalpfleger. Hier wird buchstäblich tagtäglich ein Denkmal gehegt und gepflegt. In der *Kemenate* mit den steinernen Gewölben über Keller- und Dachgeschoss, die um 1220 erbaut wurde und das älteste, erstaunlich gut erhaltene Gebäude Osnabrücks ist, bekommt man noch heute eine Ahnung davon, wie damals in dem klobigen Einraum der fleißige Handwerker mit seiner Familie gelebt haben mag. Hingen hier nicht an den Balken unweit des Herdes die Speckseiten und Schinken und rührte nicht im Schutze der Wärme die sorgende Hausfrau den satt machenden Hirsebrei, um die zahlreichen Mäuler zu stopfen?

Bis zu zwei Meter dick sind die aus lokalem Westerberger Bruchstein gebauten Wände. Brandschützende Lebens-, Vermögens- und Einkommenssicherung der mittelalterlichen Bewohner, könnte man sie nennen, und das nicht ohne Grund. Hatte man doch eine Höllenangst vor Feuer. Massive Bruchsteingewölbe über dem Kellergeschoss und unmittelbar unter dem Satteldach waren die tatkräftige Antwort auf diese Angst. Außerdem waren die Steinwerke auch die Kühltruhe der sparsamen Hausfrau, konnte man doch zwischen den dicken Wänden die Lebensmittel bestens aufbewahren.

Bierstraße, inneres Dachgewölbe des Steinwerks. Nur die gut situierten Familien konnten sich ein solch „vollkommenes" Steinwerk leisten, das mit dem Gewölbe unmittelbar unter dem Satteldach die größtmögliche Brandsicherheit für Handelsgut, Rohstoffe und Lebensmittel bot. Nach heutigem Forschungsstand ergeben sich Hinweise auf die Existenz von etwa 250 Steinwerken in Osnabrück, von denen 136 sicher nachgewiesen werden konnten, 15 davon besaßen zweifelsfrei ein Dachgewölbe, das mit der Errichtung dieser Gebäude eingezogen worden ist. Dieses für das 13. Jahrhundert – soweit bisher bekannt – nur in Osnabrück völlig singulär auftretende Phänomen wird noch heute bei 35 mehr oder weniger überformten Steinwerken und durch sieben Steinwerke mit Dachgewölbe eindrucksvoll dokumentiert.

RENOVATVM ANNO DO
Es gab uns Schutz in Sturm und Graus.
Gab Arbeit uns und Brot.
Erbaut 1586
Haus Willmann
Nr. 7
Ein Stück vom alten Osnabrück hat Gott in Ihm erhalten.
Es füge gnädig das Geschick,

Dabei demonstriert Bruno Switala, wie „sein“ Steinwerk an der Bierstraße, höhenmäßig um ein halbes Geschoss zum Vorderhaus versetzt, sämtliche Eigenarten des speziellen Osnabrücker Typus in sich vereint. Der intakte Speicherbau, der als rückwärtiges Gebäude unmittelbar verbunden mit dem Fachwerkvorderhaus errichtet wurde, befindet sich im Hinterhof, wie übrigens alle Steinwerke. Das hoch liegende Erdgeschoss diente dem Wohnen, während die übrigen Geschosse, der Keller, das erste Ober- und das Dachgeschoss, allein zu Speicherzwecken genutzt wurden.

Geht man von der Bierstraße in die Große Gildewart und weiter in die Marienstraße, begegnen einem Steinwerke *en masse.* Man muss nur hinschauen. Hier, wo bis 1945 ein prachtvolles Bürgerhaus neben dem anderen stand, wohnte einst die besitzende Oberschicht, vor allem die Kaufleute, immer feudal zur Straße hin. Die „Gütliche Kontribution“ aus dem 15. Jahrhundert gibt Auskunft über damals freiwillig gezahlte Steuern und gewährt zugleich Einsicht in die Vermögens- und Wohnverhältnisse der spätmittelalterlichen Bürger. Wer etwas auf sich hielt, ließ sich in der Bierstraße oder der Krahnstraße, wo das wertvolle Handelsgut über einen Kran in die Speicher gehievt wurde, in der Großen Gildewart oder zwischen Markt und Dom nieder.

Noch heute lassen sich bei einem Spaziergang durch die verwinkelten Gassen Tradition und Wohlstand erkennen, denn wie man es auch dreht oder wendet, die Osnabrücker müssen von jeher unwahrscheinlich beharrend gewesen sein, behielten sie doch ihre Lebens- und damit auch Wohngewohnheiten vom 14. Jahrhundert bis zum Dreißigjährigen Krieg fast unverändert bei. Die jeweiligen Gesellschaftsschichten sollen sich in ihrer häuslichen Lebensweise innerhalb der Stadt nur wenig voneinander unterschieden haben. Man gab nichts her, gar nichts, die etablierten Handwerker erst recht nicht. Sie definierten sich über ihre streng hierarchisch gegliederten Zünfte, achteten als Meister und Gildemeister argwöhnisch auf ihre Lehrlinge und Gesellen und führten ein rigides Regiment.

Haus Willmann, Krahnstraße 7, Fassadenausschnitt und Fassade. Das für seine Entstehungszeit äußerst repräsentativ gestaltete Wohnhaus des Osnabrücker Fachwerkbürgerhaustyps stammt von 1586 und weist mit seiner reichen Gestaltung und dem privilegierten Standort auf die gesellschaftlich herausragende Stellung seines Erbauers hin. Die kräftigen seitlichen Brandmauern, die auf Taustabknaggen ruhenden Vorkragungen und das hohe, heute zweigeteilte „Deelen“geschoss stehen noch ganz in der Tradition Osnabrücker Fachwerkbauweise.

Wer eine Lehre absolvieren wollte, brauchte nicht nur handwerkliche Qualitäten. „Beziehungen“ wirkten Wunder. Der Weg zur Meisterprüfung war mit Steinen gepflastert, aber auch als selbstständiger Meister blieb der Handwerker der einengenden Zunftordnung verpflichtet. Wer sich niederlassen wollte, brauchte Geld, Anfangskapital, das erst einmal nachgewiesen werden musste, was nicht immer leicht war. Denn schließlich würde ein verarmter Meister letztlich der Zunft zur Last fallen. Selbstverständlich hatte somit der Meistersohn ungleich bessere Chancen, wollte doch der „alte“ Meister die Zunftrechte in der Familie behalten ... Und man blieb unter sich. Konnte man es dem strebsamen Handwerkergesellen verdenken, der nirgendwo organisiert, rechtlos und ungeschützt war, das er „schwarz“ arbeitete?

Doch diese „Pfuscher“, „Störer“ und „Stümper“ wurden empfindlich bestraft, damals wie heute. Außerdem wurden „wegen der Zucht und Redlichkeit“ in die Zünfte keine „unehrlichen“ Leute aufgenommen oder diejenigen, die dafür gehalten wurden, z. B. Angehörige so genannter unehrlicher Berufe wie Scharfrichter, Abdecker, Totengräber, Gaukler, Spielleute, Schäfer und Müller. Pikanterweise hatten in der frommen Bischofstadt auch so genannte Priesterkinder, also unehelich geborene Knaben von Frauen, die Geliebte von Priestern waren, weder das Recht auf eine Lehrstelle noch auf Mitgliedschaft in einer Zunft. Das zeigt, in welchem Maße in der priesterreichen Stadt das Zölibat eben doch ein Problem gewesen sein muss. Logisch, dass die Gesellenbrüderschaften irgendwann, und zwar bereits Ende des 15. Jahrhunderts, gegen diesen Druck von oben Widerstand leisteten. So verbarg sich auch damals hinter den wunderschönen schmucken Fassaden so mancher verbissene Ehrgeiz, so mancher Familienstreit.

Wenn man staunend vor dem eleganten Haus Nr. 17 an der Marienstraße steht, verflüchtigen sich die Geschichten. Man blickt in Gedanken nur mit Wehmut zurück in die Zeit vor 1945, als die Stadt noch überreich an derartig prachtvollen Gebäuden war, bevor ein verheerender und sinnloser Krieg das Ganze erbarmungslos und für immer über Nacht zerstörte. Nur wenig ist intakt geblieben. Das Fachwerkhaus in der engen Gasse mit den geheimnisvollen Initialen *IH,* vor einigen Jahren äußerst sorgfältig und liebevoll restauriert, ist heute Sitz eines anspruchsvollen Antiquitätenhändlers. Was früher hier hinter der noblen Fassade wohl zum täglichen Allerlei gehörte, wird heute in den edel ausgestatteten Räumen einer vermögenden Klientel angeboten und findet wiederum, oh Wunder, einen würdigen Platz im Interieur kunstliebender Großbürger unserer Zeit. Hausrat wie *tynnen berkannen, yseren panne, missingen wate koppeke* und *peppermole,* repräsentative, mit Schnitzereien verzierte Truhen für das damals übliche Brautgut, für *kusse, eyn par laken* und *eyn brun under-rock.* Kerzenleuchter, Leinen, Besteck, Möbel und vieles andere mehr. Es sind Gegenstände mit nostalgischem Flair, Erinnerungen an verblichene Zeiten, heute wertvoller denn je.

Linke Seite:
Fassadenausschnitt

Die Marienstraße verläuft etwa parallel zur Heger Straße, mit der sie sich kurz vor dem Heger Tor im Westen vereinigt. Die an dieser damaligen Nobelstraße gelegenen reichen Häuser beanspruchten die gesamte Grundstückstiefe und so ist es kein Wunder, dass die Rückseite vom breiten zweigeschossigen Haus Nr. 12 an der Heger Straße, das zu Zeiten des Klassizismus mit einer schönen Sandsteinfassade versehen wurde und ebenfalls historische Bausubstanz aufweist, heute unter Marienstraße 3 B gelistet wird. Die Denkmalpfleger sind denkbar glücklich über diesen recht intakten Bruchsteinbau mit seiner beträchtlichen Mauerstärke und den fünf spitzbogigen Fenstern im Ostgiebel. Ein Steinwerk halt! Wie die Heger Straße gehört auch die Marienstraße zu den wenigen Straßenzügen der Altstadt, die trotz mancher Kriegszerstörungen und zahleicher Wiederaufbauten noch ein lebendiges, historisch gewachsenes Straßenbild bewahrt haben.

Osnabrück war bis weit ins 18. Jahrhundert hinein eine Fachwerkstadt. Der gut situierte Bürger war in der Regel stolzer Besitzer eines Vorderhauses in Fachwerk mit einem rückseitig unmittelbar anschließenden Steinwerk, das oftmals schon Jahrhunderte vorher erbaut worden war. Hier lebte in der ebenerdigen hohen *Deele* die gesamte Familie zusammen mit Knechten und Mägden. Im hinteren Drittel des Vorderhauses, wie üblich an der Brandmauer gelegen, wärmte die Herdstelle, und um diese gemütliche Stelle wird sich wohl das tägliche Leben abgespielt haben. Hier genoss man aus einer Schüssel gemeinsam die Mittagsmahlzeit, *dat Gemös,* den Eintopf, das Einheitsessen. Und das ist noch gar nicht lange her. In der Region Osnabrück hielt man bis nach dem Ersten Weltkrieg an diesem Brauch fest. Bis zu der Zeit kam der Eintopf in einer großen Schüssel, der *kum* oder dem *becken,* mitten auf den Tisch und alle zusammen aßen aus dem einen Topf und vom Fleischteller, ohne Gabel, das *fläisk,* ein Stück Speck, Mettwurst oder Rippchen.

So tat es im 16. Jahrhundert auch *IH.* Nennen wir ihn so. Denn trotz umfangreicher Archivforschung ist es bis heute nicht gelungen, die Person hinter den vorhandenen Initialen *IH,* den Bauherrn des prächtigen Bürgerhauses Nr. 17 in der Marienstraße, zu identifizieren. Auf jeden Fall baute *IH* ein typisches

Spindeltreppe im Ledenhof, um 1550. Jede ihrer hölzernen Stufen besteht, einschließlich des jeweiligen Spindelanteils, aus einem einzigen gewaltigen Eichenstück.

Nord- und Westfassade des Steinwerks Am Heger Tor, Rolandsmauer 24. Der gläserne Anbau knüpft an die Lage des schon vor Jahrhunderten verloren gegangenen Vorderhauses an, das bei diesem um 1250 erbauten Steinwerk archäologisch und durch Bauspuren in seiner Westfassade nachgewiesen werden konnte. Die Grundzüge dieses Steinwerks blieben im Wesentlichen erhalten.

Linke Seite:
Ledenhof. Ganz seinem gesellschaftlichen Status entsprechend schuf sich Heinrich von Leden an der Nahtstelle von Alt- und Neustadt um 1500 seinen großartigen Adelshof im Stile der Renaissance. Das damals schon vorhandene Steinwerk aus dem 13./14. Jahrhundert erhöhte er unter Erhaltung des Dachgewölbes um vier Lagergeschosse zum Bergfried. Zum repräsentativen Kern der Anlage ließ er sich das neue Palasgebäude errichten, dessen aufwendige Außengestaltung, in Ritzputztechnik genauestens rekonstruiert, schon von Außen den Anspruch der Anlage dokumentiert. Sein Sohn fügte etwa 50 Jahre später den Treppenturm hinzu.

Fachwerkbürgerhaus Marienstraße 17, Straßengiebel mit linkem Nachbarhaus. In einer erstaunlichen Authentizität dokumentiert das Gebäude Marienstraße 17 von 1587 die Lebens- und Wohnsituation der damaligen Zeit nicht nur in der fast unveränderten Fassade. Die für Osnabrück typische Kombination von (älterem) Steinwerk und Vorderhaus, die Raumfolge und -ausbildung, Details vom Hausbrunnen bis hin zur Lage des Kamins lassen unmittelbar Geschichte begreifbar werden.

Haus für seine Zeit. Im Jahr 1587 ließ er das bereits vorhandene Haupthaus mit Steinwerk instandsetzen, denn sämtliche Holzteile, fast alle konstruktiven Balken im Fachwerk, Dachstuhl und Decken tragen diese Jahreszahl. Noch heute kann man die wunderschöne hohe *Deele* im Vorderhaus bewundern. Sie reicht, wie üblich, bis an den Dachansatz und erstreckt sich über die gesamte Erdgeschossfläche. Nur zwei übereinander liegende niedrige Kammern wurden an der Straßenseite von ihr abgetrennt. Kammerfensterchen, ein typisches einladendes *Deelentor* mit den darüber liegenden Fenstern, damit das Tageslicht durch den Raum fluten kann, und die Ladeluke im Giebeldreieck: Es ist alles noch vorhanden.

Wie mag wohl *IH* mit seiner Familie hier gelebt haben, in diesem feudalen Haus, einen Steinwurf entfernt vom pulsierenden Leben um den Marktplatz herum? Die Größe des Hauses und des obligatorischen Steinwerks, die Stärke der mächtigen Eichenbalken, die Inschriften und die Hausmarke lassen zweifelsohne auf einen selbstbewussten und vermögenden Bauherrn schließen.

Im Jahr 1613 schlug das Schicksal zu. Ein großer Stadtbrand, ausgehend von der Marienstraße, verwüstete fast die gesamte Innenstadt. Aber das Haus Marienstraße 17 blieb auf wundersame Weise von der Katastrophe verschont. Stadtschreiber gehen allerdings davon aus, dass das Nebenhaus zerstört wurde. Denn drei Jahre nach dem Brandt erwarb *IH* oder einer seiner Nachkommen die Nachbarparzelle. Es muss dem Kaufmann und seiner Familie recht gut gegangen sein, denn sie nahmen neue Um- und Ausbauten in Angriff. In die Brandwand der *Deele* ließ der Hausherr einen Zugang zum vergrößerten Innenhof brechen. Er optierte für eine repräsentative Erweiterung seines Wohnhauses, jedoch sorgsam abgestimmt auf das schon vorhandene Gebäude.

Rechte Seite:
Festsaal im Bürgerhaus Marienstraße 17. Befundgenau wurde 1983/84 die Ausmalung des Festsaales im ersten Obergeschoss des Anbaus von 1616 restauriert und ergänzt. Lediglich auf die Wiederherstellung der Rankenmalerei in den Putzfeldern musste verzichtet werden, da die minimalen feststellbaren Spuren zwar eine Bemalung nachwiesen, aber keine Rekonstruktion ermöglichten.

Deckenmalerei im Festsaal. Neben Konservierungsmaßnahmen waren nur leichte Retuschen erforderlich, um die zur ungestörten Erfassung notwendige Geschlossenheit der fast 400 Jahre alten Deckenmalerei zu erreichen. Eine barocke Umnutzung des Raumes, vielleicht noch im 17. Jahrhundert, verbunden mit dem Auftrag eines starken Innenputzes, hatten die Malerei bis 1983 „konserviert“ und geschützt.

Auch ein Festsaal gehörte dazu, denn im Laufe des späteren 16. Jahrhunderts entwickelte sich beim Osnabrücker Patriziat und beim ländlichen Adel ein immer größeres Bedürfnis, sich von seinem Gesinde abzugrenzen. In den festlich ausgemalten Sälen mit den schönen Kaminen zeigte die Osnabrücker Oberschicht schließlich ihren neuen Lebensstil. Da macht auch *IH* keine Ausnahme. Sein Festsaal muss dem Hausherrn von 1616 besonders wichtig gewesen sein. Die Restauratoren entdeckten 1983/84 darin Außergewöhnliches. Umsichtig machten sie sich an die Arbeit und stellten Schritt für Schritt, soweit überhaupt möglich, die Situation von 1616 wieder her. Die gute Stube, der „Festsaal“ im Hause *IH* in der Marienstraße 17, vermittelt heute auf beeindruckende Weise ein wesentliches Fragment aus dem Leben der damaligen Oberschicht Osnabrücks.

Der Betrachter ist überwältigt angesichts der dezent-bunt gemalten Vorhänge im unteren Teil der beiden Längswände und der Deckenmalerei mit den in den Feldern zwischen den Balken angebrachten allegorischen Darstellungen der fünf Sinne. Sie sind kunstvoll umgeben von Pflanzen und Früchten. Jedem Feld zwischen den Deckenbalken ist mittig ein Medaillon zugeordnet, in dem jeweils eine einzelne Frau Hören, Sehen, Fühlen, Schmecken und Riechen versinnbildlicht. In der intimen Atmosphäre seines Festsaales und seines bürgerlichen Wohnhauses ließ ein Osnabrücker Bürger ein Abbild der damaligen, die ganze christliche Welt erfassenden geistesgeschichtlichen Entwicklung entstehen. Es nahm Bezug auf eine künstlerische Darstellungsart, die im 16. Jahrhundert vor allem im flämischen Raum Brauch war, die Darstellung des Fünf-Sinne-Zyklus'. Das alles zeugt von einem hohen Bildungsstand und einer verfeinerten Lebensart.

IH, wer war er? Man weiß es nicht, aber er steht sicher mit seinem stilvollen Haus und der gesamten Inneneinrichtung stellvertretend für das Gedankengut und die Mentalität seiner Zeit. Auch er wird sich, trotz seines wahrscheinlich stark ausgeprägten Selbstbewusstseins und seines auserlesenen Geschmacks, den damaligen strengen Bestimmungen des Rates haben fügen müssen, wenigstens nach außen. Denn war es nicht so, dass sich dieser Rat der Stadt immer wieder veranlasst fühlte, mit Hilfe rigider Verordnungen das Prunkbedürfnis der Bürger einzudämmen oder wenigstens in geordnete Bahnen zu lenken? Sogar die Anzahl der Gäste wurde von oben bestimmt, und so genannte Bitter mussten bei üppigen Gelagen nicht nur bei den Gästen, sondern auch beim Koch und seinen Gehilfen auf das Einhalten der umfangreichen Essensbestimmungen achten.

Dieser Verschwendung sollte nach Meinung der Obrigkeit also Einhalt geboten werden. Dafür gab es die Kanzel in den beiden Stadtkirchen St. Katharinen und St. Marien. Verordnungen wurden dort verlesen, denn „ohngepührliche Oppigkeit“ sollte nicht Gottes gerechten Zorn erwecken. Das Tragen goldener Ketten, Armbänder, goldener oder silberner Spitzen, kostbarer Perlen, diamantener Ringe, Ohrringe und gekräuselter, an der Seite herabhängender Locken war tabu. Auch Samtkleider, kostbare seidene Stoffe, Perlen, die mehr als sechs Taler wert waren, Kappen aus Flor, einem dünnen, schleierartigen Gewebe, mit Spitzen verzierte Kopfbedeckungen wie überhaupt alle schwarzen und andersfarbigen seidenen Borten und Spitzen standen auf der schwarzen Liste.

Nicht einmal trauern durfte man nach eigenem Gusto. Die strengen Stadtväter erlaubten keine nächtlichen Beerdigungen mehr, kein schwarzes Tuch für den Sarg, und die notwendigen Beschläge durften nicht mehr als zwei Taler kosten. So sorgte sich die Obrigkeit um das „schändtliche Laster der leidigen Hoffardt“ und somit um das Seelenheil der Bürger. Wer „ehrbare“ Kleidung trug und nicht über seine Verhältnisse beziehungsweise die seines Standes lebte, war des Himmelreiches sicher. Ja, so war das, andere Zeiten!

Ich bin erfüllt und beeindruckt von so viel Unbekanntem und ein wenig beschämt über die eigene Ignoranz, belehrt vom Denkmalpfleger. Denn trotz aller Beflügelung über noch vorhandene Rest-Bausubstanz betonte Bruno Switala:

Erst die Europarats-Ausstellung 1998 zum 350. Jahrestag des Westfälischen Friedens gab für die Bewertung der Steinwerke endlich einen letzten wichtigen Anstoß. Dann beschlossen die Mitarbeiter mehrerer Ämter und Museen der Stadt, zusammen ein Stadtmodell zu erarbeiten und den Gebäudebestand Osnabrücks um 1640 wissenschaftlich fundiert darzustellen. In diesem Zusammenhang machte man sich an die Geschichte und an den Bestand der Steinwerke. Nach umfangreichen Untersuchungen erhöhte sich der bereits nachgewiesene Bestand Osnabrücker Steinwerke von 109 um 27 auf 136. Wenn das kein Erfolg ist! Ein Beweis für den großen Stellenwert, den diese Bauform in Osnabrück mal hatte.

So haben feierliche Anlässe tatsächlich auch ihr Gutes.

Wo liegt Osnabrück? Im Herzen der Geschichte, zwischen den unverwüstlichen Mauern seiner Steinwerke. Wer Zeit hat, sollte sich davon überzeugen.

In der hereinbrechenden Abendstunde, während das Schwarz der Nacht sich vorsichtig zwischen den Häusern einnistet, glauben wir insgeheim den langen Schatten des Nachtwächters umherstreifen zu sehen, bewaffnet mit einer Laterne. Denn es könnte Feuer geben, die konstante Bedrohung für die zahlreichen Holzhäuser einer mittelalterlichen Stadt. Aber die Osnabrücker haben ja ihre Steinwerke.

Vor dem Gebäude Marienstraße 17

Die Stadt Justus Mösers

Paul Raabe

Osnabrück: Den besonderen Klang des Ortsnamens habe ich seit meiner Kinderzeit im Ohr. Aber im Heimatkundeunterricht der Grundschule kam er nicht vor, denn dieser beschränkte sich auf die Stadt Oldenburg, in der ich in den dreißiger Jahren des vorigen Jahrhunderts aufgewachsen bin, und auf das Oldenburger Land, das ich als Kind auch nur wenig kennen gelernt habe. Nur gelegentlich machten unsere Eltern mit meinem Bruder und mir – meine kleine Schwester kam als Nachkömmling erst kurz vor Ausbruch des Krieges zur Welt – sonntägliche Ausflüge mit der dampfenden Eisenbahn nach Rastede und Sandkrug, nach Zwischenahn und Hude und ein paarmal nach Bremen, das aber schon außerhalb unserer Landesgrenzen lag. Wir liebten die schöne Stadt, den „Schlüssel zur Welt", wie sie genannt wurde, mit der Böttcherstraße und ihrem Glockenspiel, den Wallanlagen und „Roland dem Ries' am Rathaus zu Bremen" – wir wussten Friedrich Rückerts Gedicht auswendig. Doch Osnabrück kannte ich nur von der Anzeigentafel auf dem Bahnsteig des Bahnhofs: Der Personenzug von Oldenburg nach Osnabrück fuhr täglich mehrmals die 110 Kilometer in südliche Richtung über Cloppenburg und Vechta und hinter den Dammer Bergen über die Landesgrenze dorthin, wo in der Nähe auch Quakenbrück und Bersenbrück liegen mussten, wie ich schon als Kind zu Recht vermutete.

Da meine Eltern nicht viel Geld hatten, konnten wir keine Urlaubsreisen machen, und so sind wir weder nach Osnabrück noch darüber hinaus etwa nach Münster oder Detmold, geschweige denn an den Rhein gelangt. Deshalb habe ich die unzerstörte Stadt mit ihrer dichten Bebauung und ihren Baudenkmälern aus vielen Jahrhunderten nie gesehen, von der ich sonst heute erzählen könnte, wie es mir von dem alten Oldenburg mit den grünen Wällen, den schmalen Straßen und dem vertrauten Pferdemarkt möglich ist. Die ehemalige Residenzstadt hatte ja den Krieg so gut wie ganz ohne Bombenangriffe unversehrt überstanden, dagegen fiel Osnabrück im Innenstadtbereich zu 85 Prozent in Trümmer. Doch während die Osnabrücker ihre Altstadt liebevoll und umsichtig, soweit es in ihren Kräften lag, wieder aufbauten, rissen die Oldenburger klassizistische und noch ältere Gebäude in der Innenstadt ab, errichteten dort überdimensionierte Geschäftshäuser und machten Oldenburg zu einer autogerechten Stadt. Immer wenn ich dort bin, trauere ich dem von Ulmen bestandenen Paradewall oder dem einst so schönen Bahnhofsviertel mit den herrschaftlichen Häusern und ruhigen Straßen nach.

Doch ich weiß, dass die Oldenburger dennoch gern in ihrer Stadt leben, wie es auch die Osnabrücker tun, die aber, wie bekannt, landesweit in dieser Hinsicht einfach Spitze sind. Beide Städte gehören ja seit mehr als einem halben Jahrhundert zu Niedersachsen, und als an beiden Orten im Nordwesten vor dreißig Jahren Universitäten gegründet wurden, ging man sogar davon aus, dass sie eng zusammenarbeiten würden. Doch diese Idee wurde längst aufgegeben: Jede Universität entwickelt ihr eigenes Profil, und das ist auch gut so, denn die beiden Städte können kaum noch miteinander verglichen werden. Im Gegensatz zu Oldenburg hat Osnabrück eine

Schloss als Vierflügelanlage. Blick auf die Mittelachse durch den Uhrenflügel (1678 bis 1683 erbaut) über den Innenhof auf den Haupteingang des corps de logis, erbaut 1669 bis 1672, heute Sitz der Universität Osnabrück

lange und reiche Geschichte mit einer bedeutenden mittelalterlichen Tradition, die in den Kirchen der Stadt sowie in den Steinwerken fortlebt, die der engagierte Denkmalpfleger Bruno Switala dem Gast so eindringlich darstellt, dass diesem, blind für das Verborgene, die Augen für eine ungewöhnliche Baugeschichte geöffnet werden.

Eine Stadt lebt vom Ruhm historischer Ereignisse, die sich dem kollektiven Gedächtnis eines Volkes tief eingegraben haben. Zu Recht nennt sich Osnabrück eine Friedensstadt und ist heute Sitz der Stiftung für Friedensforschung. Hier und im nahen Münster – durch historische Grenzen getrennt, doch im Geiste verbunden – wurden die Verhandlungen am Ende eines mörderischen, dreißig Jahre währenden Krieges über eine Friedensordnung im Deutschen Reich geführt, die mit den Schweden 1648 im Rathaus zu Osnabrück abgeschlossen wurde. Damals wurde auch entschieden, dass abwechselnd ein katholischer und ein evangelischer Fürstbischof in Osnabrück regierten. Der wiederhergestellte Friedenssaal ist einer der einprägsamen Erinnerungsorte deutscher Geschichte, in dem Abertausenden von Touristen Jahr für Jahr das politische Ereignis nahe gebracht wird, das die deutschen Territorialstaaten bis in die Gegenwart mit geprägt hat.

Justus Möser (1720–1794), Statue von Friedrich Drake, 1836, gestiftet von Osnabrücker Bürgern, auf der großen Domfreiheit

Schlossfassade der Gartenseite des corps de logis mit vorgelagerter Terrasse

Im christlichen Abendland sind die Gotteshäuser die markanten Zeichen einer historischen Stadt. Wenn sie auch im letzten Krieg an vielen Orten zerstört wurden, so war ihr Wiederaufbau eine selbstverständliche Pflicht. Man war sich bewusst, dass diese sakralen Bauwerke nicht nur Stätten der Gläubigen sind, sondern dass sie auch die verloren gegangene Ordnung eines Stadtbildes wiederherstellten und damit den Bewohnern das Vertrauen zu ihrer städtischen Lebenswelt zurückgaben. Vielfach wirkt der restaurierte Kirchenraum, von den späteren Einbauten früherer Jahrhunderte befreit, imposanter und beeindruckt durch die Schlichtheit und zugleich Monumentalität einer romanischen oder gotischen Architektur. Jedenfalls ist der Eindruck der stolzen Marienkirche und des mächtigen Doms in Osnabrück im Äußeren und Inneren überwältigend. Diese Kirchenbauten bezeugen, wie auch das vornehme, behutsam rekonstruierte Rathaus am Markt, die große Vergangenheit der Stadt, die seit dem Mittelalter Sitz der Bischöfe war, die aber seit dem Westfälischen Frieden immer mehr an Einfluss einbüßten. Ein bürgerliches Regiment charakterisiert seither das städtische Leben. Das fürstbischöfliche, barocke Schloss, an der Peripherie der Altstadt am Ende des 17. Jahrhunderts gebaut, wurde von den Herrschenden selten bewohnt. Seine

Karl der Große, Statue von Alexander Calandrelli von 1899 im Innenhof des Carolinums

heutige Nutzung als Universitätsgebäude entspricht ganz dem Wandel der Geschichte und der Rolle der Wissenschaft in einer demokratischen Gesellschaft.

Bügerstolz strahlen die wenigen wiederhergestellten Fachwerkfassaden und klassizistischen Wohn- und Geschäftshäuser im Stadtkern aus. Der Inbegriff eines Bürgers, der für das Gemeinwohl wirkte und die Osnabrücker durch seine Bücher und Artikel über ein selbstbestimmtes Leben aufklärte, war Justus Möser, der im 18. Jahrhundert seiner Stadt als Jurist und Beamter in einer leitenden Stellung diente und dadurch einen starken Einfluss auf die wirtschaftliche und politische Entwicklung seiner Vaterstadt hatte. Spricht man von Osnabrück, so meint man auch immer Justus Möser, den Aufklärer, den Menschenfreund, den Vertreter bürgerlichen Denkens. In den „Wöchentlichen Osnabrückischen Anzeigen“, die zu redigieren eine seiner Aufgaben war, hat er Woche für Woche belehrende und unterhaltende Artikel eingerückt, die seine Mitbürger wie kaum in einer anderen Stadt des Reiches über die Verbesserungen des täglichen Lebens unterrichteten. In Goethes „Dichtung und Wahrheit“ heißt es über ihn: „Ein vollkommener Geschäftsmann spricht zum Volke in Wochenbättern, um dasjenige, was eine einsichtige wohlwollende Regierung sich vornimmt oder ausführt, einem jeden von der rechten Seite faßlich zu machen; keineswegs aber lehrhaft, sondern in den mannigfältigsten Formen, die man poetisch nennen könnte.“

Zu Recht wurde Möser der *Advocatus patriae* genannt. Er verstand es, seine verwaltenden Tätigkeiten – zeitweise war er bei ständiger Abwesenheit der Bischöfe die wichtigste Persönlichkeit in der Stadt – mit seiner aufklärerischen Arbeit, die Osnabrück weit über die Stadtgrenzen hinaus bekannt machte, in Einklang zu bringen. Justus Mösers „Patriotische Phantasien“, aus den Beiträgen in dem Intelligenzblatt zusammengestellt, und seine „Osnabrückische Geschichte“, die allerdings in den drei Bänden nicht über das hohe Mittelalter hinauskam, haben seine Zeit mit geprägt. Er verteidigte sogar die zeitgenössische deutsche Literatur gegen den von den Franzosen beeinflussten Friedrich II. von Preußen. Goethe und Herder, von den befreundeten Aufklärern wie Thomas Abbt und Friedrich Nicolai einmal abgesehen, verehrten ihn als Autorität, als Schriftsteller, Journalisten und Volksaufklärer.

Die dankbaren Osnabrücker setzten dem berühmtesten Sohn der Stadt 1836 ein ehernes Denkmal, das Friedrich Drake geschaffen hatte. Dass dieses Standbild, eines der frühesten, das für einen Bürger errichtet wurde, heute auf einem der schönsten Plätze der Stadt von parkenden Autos umgeben ist, die ihn in die Rolle eines Parkplatzwächters gedrängt haben, widerspricht allerdings dem Dank, den man im Allgemeinen Justus Möser zollt. Man wünschte sich den Platz, der durch die ihn einrahmenden klassizistischen Gebäude besonders eindrucksvoll ist, vom Blech befreit, damit dieses Denkmal deutscher Aufklärung auf immer wahrgenommen wird, Justus Möser hat schließlich die Stadt geadelt.

Wie Osnabrück im Übrigen mit dem Andenken an besondere Persönlichkeiten der Stadt umzugehen versteht, hat es in den letzten Jahrzehnten bewiesen, in denen zwei tragischen Gestalten des 20. Jahrhunderts in Deutschland ganz ungewöhnliche Orte der Erinnerung geschaffen wurden: Erich Maria Remarque und Felix Nussbaum, zwei Osnabrückern, die Opfer eines barbarischen Systems der Menschenverachtung geworden sind. So unterschiedlich auch ihre Lebenswege gewesen sein mögen und so wenig sie miteinander zu tun gehabt haben, so steht doch ihre Verfolgung für das unrühmlichste Kapitel deutscher Geschichte. Dass die Erinnerung daran in Osnabrück durch den Bau eines erschütternden Museums für Felix Nussbaum und durch die Einrichtung einer Gedenkstätte für Erich Maria Remarque wach gehalten wird, geht weit über das individuelle Schicksal der beiden in Osnabrück Geborenen hinaus. Die beiden Orte erinnern exemplarisch in einer Stadt, die für Frieden

Caprivi-Kaserne, heute Sitz der Fachhochschule Osnabrück

steht, an die Untaten eines totalitären Systems. Das Museum, das Daniel Libeskind für den jüdischen Maler Felix Nussbaum schuf, symbolisiert die Vernichtung der Juden durch eine Schrecken verbreitende und ausweglos wirkende Architektur. In den kahlen grauen labyrinthischen Räumen hängen wie verloren die Bilder des Künstlers und schildern das jüdische Schicksal im 20. Jahrhundert. Ihm in Osnabrück in diesem Museum zu begegnen, hinterlässt bei dem Besucher eine unauslöschliche Erinnerung.

Anders die Gedenkstätte für den Schriftsteller Erich Maria Remarque, der durch seinen unvergesslichen Antikriegsroman „Im Westen nichts Neues" den Hass der braunen Horden auf sich zog, die den Krieg in nationalistischer Verblendung verherrlichten. Remarque, der von den Nazis ausgebürgert wurde, konnte sein Land rechtzeitig verlassen, teilte aber das Schicksal der unendlich vielen Emigranten. Er war kein großer Dichter, so wenig wie Nußbaum ein einzigartiger Maler war. Doch er war einer der engagierten Schriftsteller in der Weimarer Republik, die der pazifistischen Haltung ihre Stimme gaben. Die Dauerausstellung, die Remarque im Herzen der Stadt in eindrucksvoller Weise mit allen technischen Mitteln unseres Zeitalters gewidmet wurde, erzählt in Fotos und Dokumenten über die Geschichte seiner Romane und Erzählungen, das bittere Schicksal der Emigration und auch über sein Leben und Wirken in Amerika und der Schweiz.

Einen besonderen Umgang mit der Geschichte zeichnet Osnabrück mit seinen 160 000 Einwohnern heute aus. Wenngleich in dem südwestlichen Winkel Niedersachsens gelegen, hat sich die Großstadt dank der Tüchtigkeit ihrer Bewohner nicht nur zu einem Industriestandort mit Ansiedlungen um den Stadtgürtel und zu einer Stätte der Bildung mit Universität und Fachhochschule entwickelt, sondern auch, getragen von einem selbstbewussten Bürgertum, zu einem kulturellen Zentrum mit Stadttheater und Kunstverein, mit Konzertleben und vielen, auch überregional wahrgenommenen kulturellen Ereignissen. Dass immer wieder bekannte Politiker die „Neue Osnabrücker Zeitung" als Sprachrohr ihrer Ideen verwenden, spricht für die Stadt. Nicht zufällig ist sie vor zwölf Jahren auch der Sitz der Bundesstiftung Umwelt geworden, eine der größten Stiftungen unseres Landes, die sich segensreich vor allem auch in Ostdeutschland für die Herstellung gleicher Lebensverhältnisse in West und Ost einsetzt. Viele mutige Entscheidungen wurden zu Gunsten des Wiederaufbaus in den neuen Ländern in Osnabrück getroffen. Ich weiß es aus eigener glücklicher Erfahrung in den Franckeschen Stiftungen in Halle.

Unser Land ist durch die Individualität seiner Städte charakterisiert, die mit mehr oder weniger Glück ihre Gegenwart und Zukunft gestalten. Werden sie von dem Wohlgefühl ihrer Bürgerinnen und Bürger getragen, so sind sie auch den Aufgaben gewachsen, die sie zu jeder Zeit immer wieder herausfordern. Als Oldenburger, der sich als Niedersachse fühlt, kann ich es im Blick auf Osnabrück nur bestätigen: die Stadt Justus Mösers ist unverwechselbar.

„In Osnabrück beginnt die Zeitrechnung eigentlich mit dem Westfälischen Frieden."
Landessuperintendentin Doris Janssen-Reschke

Zum Lobe des Friedens

Frieden mitgestalten

Man sollte sich am Jahrestag des Westfälischen Friedens von 1648, dem herbstlichen 25. Oktober, nicht erschrecken, wenn einem in der Stadt ein buntes Völkchen auf Steckenpferden, Marke Eigenbau, ausgelassen entgegenreitet, denn die gesamten Viertklässler aller Schulen, vom Lehrer eingehend über den Hergang der Friedensverhandlungen unterrichtet, werden just zu diesem Datum das Rathaus stürmen. Dort wartet der Oberbürgermeister auf der historischen Treppe mit speziellen frischen Brezeln. Ein Friedensgedanke zum Anfassen. Der *Ritt zum Lobe des Friedens* ist aus Osnabrück nicht mehr wegzudenken.

Fährt man über die Autobahn, egal, aus welcher Himmelsrichtung kommend, weisen bereits die europaweit üblichen braun-beigen Ortsschilder kurz vor Osnabrück auf das *Rathaus des Westfälischen Friedens* hin. An sämtlichen wichtigen Ausfallstraßen, die ins Herz der Hasestadt führen, erinnern stilisierte Friedensreiter von Volker Johannes Trieb an die unermüdlichen Postkuriere, die Mitte des 17. Jahrhunderts über Jahre die Botschaften und Vertragsentwürfe im Galopp zu den an unterschiedlichen Orten tagenden katholischen und protestantischen Gesandten brachten, um den Friedensprozess voranzutreiben. Denn Land und Bevölkerung hatten genug vom Treiben des grausamen Dreißigjährigen Krieges, den Plünderungen und dem Unwesen der Soldateska. Familien waren auseinander gerissen, Hungersnöte und Seuchen an der Tagesordnung, ehemals fruchtbare Äcker lagen brach, das Leben gestaltete sich mühsam und trist. Die Menschen waren ausgebrannt und müde. Die Sehnsucht nach Frieden war groß, übergroß, und das bereits seit langem. Festgefahrene Krieg führende Mächte suchten krampfhaft nach einer Lösung und nach einem geeigneten Ort, wo endlich über Frieden verhandelt werden konnte.

„Der Ritt zum Lobe des Friedens."
Steckenpferdreiten am 25. Oktober in Osnabrück

Friedensreiter

Seiten 98/99:
Marktplatz mit Rathaus des Westfälischen Friedens, Stadtwaage und St. Marien

Ausklang der Veranstaltung vor der Marienkirche mit Feuerwerk

Schließlich waren es die Schweden und die Franzosen, die die Bischofsstadt Osnabrück ins Gespräch brachten. So verhandelten in Münster die Katholiken und Frankreich, in Osnabrück die Protestanten und Schweden mit dem Kaiser. Es war ein mühsames und langwieriges Unterfangen bis zum legendären Westfälischen Frieden.

Heute schlendern Einheimische wie Touristen friedlich über den restaurierten Marktplatz, bestaunen das Rathaus und die alten Bürgerhäuser mit ihren Treppengiebeln oder suchen sich an einem sonnigen Tag im Schatten der imposanten Marktkirche St. Marien ein Plätzchen an einem der zahlreichen Tischchen, die die umliegenden Gastronomen nur zu gern auf ihre offenen Terrassen schieben, und bestellen sich einen Espresso oder ein regionales Bier. Die Geschichte hat längst ihre Dramatik verloren und im historischen Herzen der Stadt ist Genießen angesagt.

Wer Glück hat, kann eine in weiße Wolken gehüllte Braut neben ihrem stolzen, frisch angetrauten Ehemann samt festlich gekleidetem Anhang auf dem Kopfsteinpflaster schreiten sehen, denn in den geschichtsträchtigen Räumen der Stadtwaage, einem spätgotischen Bruchsteinbau neben der historischen Stätte des Westfälischen Friedens aus dem Jahre 1532, wird heute geheiratet. In diesem im letzten Weltkrieg völlig ausgebrannten Haus, einst Symbol des Handels und des wohlhabenden Bürgertums, wurde das weit über die Grenzen der Stadt gelobte Leinen gehandelt. Von hier aus exportierten die Fernhändler die begehrte Ware nach Holland, England und in den Süden. Hier zeigte das Bürgertum Selbstbewusstsein, wenn es auch der Kirche treu ergeben blieb, waren die frommen Herren doch die besten Kunden der Zünfte, der Kunsthandwerker, Bildschnitzer, Maler und Goldschmiede.

Respekt erheischend schauen die neun historischen Persönlichkeiten von der in großen Sandsteinquadern gebauten Fassade des historischen Rathauses herab: Kaiser Sigismund, Friedrich II., Rudolf von Habsburg, Wilhelm I., Friedrich I., Barbarossa, Arnulf, Maximilian I. und Ludwig von Bayern. Auch Karl der Große samt Reichsapfel, Symbol der christlichen Herrschaft über die Welt, steht noch heute in Sandstein über der Treppe des Rathauses, allerdings als Kopie. Das Original befindet sich inzwischen im Carolinum. Der ursprüngliche Figurenschmuck am Rathaus wurde auf Grund seines schlechten Zustandes Anfang des 19. Jahrhunderts abgebaut und erst Ende des 19. Jahrhunderts durch die jetzigen Figuren ersetzt. Mächtige Herren, allmächtig, Herren über Krieg und Frieden – und zu welchem Preis?

Greift man an die schwere Messing-Rathaustürklinke mit der Inschrift *Friede 1648,* ein Entwurf Fritz Szalinskis, erreicht einen mit einem Handgriff erneut diese Botschaft, die sich die Stadt Osnabrück heute als Aufgabe gestellt hat. Frieden, ja, endlich Frieden, nicht nur als Erinnerung an das historische Datum, sondern als Vision. Frieden mitgestalten und wahr machen – für alle, für immer. Alt ist sie nicht, diese Klinke. Sie stammt aus dem Jahre 1948. Ein grausamer Krieg hatte damals Europa in Schutt und Asche gelegt. Millionen Soldaten, dies- und jenseits der Fronten, waren gefallen, ebenso viele Menschen hatten ihr Leben verloren, wurden heimatlos oder waren auf der Flucht. Eine nie enden wollende Geschichte. Dreihundert Jahre nach der Verkündung des Westfälischen Friedens war es an der Zeit, sich zu erinnern. Ein Grund zum Feiern gab es wohl nicht, wo Europa doch in kaum 40 Jahren durch zwei Weltkriege an den Rand des Abgrunds geführt worden war und das Wort Frieden einen hohlen Beiklang bekommen hatte. Doch der sehnlichste Wunsch, diese verheerenden Kriege vergessen zu wollen, bestand durchaus.

Das schöne historische Osnabrück war in großen Teilen kaputt: Das Rathaus samt Friedenssaal wurde am 13. September 1944 durch den Bombenhagel bis auf die Fassade völlig zerstört, das umtriebige Leben so gut wie verstummt, die Menschen entmutigt. Oder? Die stolzen Bürger der Hasestadt hielten den Kopf hoch. Die Idee, zum 300. Jahrestag des Friedensschlusses am 25. Oktober 1948 Rathaus und Friedenssaal wieder aufzubauen, ließen sie sich nicht nehmen. Die britische Militärverwaltung genehmigte das Vorhaben und teilte der Stadt die nötigen Baustoffe zu. Das Inventar der Innenräume hatte man zum Glück rechtzeitig ausgelagert.

So konnte sich noch vor der Währungsreform, anlässlich des großen runden Feiertages die schwere Tür zum symbolträchtigen Rathaus wieder öffnen. Und noch heute drückt man diese symbolische Klinke: *Friede 1648.*

Stadtwaage zwischen Rathaus und Marienkirche

Standbilder deutscher Kaiser an der Rathausfassade

Rathaus-Türklinke

Rechte Seite:
Friedenssaal im Rathaus Osnabrück

Am 24. Oktober 1998 – 350 Jahre nach Abschluss des Westfälischen Friedens in Münster und Osnabrück – trafen sich im Friedenssaal des Osnabrücker Rathauses u. a.:
Oskar Luigi Scalfaro, Präsident der Republik Italien; Lennart Meri, Präsident der Republik Estland; Juan Carlos I., König von Spanien; Harald V., König von Norwegen; Silvia, Königin von Schweden; Fürst Hans Adam II. von und zu Liechtenstein; Carl XVI. Gustav, König von Schweden; Angelo Kardinal Sodano, Kardinalstaatssekretär S. H. Papst Johannes Paul II.; Flavio Cotti, Bundespräsident der Schweizerischen Eidgenossenschaft; Albert II., König von Belgien; Beatrix, Königin der Niederlande; Aleksander Kwasniewski, Präsident der Republik Polen; Bundespräsident Prof. Dr. Roman Herzog; Guntis Ulmanis, Präsident der Republik Lettland; Jean Großherzog von Luxemburg; Magarethe II., Königin von Dänemark; Christian Poncelet, Senatspräsident der Republik Frankreich; Henrik, Prinz von Dänemark; Paola, Königin von Belgien; Oberbürgermeister Hans-Jürgen Fip

Hier tagten sie also, die illustren, weit gereisten Gesandten und rangen um Frieden, andächtig in das unbequeme Frührenaissancegestühl des Friedenssaales gelehnt, unter dem imposanten Deckenleuchter aus der Mitte des 16. Jahrhunderts, dessen Krone das Paradies zeigt mit dem Baum der Erkenntnis, Adam und Eva sowie Jagdszenen und das Osnabrücker Wappen mit dem sechsspeichigen Rad. „Wer immer du bist, der zur Beratung diesen Raum betritt, wisse, dass die öffentlichen den privaten Dingen überzuordnen sind.“ Diese Inschrift aus dem Jahre 1605 wird auch den hohen Herren beim Betreten des Sitzungssaales nicht entgangen sein.

Vierzig in vornehmes Schwarz gekleidete Männer, der Mode der Zeit entsprechend, schauen streng aus ihren säuberlich gestärkten Spitzenkragen und zwei Frauen, Christina, Königin von Schweden, anmutig und reichlich dekolletiert, sowie Amalie Elisabeth, Landgräfin von Hessen-Kassel, die sich, was die Eleganz betrifft, eher in Zurückhaltung übt, erinnern eindrucksvoll an jene Tage. Diese Galerie der Prominenzen und Eminenzen wurde von den Osnabrücker Stadtvätern bereits 1648 in Auftrag gegeben, hatten doch die Bürger schon damals großes Interesse an den Friedensstiftern. Der flämische Maler Anselm van Hulle, der während der Verhandlungen in Münster tätig war, fertigte die Vorlagen zu den ausdrucksvollen Porträts an. Der französische König Ludwig XIV., der deutsche Kaiser Ferdinand III. und Königin Christina von Schweden waren zwar persönlich nie anwesend, ließen sich aber würdevoll durch ihre Gesandten vertreten.

Ganz anders im Jahre 1998. Da wimmelte es nur so von Majestäten, Königlichen Hoheiten, Durchlauchten, Exzellenzen, Eminenzen und Präsidenten. Sie strömten anlässlich des 350. Jahrestages des Westfälischen Friedens allesamt in den Friedenssaal des Osnabrücker Rathauses, an den historischen Schauplatz dieses „symbolträchtigen Erbes, das uns in dem viel zitierten europäischen Haus gemeinsam gehört“, wie es der Osnabrücker Oberbürgermeister betonte, um „die europäische Dimension des berühmten Westfälischen Friedens, der vor 350 Jahren in unseren Städten ausgehandelt wurde, zu würdigen. Damals siegte die pragmatische Vernunft über die Gewalt der Waffen. Es wurden aber auch Grundlagen des friedlichen Zusammenlebens definiert, die bis heute unsere Wertvorstellungen in Europa bestimmen.“

Gekrönte Häupter aus Schweden, den Niederlanden, Belgien und Spanien gaben sich die Klinke in die Hand, Staatspräsidenten folgten, Fürsten, Kardinäle, Bischöfe und Politiker: *Friede 1648 …*

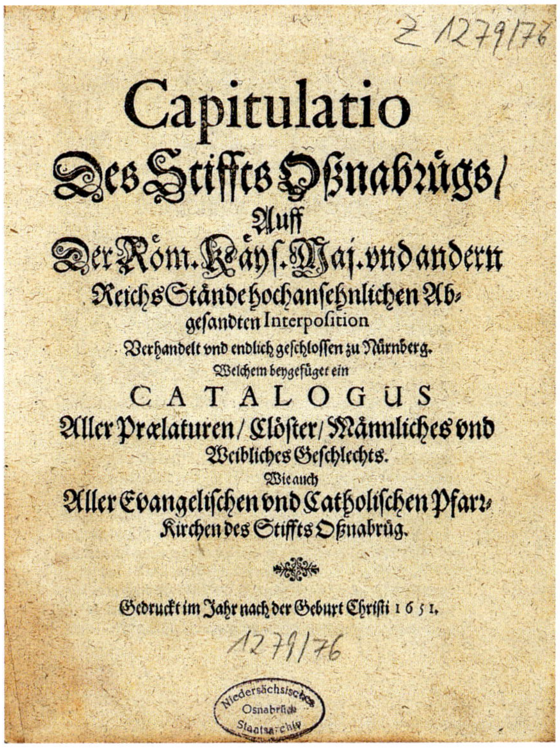

Capitulatio
Des Stiffts Oßnabrügs/
Auff
Der Röm. Käyſ. Maj. vnd andern
Reichs-Stände hochanſehnlichen Abgeſandten Interpoſition
Verhandelt vnd endlich geſchloſſen zu Nürnberg.
Welchem beygefüget ein
CATALOGUS
Aller Prælaturen/ Clöſter/ Männliches vnd
Weibliches Geſchlechts.
Wie auch
Aller Evangeliſchen vnd Catholiſchen Pfarr-
Kirchen des Stiffts Oßnabrüg.
Gedruckt im Jahr nach der Geburt Chriſti 1651.

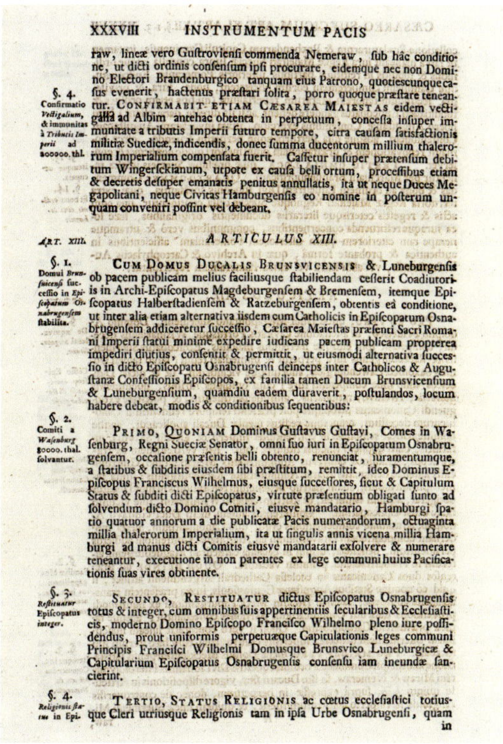

XXXVIII INSTRUMENTUM PACIS

raw, lineæ vero Guſtrovienſi commenda Nemeraw, ſub hâc conditione, ut dicti ordinis conſenſum ipſi procurare, eidemque nec non Domino Electori Brandenburgico tanquam eius Patrono, quotiescunque caſus evenerit, hactenus præſtari ſolita, porro quoque præſtare teneantur.

§. 4. Confirmatio Vectigalium, & immunitas à Tributis Imperii ad 200000. thl. CONFIRMABIT ETIAM CÆSAREA MAIESTAS eidem vectigalia ad Albim antehac obtenta in perpetuum, conceſſa inſuper immunitate a tributis Imperii futuro tempore, citra cauſam ſatisfactionis militiæ Suedicæ, indicendis, donec ſumma ducentorum millium thalerorum Imperialium compenſata fuerit. Caſſetur inſuper prætenſum debitum Wingerſckianum, utpote ex cauſa belli ortum, proceſſibus etiam & decretis deſuper emanatis penitus annullatis, ita ut neque Duces Megapolitani, neque Civitas Hamburgenſis eo nomine in poſterum unquam conveniri poſſint vel debeant.

ART. XIII. ARTICULUS XIII.

§. 1. Domui Brunſuicenſi ſucceſſio in Epiſcopatum Osnabrugenſem ſtabilita. CUM DOMUS DUCALIS BRUNSVICENSIS & Luneburgenſis ob pacem publicam melius faciliusque ſtabiliendam ceſſerit Coadiutoris in Archi-Epiſcopatus Magdeburgenſem & Bremenſem, itemque Epiſcopatus Halberſtadienſem & Ratzeburgenſem, obtentis eâ conditione, ut inter alia etiam alternativa iisdem cum Catholicis in Epiſcopatum Osnabrugenſem addiceretur ſucceſſio, Cæſarea Maieſtas præſenti Sacri Romani Imperii ſtatui minime expedire iudicans pacem publicam propterea impediri diutius, conſentit & permittit, ut eiusmodi alternativa ſucceſſio in dicto Epiſcopatu Osnabrugenſi deinceps inter Catholicos & Auguſtanæ Confeſſionis Epiſcopos, ex familia tamen Ducum Brunsvicenſium & Luneburgenſium, quamdiu eadem duraverit, poſtulandos, locum habere debeat, modis & conditionibus ſequentibus:

§. 2. Comiti a Waſenburg 80000. thal. ſolvantur. PRIMO, QUONIAM Dominus Guſtavus Guſtavi, Comes in Waſenburg, Regni Sueciæ Senator, omni ſuo iuri in Epiſcopatum Osnabrugenſem, occaſione præſentis belli obtento, renunciat, iuramentumque, a ſtatibus & ſubditis eiusdem ſibi præſtitum, remittit, ideo Dominus Epiſcopus Franciscus Wilhelmus, eiusque ſucceſſores, ſicut & Capitulum Status & ſubditi dicti Epiſcopatus, virtute præſentium obligati ſunto ad ſolvendum dicto Domino Comiti, eiusvè mandatario, Hamburgi ſpatio quatuor annorum a die publicatæ Pacis numerandorum, octuaginta millia thalerorum Imperialium, ita ut ſingulis annis vicena millia Hamburgi ad manus dicti Comitis eiusvè mandatarii exſolvere & numerare teneantur, executione in non parentes ex lege communi huius Pacificationis ſuas vires obtinente.

§. 3. Reſtituatur Epiſcopatus integer. SECUNDO, RESTITUATUR dictus Epiſcopatus Osnabrugenſis totus & integer, cum omnibus ſuis appertinentiis ſecularibus & Eccleſiaſticis, moderno Domino Epiſcopo Franciſco Wilhelmo pleno iure poſſidendus, prout uniformis perpetuæque Capitulationis leges communi Principis Franciſci Wilhelmi Domusque Brunsvico Luneburgicæ & Capitularium Epiſcopatus Osnabrugenſis conſenſu iam ineundæ ſancierint.

§. 4. Religionis ſtatus in Epi- TERTIO, STATUS RELIGIONIS ac cœtus eccleſiaſtici totiusque Cleri utriusque Religionis tam in ipſa Urbe Osnabrugenſi, quam in

Titelblatt der Capitulatio perpetua, NdS StAOS

Der Artikel 13 des Osnabrücker Friedensvertrags (Instrumentum Pacis Osnabrugensis) regelt die zukünftigen Herrschaftsverhältnisse im Fürstbistum Osnabrück.

Art. XIII (Auszug)

1. Da das herzogliche Haus Braunschweig-Lüneburg zur besseren und leichteren Festigung des allgemeinen Friedens auf die Koadjutorien in den Erzbistümern Magdeburg und Bremen und ebenso den Bistümern Halberstadt und Ratzeburg unter der Bedingung verzichtet hat, dass ihm unter anderem auch die alternierende Nachfolge mit den Katholiken aus dem Bistum Osnabrück zugesprochen wird, stimmt die Kaiserliche Majestät zu und gestattet, um in Anbetracht des gegenwärtigen Zustandes des Heiligen Römischen Reiches den allgemeinen Frieden nicht länger zu hindern, dass eine solche alternierende Sukzession im genannten Bistum Osnabrück künftig zwischen katholischen und Bischöfen der Augsburgischen Konfession aus der Familie der Herzöge von Braunschweig und Lüneburg, solange dieselbe besteht, nach folgenden Bedingungen statthaben soll.

NdS StAOS, Bibliothek

Der Sonderweg

Die Regionalbischöfin, Landessuperintendentin genannt und die erste Frau der Hannoverschen Landeskirche in diesem Amt, Doris Janssen-Reschke, ist „mit Lust und Liebe evangelisch“. Sie leitet den Sprengel Osnabrück, mit Osnabrück als der drittgrößten Stadt in Niedersachsen und der zweitgrößten in der Hannoverschen Landeskirche. Sie betreut somit sechs Kirchenkreise, die zusammen mit ihren 118 Kirchengemeinden den Sprengel Osnabrück bilden, einen von acht Sprengeln der Evangelisch-Lutherischen Landeskirche Hannover. Ein „Sprengel“ ist die Bezeichnung für einen Kirchenbezirk. Früher war es das Gebiet, in dem ein Bischof Weihwasser „aussprengte“. Es gibt in fast jedem Dorf zwei Kirchen, wir sind ja schließlich im Osnabrücker Land! Zu Zeiten des Westfälischen Friedens, Mitte des 17. Jahrhunderts, bekamen die Bürger von Osnabrück und dem umliegenden Osnabrücker Land so etwas Ähnliches wie ein eigenes Grundgesetz, eine Verfassung, die weit über die Vorrechte und Sicherheiten des Westfälischen Friedensvertrags hinausging. Es sollte für die Gläubigen der Kompromiss siegen, und zwar dauerhaft. Denn in Osnabrück wechselte sich bis ins 19. Jahrhundert der katholische mit dem evangelischen Fürstbischof in der Herrschaft ab. Eine ausgesprochene Kuriosität der Kirchen-, Herrschafts- und Friedensgeschichte. Es gab einen stetigen Wechsel der Landesregierung zwischen einem katholischen Fürstbischof nach Wahl des Domkapitels und einem evangelischen aus dem Hause Braunschweig-Lüneburg. So hatte man nicht nur das Verhältnis zwischen den Landständen und der wechselnden Landesherrschaft zu regeln, sondern auch, oder vor allem, das Verhältnis der Konfessionen in einem, ab Datum des Friedensvertrags, mehrkonfessionellen Staat. Die Rechte und Privilegien der Katholiken wie der Protestanten sollten unverletzt bleiben.

1624 galt als das so genannte Normaljahr, als konfessionspolitisches Grenzjahr. Es waren 53 Pfarrstellen in 28 Orten, die den Katholiken und 17 Orten, die den Evangelischen gegeben wurden, zu besetzen. In manchen Pfarrkirchen sollten beide Religionen gemeinsam wirken oder die Evangelischen bekamen die alte Kirche und die Katholiken das Recht, eine neue Kirche zu bauen – oder umgekehrt. Das war nicht immer einfach. Auch der geistliche Besitz musste verteilt werden. Da richtete man sich ebenfalls nach dem 1. Januar 1624. Was zu diesem Zeitpunkt in protestantischer Hand war, blieb in protestantischer Hand und *vice versa.* Diese Entscheidungen trieben des Öfteren seltsame Blüten. So stellte man sich die Frage, ob eine Kirchengemeinde nur Anspruch auf eine neue Orgel hatte, wenn diese nachweis-

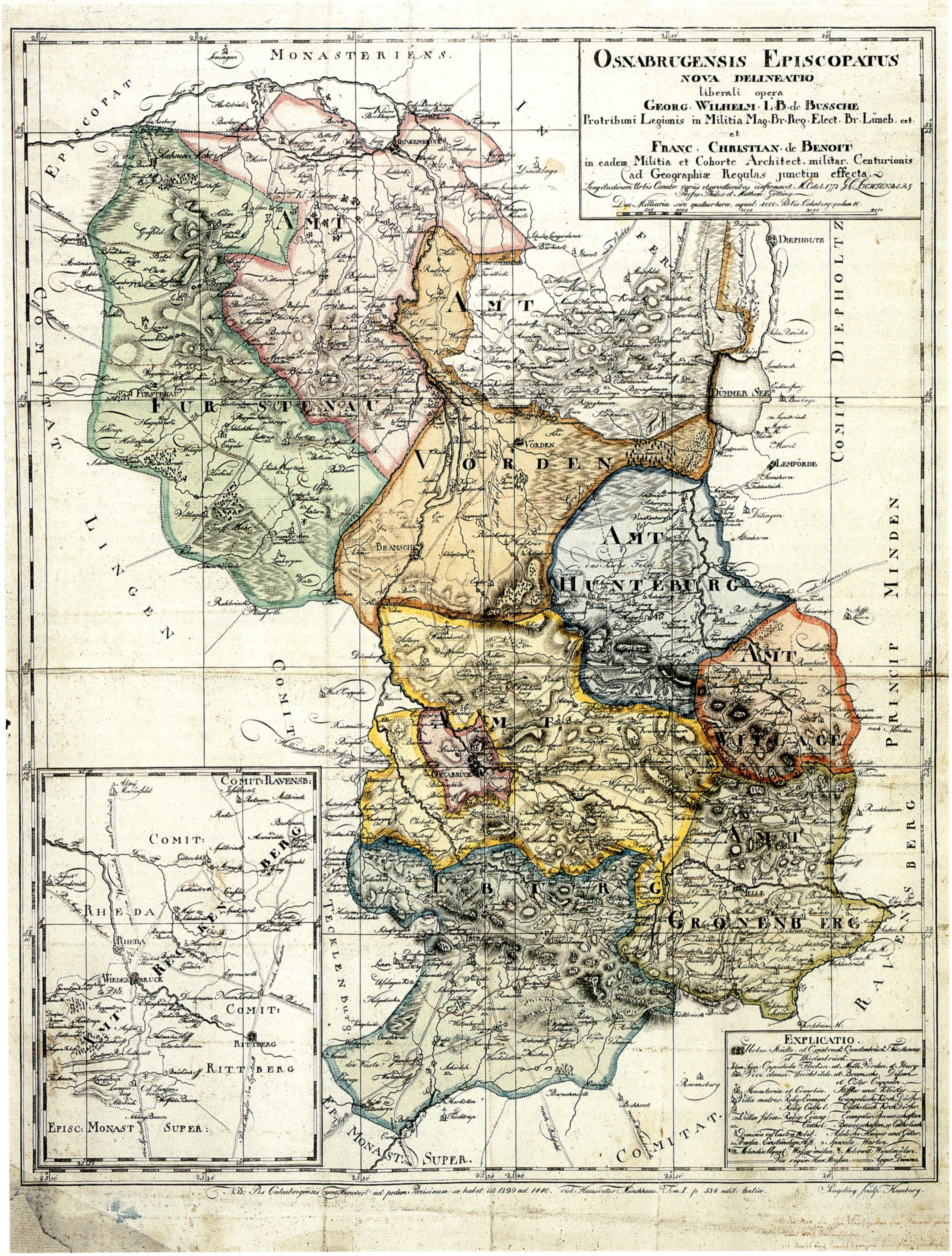

OSNABRUGENSIS EPISCOPATUS
NOVA DELINEATIO
liberali opera
GEORG · WILHELM · L · B · de BUSSCHE
Protribuni Legionis in Militia Mag · Br · Reg · Elect · Br · Lüneb · cet ·
et
FRANC · CHRISTIAN · de BENOIT
in eadem Militia et Cohorte Architect. militar. Centurionis
ad Geographiæ Regulas junctim effecta.
Longitudinem Urbis Osnabr: variis observationibus confirmavit M. Octob. 1771 G. C. Lichtenberg
Profes. Philos: et Mathem. Götting.
Duo Milliaria sive quatuor horæ, aequal: 4000 Pertic. Calenberg: pedum 16.
MONASTERIENS.
EPISCOPAT
COMITAT LINGEN
AMT FURSTENAU
AMT VORDEN
AMT HUNTEBURG
AMT WITTLAGE
AMT IBURG
AMT GRONENBERG
DIEPHOLTZ
COMIT DIEPHOLTZ
DÜMMER SEE
LEMFÖRDE
PRINCIP MINDEN
RAVENSBERG
COMITAT.
TECKLENBURG
EP. MONAST. SUPER.
OSNABRÜCK
BRAMSCHE
VÖRDEN
QUAKENBRÜCK
FURSTENAU
MELLE
COMIT: RAVENSB:
COMIT: RHEDA
AMT RECKENBERG
RHEDA
WIEDENBRUCK
COMIT: RITTBERG
RITTBERG
EPISC: MONAST SUPER:
EXPLICATIO

bar 1624 bereits verstimmt gewesen war, oder ob ein Marienbild an einer Fassade erneuert werden durfte, wenn es aktenkundig bereits zu dem genannten Zeitpunkt verblichen war.

Pragmatismus war angesagt. Nur so konnte man die auseinander klaffenden Ansprüche der Konfessionen lösen. So dachten, nicht zu Unrecht, die Protagonisten. Aber wie „lebte" sich dieser Pragmatismus? Eine Frage an die mit dem Landstrich und ihren Eigenheiten zutiefst verbundene Landessuperintendentin, Doris Janssen-Reschke: War das Ganze nur eine Vision der Friedensmacher oder glauben Sie, dass freie Menschen die Verantwortung für das Zusammenleben unterschiedlicher Religionen und das Praktizieren der Toleranz auch als Chance nutzen könnten?

Unsere Region hat eine reiche und wechselvolle Geschichte, die bis heute lebendig ist – in vielen unserer Dörfer finden wir zwei und manchmal sogar noch mehr Kirchen. Sie ist durch das frühere Gegeneinander und das heutige Miteinander der Konfessionen geprägt. Der verheerende Dreißigjährige Krieg bestätigte der gebeutelten Bevölkerung, dass religiöser Fanatismus keinem etwas bringt. Niemand hatte gewonnen, alle hatten verloren. So wurde 1648 versucht, die Verhältnisse aus dem Jahre 1624, dem so genannten Normaljahr, wiederherzustellen. Das gelang. Selbstverständlich war es nicht immer einfach. Es gab Orte um Osnabrück mit einer protestantischen Mehrheit, die 100 Jahre unter der Tatsache seufzten, dass die Kirche plötzlich katholisch wurde oder umgekehrt. Beide Seiten haben gelitten. Pragmatismus tut manchmal weh. Aber es gab keine andere Lösung. Irgendwo mussten Kompromisse geschlossen werden. Machen wir uns nichts vor, es gab auf beiden Seiten, für und gegen die Reformation, auch Fanatiker und Querulanten. Sie sorgten für Unruhe. Aber letztendlich hat die Toleranz gesiegt, wenn auch die Menschen in den Dörfern, mal rein katholisch, mal rein protestantisch, mal gemischt auf Distanz gelebt haben. Der Osnabrücker Weg konnte funktionieren, weil es sich hier auch um einen relativ überschaubaren kleinen Raum handelte. Die Leute lernten sich kennen und achten, nicht unbedingt der Religion wegen, sondern als Nachbarn oder Bürger der gleichen Stadt oder des gleichen Dorfes. Wem gehörten welche Ländereien, wer hatte politischen Einfluss? In christlich geprägten Ländern funktioniert dieses Miteinander ohnehin besser, weil die Christen gelernt haben, dass wir vom Ansatz her eine Friedensreligion sind. Versöhnung und Nächstenliebe sollten an erster Stelle stehen. Sowohl ein Protestant als auch ein Katholik macht sich unglaubwürdig, wenn er dieses Prinzip nicht lebt.

Der Protest Luthers: „Du bist vor deinem Gott selbst verantwortlich. Das nimmt dir kein Papst und kein Kaiser ab", war damals in aller Munde. Jeder Einzelne sollte selbst entscheiden können, was er religiös und moralisch für richtig hielt. Der Protestantismus predigte, dass jeder Einzelne sich mit Gott auseinander zu setzen habe und dafür nicht mehr der Vermittlung, wie es die Katholiken weiterhin für richtig hielten, durch die Kirche bedürfe. Das Individuum sollte nicht mehr nur eingebunden sein in eine vorgegebene „gottgewollte" Ordnung. Religionskriege waren somit vorprogrammiert. Ab 1648 schritt die Säkularisierung voran, die Verweltlichung der Politik in Deutschland und in Europa. Die Friedensverträge definierten und garantierten die Rechte der Kirchen und Konfessionsgemeinschaften. Heute, im 21. Jahrhundert, sind wir leider fast täglich wieder mit den schrecklichen Folgen der Verquickung politischer und religiöser Konflikte konfrontiert. Denken wir nur an den Balkan, an Nordirland, an den Nahen und Mittleren Osten.

Für Gewalt und Krieg gibt es ganz andere, meist nicht-religiöse Ursachen. Es hat hauptsächlich mit der Unterdrückung, mit einer Nichtachtung der Minderheiten zu tun, mit einem Stück Freiheitsberaubung. Das gibt es immer noch und immer wieder. Aber das sind, meines Erachtens, keine Religionskriege. In Irland herrscht kein Religionskrieg. Auch die Balkankriege waren keine Religionskriege, wenn auch die Weltöffentlichkeit dies manchmal so wahrgenommen hat.

Tatsächlich wurden ja in Bosnien verheerende Angriffe auf Moscheen sowie auf orthodoxe und katholische Kirchen verübt. Es kämpften drei ethnische Volksgruppen gegeneinander, die verschiedenen Religionsgemeinschaften angehörten. Die Religion hatte nur Alibifunktion und durch die Zerstörung einer Kirche konnte am leichtesten und symbolkräftigsten klargemacht werden, dass eine bestimmte ethnische Gruppe nicht mehr willkommen sei. Die Religion wurde nur eingesetzt, um die nationale Identität zu verstärken.

Linke Seite:
Generalkarte des Fürstbistums Osnabrück mit Kennzeichnung der Konfessionen.
Nds StAOS K 104 Nr. 12 H

Ja, auch in der Ex-DDR hatte der Widerstand nichts mit Religion zu tun. Die Kirchen stellten nur die Freiräume. Kaum waren normale Verhältnisse eingetreten, ging auch die Religiosität sehr zurück.

Das Jahr 1648 war tatsächlich nicht nur entscheidend für die Osnabrücker Region, sondern auch für Europa. Die „Friedensreiter" stellten nach der blutigen Geschichte der Religionskriege den Staat über die Religion. Die Französische Revolution ging noch etwas weiter und erklärte das Religiöse für privat. Sollte sich die Religion aus friedenspolitischen Gründen dem Staat unterordnen und eine völlig private Angelegenheit bleiben?

Der Staat sollte sich tatsächlich sehr zurückhalten. Wenn die Religion das gesellschaftliche Leben, die Gemeinschaft nicht stört, nicht auseinander dividiert, dann kann sich der Staat auch gelassen zurücklehnen. Seitens der Religion oder der Konfession besteht natürlich immer ein heimlicher Wunsch, den Staat mitzuprägen, analog zu unserem eigenen Weltverständnis oder zum eigenen Glaubensverständnis. Es ist schon die Frage, haben die religiösen Gemeinschaften das Recht, Einfluss zu nehmen auf den Staat? Ich glaube, ja. Denken wir an die Kopftuchgeschichte. Das ist eine äußerst komplizierte Angelegenheit. Wären die religiösen Gemeinschaften oder die Glaubensgemeinschaften hier zu Lande selbstbewusster, gelassener, dann brauchten die christlichen Grundlagen unseres Staates wegen dieser Angelegenheit nicht ins Wanken zu geraten. Aber die Angst, fremde Bekenntnisse könnten uns überrollen, sitzt tief. Als ob, wenn hier und da eine Muslimin ihren Glauben sichtbar zeigt, unsere Verfassung in Gefahr ist. Sofort stellt man die Frage, wenn das Kopftuch verboten wird, ob wir dann unsere Kreuze nicht tragen dürfen oder unsere Klosterschwestern das Nonnengewand ablegen müssen. Mit einem gesunden Selbstbewusstsein kann man über alles reden. Dann ist das Problem erledigt. Selbstverständlich kann ich nur tolerant sein, wenn ich meine eigene Basis gut kenne. Aggressionen und Kämpfe gegen andere Religionen finden oft ihren Ursprung in der eigenen Unsicherheit und im tiefen Misstrauen gegenüber dem, was nicht mein Eigenes ist. Das macht Angst. Der Islam macht uns Angst. Deshalb neigen wir oft zu Überreaktionen und letztendlich manchmal zu Gewalt.

Wappen an der Tür zur Schatzkammer im Rathaus

Trotz allem, nach dem Westfälischen Frieden gab es keine unbegrenzte religiöse Toleranz. *Cuius regio – eius religio* – „wessen Land – dessen Glaube" war die Aussage. Denken wir an die heutigen Zuwanderer aus aller Herren Länder: was ist erstrebenswert, und ist das Bekenntnis zu irgendeiner Religion eine Voraussetzung für die Integration?

In den deutschen Gesellschaftsschichten herrscht inzwischen weitgehend Übereinstimmung. Die Leute fragen nicht mehr, welcher Religion man angehört. Schwierig ist es mit den fremden Religionen, und ich wiederhole, weil sie uns Angst machen und weil unsere Gesellschaft inzwischen säkularisiert ist. Die Verunsicherung ist groß. Zusätzlich treibt uns der Islam ein Stück dazu, auch noch einmal über uns selbst nachzudenken. Denn, was bedeutet vielen letztendlich eigentlich noch Religion?

Heute leben in Osnabrück ein Drittel Protestanten, ein Drittel Katholiken, aber ein Drittel der Bürger sind aus der Kirche ausgetreten. Das gilt für weite Bereiche Deutschlands. Viele fragen sich, was hat uns die Religion gebracht? Die Bürger der gesamten Ex-DDR lebten 40 Jahre, das sind fast zwei Generationen, ohne religiöse Prägung oder Sozialisation. Aus christlicher Sicht ist diese Region heute fast als Missionsland zu betrachten, wenn man so will ... Es gibt inzwischen bereits seit Jahren immer mehr Moscheen in unserem Land. Ich habe mit großer Freude die Moscheen in Osnabrück besucht. Wir sind zwar unterschiedlich, aber wir wollen doch voneinander lernen und vor allen Dingen friedlich miteinander leben. Die Muslime berühren nicht meine Identität und ich auch nicht ihre. Erst wenn zu große Ängste sich breit machen, wird es kompliziert. Ich halte nichts von Gleichmacherei. Vergessen wir nicht, der radikale Islam ist doch auch eine Antwort auf die radikale Gleichgültigkeit und Unterdrückung der Besitzenden gegenüber den anderen, eine Antwort auf das Ausbeuten der Öl besitzenden Staaten.

Die Extremisten haben ihre Antwort im Religiösen gefunden. Sie haben nur die Religion. Einem Besitzlosen, Gedemütigten das Versprechen zu geben, er bekommt einen Platz bei Allah im Himmel, ist für einen Selbstmordattentäter höchst motivierend. Trotz allem geht es meines Erachtens nicht um Religion. Es liegt, aus meiner Sicht, zu einem großen Teil an der westlichen oder amerikanischen Gleichgültigkeit. Hinzu kommt, dass der Islam keine Aufklärung gekannt hat. Das Christentum hat durch die Aufklärung gelernt,

Die evangelische Kirche St. Marien

dass man auch immer mit Vernunft Maß nehmen sollte. Dafür kann bereits der Westfälische Frieden ein Musterbeispiel sein. Wie bekommen wir die religiösen Gefühle so in den Griff, dass wir in Europa alle zusammen miteinander leben können? Da ist Vernunft die conditio sine qua non.

Damals, nach dem Inkrafttreten des Westfälischen Friedens, wirkte sich der Wechsel in der Regierung des Landes zwischen katholischen und evangelischen Fürstbischöfen segensreich für die Bevölkerung aus, für ihre Wirtschaft und ihre Kultur. Historiker behaupten, dass die Wettbewerbssituation verstärkte Anstrengungen beider Seiten um das Wohl des Staates und die personellen Besetzungen bewirkte. Gibt es, vielleicht aus der Geschichte heraus, nach wie vor eine Konkurrenzsituation zwischen den Religionen hier im Osnabrücker Raum? Sind die Religionsgemeinschaften überhaupt in unserer Zeit noch sichtbar?

Als ich vor mehr als fünf Jahren nach Osnabrück kam, wurde mir, zwar im Scherz, gesagt: „Der Kuchen ist vom katholischen Bäcker", aber dass überhaupt jemand weiß oder erwähnt, dass der Bäcker katholisch ist, scheint mir nach wie vor typisch für das Osnabrücker Land. Hier achtet man darauf. Man will wissen, wer gehört zu wem. In Hannover wäre das z. B. völlig unwichtig. Auch im gesellschaftlichen Leben legt man hier, mehr als sonstwo in der Bundesrepublik oder in anderen Regionen, großen Wert auf Ausgeglichenheit. Beide Kirchen werden immer gleichberechtigt eingeladen und wetteifern miteinander. Auch die Presse zeigt noch reges Interesse am kirchlichen Geschehen und achtet auf Balance. Die Kirche spielt hier noch eine gewisse Rolle. Wenn ich als Landessuperintendentin der Hannoverschen Landeskirche in Osnabrück einlade, dann achte ich darauf, dass auch die katholischen Würdenträger zu mir kommen und erwarte aber auch eine Gegeneinladung – sei es z. B. zum Jahresempfang beim Bischof –, nicht um meinetwillen, sondern um der Repräsentanz der Evangelischen willen. Es wird sehr genau hingeschaut und es gibt hier tatsächlich immerzu noch richtig Konkurrenz. So haben die Katholiken, der Tradition und ihrer Geschichte getreu, eine ganze Menge gute, renommierte Schulen. Wir dagegen versuchen nach wie vor, die öffentlichen Schulen zu stärken. Inzwischen wollen aber Mitglieder unserer Gemeinden – ein wenig gegen unsere Prinzipien –, dass wir ebenfalls Schulen gründen. Sonst wandern alle Kinder in die katholischen Schulen, die aber ohnehin nur ein gewisses Kontingent für Nichtkatholiken anbieten dürfen. Wollen wir uns jetzt dieser Konkurrenz stellen? Das ist im Augenblick eine Frage. Selbstverständlich blieben da und bleiben auch heute noch bestimmte Konflikte nicht aus. Die beiden Religionsgemeinschaften haben in Osnabrück deshalb immer wieder zu einer enormen Geschlossenheit in den beiden Konfessionen gefunden. Es ist bis heute eine Art Bekennertum gewachsen. Das Umland ist mehr katholisch geprägt, die Stadt wohl doch mehr evangelisch. Der Katholizismus hier ist vielleicht ein bisschen weniger liberal als anderswo. Obendrein sind durch die dauernde Konkurrenz- und Wettbewerbssituation die Gläubigen ohnehin aktiver als anderswo. Die Gottesdienste sind unterschiedlich: unsere evangelischen sind schlicht, ohne großes Zeremoniell. Wir müssen immer alles selbst mitbedenken können, und das ist manchmal anstrengend. Bei meiner Einführung wollte ich beim Einzug in die Marienkirche auf ein Gefolge im feierlichen Talar verzichten, hatte aber völlig übersehen, dass meine Kollegen und Mitarbeiter und vor allem die evangelischen Gläubigen hier in der Stadt auch mal als protestantische Kirche sichtbar sein wollten. Als ich bei einer Veranstaltung nebenbei sagte: „Ich bin mit Lust und Liebe evangelisch", war das eine Pressemeldung wert. Die Protestanten haben immer leichte Minderwertigkeitskomplexe. Sie fühlen sich seit der Reformation ein wenig mitschuldig, dass die Kirche gespalten ist. Luther wollte ja letztendlich „nur" reformieren, aber dann kam es zu diesem Bruch. Doch ich denke, inzwischen ist alles halb so wild. Wettbewerb hin oder her, wir müssen und wollen gut miteinander auskommen. Das war und ist nach wie vor das Wichtigste.

Gibt es überhaupt in der heutigen Zeit in den gesellschaftspolitischen Fragen noch einen Unterschied zwischen Katholiken und Protestanten? Der Einfluss beider Religionen auf das soziale Leben ist doch unverkennbar und zahlreiche positive Impulse stammen weltweit aus dem religiösen Bereich. Die katholische Soziallehre hat eine Menge Impulse gegeben, die sich z. B. in der sozialen Marktwirtschaft niedergeschlagen haben. Dafür gab es aus ihren Reihen Anregungen für einen behutsamen Umgang mit der Natur. Die Ökumene tritt doch nicht auf der Stelle.

Das ist im Wesentlichen richtig. Bei manchen Fragen braucht man eigentlich keinen Kontakt miteinander aufzunehmen. Da sind katholische und evangelische Kirche sich ohnehin einig. Das Sozialpapier der Katho-

liken und Protestanten ist gemeinsam erarbeitet worden. Wir sind in der Beurteilung der sozialen Situation einer Meinung. Das ist gar keine Frage. Von daher ist die Ökumene einen ganzen Schritt weiter. In den gesellschaftspolitischen Fragen gibt es tatsächlich keine großen Unterschiede mehr. Die einzigen ökumenischen Störungen ergeben sich aus den reinen Lehrfragen. Das Kirchenverständnis ist nach wie vor unterschiedlich bei beiden Konfessionen. Luther, da sind wir wieder beim Ansatz der Reformation, wollte etwas verändern. Die katholische Kirche blieb an den Papst und sein Selbstverständnis gebunden. Wir Evangelischen predigen die herrliche Freiheit der Kinder Gottes. Wir wollen und müssen nachfragen und wollen vor allem über Inhalte ins Gespräch kommen. Das ist den Protestanten angeboren.

Bei großen, hierarchisch gegliederten Institutionen ist das aber natürlich schwierig. Wenn ich zum Beispiel sage: „Unsere Kirche sieht das so", dann sagt mir die Hälfte meiner Gläubigen: „Du siehst das so, aber ich sehe das noch lange nicht so." In der katholischen Kirche wird dem Bischof nicht so offen widersprochen und so unterschiedlich schlagen dann auch die Herzen hier in Osnabrück. Aber trotzdem fragen wir uns immer wieder, wie kommen wir in der Zukunft noch besser miteinander klar, wir Katholiken und Protestanten.

Wichtig ist: Hier leben lutherische und reformierte evangelische und katholische Christen zusammen und interessieren sich füreinander, auch für das, was anders oder besonders bei den anderen ist. Das reiche ökumenische Leben in den Kirchengemeinden wirkt sich auf die ganze Gesellschaft aus. Wir feiern zusammen und bringen uns entschlossen als Kirchen in die gesellschaftlichen, politischen und wirtschaftlichen Fragen ein. Wir versuchen auch längst sehr viel entschiedener das Gemeinsame deutlich zu machen. Aber das ist vielleicht ähnlich wie bei Familien, im Prinzip sind sie alle gleich, aber weil unterschiedliche Menschen dazugehören, die jeweils in anderen Zeiten entstanden sind, haben sie oft andere Traditionen und Bräuche, besondere Gewohnheiten und spezielle Interessen und Begabungen. In jeder Kirchengemeinschaft ist etwas aufbewahrt von der Zeit, in der sie entstanden ist. In jeder Glaubensgemeinschaft sind bestimmte Aspekte des Glaubenslebens besonders wichtig und wir möchten den ganzen Reichtum der biblischen Quellen und das, was sie in Menschen ausgelöst haben, bewahren.

Manche Leute fragen, warum es überhaupt so viele unterschiedliche Kirchen geben muss. Glauben wir nicht alle an denselben Gott? Die Ökumene, sie ist auch im Alltag hier im Osnabrücker Land vorangeschritten. Man sieht es an den Ortsschildern. Heute stehen am Ortseingang beide Kirchen auf einem Schild angezeigt. Früher hatten beide ein eigenes – winzige Schritte, das ist Ökumene. Neulich habe ich auf einer katholischen Veranstaltung auf Bitte des Pastors eine Neujahrsrede gehalten. Das hat es noch nie gegeben. Aber warum auch nicht? Und was sagen unsere Gemeinden? „Vor Ort sind wir im Miteinander schon viel weiter, als die Kirchenleitungen wahr haben wollen!" Ökumene? Ja, das ist es.

Die Diplomaten und Politiker, die in Osnabrück und Münster um den Frieden rangen, waren keine Idealisten und Träumer. Sie hatten aber erkannt, dass es einen Weg zur Verständigung zwischen den Staaten und den Konfessionen geben könnte. Deutschland und Europa sollten nach so viel Leid nicht restlos in Grund und Boden versinken. Hier in Osnabrück leben jetzt seit über 350 Jahren beide Konfessionen, von der Vernunft geprägt, friedlich nebeneinander. Sie sind stolz auf Ihre „Kirche zum Anfassen"?

Sie ist einfach nicht zu übersehen, ist ein Anziehungspunkt für Menschen aus aller Welt und auch aus der Geschichte ein konkurrenzloses Pendant zum katholischen Dom vis-a-vis: In Osnabrücks St. Marienkirche am Markt ist jeder willkommen, und das seit Jahrhunderten. Die gotische Hallenkirche aus dem 13. Jahrhundert, längst mit modernem Touch diskret ausgestattet, ist stolz darauf, eine Bürgerkirche zu sein. Der Tanz-Weltmeister Michael Hull hat sich in St. Marien trauen lassen, Tennis-Star Michael Stich wurde dort für sein Engagement für HIV-erkrankte Kinder ausgezeichnet, auf Podien führen Politiker, Wissenschaftler, Handwerker und Theologen vor dem Altar heiße Diskussionen. In der gotischen Hallenkirche tanzten die Irrwische, sangen russische Chöre oder stieg die NDR-Studioleiterin als erste Frau ohne kirchliches Amt frank und frei auf die Kanzel und predigte über die Liebe. Das sind Beweise für den Slogan, den sich die Stadtkirchengemeinde auf ihre Fahnen geschrieben hat: Eine „Offene Kirche" sein zu wollen nicht nur bei den großen Feierlichkeiten um den Westfälischen Frieden, als sogar gekrönte Häupter aus ganz Europa hier Platz nahmen, in der eine Ausstellung über Luthers Gemahlin, Katharina von Bora, mit der kessen Rezitation einer Schauspielerin eröffnet wurde und in der Kinder herumtollen und nach Herzenslust auf Entdeckungstour gehen dürfen! „Eine Kirche zum Anfassen", das will St. Marien sein. 2000 Jungen und Mädchen,

Kreuz im Chor der Marienkirche

Rechte Seite:
St. Marien, Mittelschiff mit Blick zum Chor und Altar

vielleicht mehr, haben die Hallenkirche bisher auf fast abenteuerliche Art und Weise schon entdeckt. Nicht ohne System, nicht ohne Führung, aber mit ungeheurem Spaß und nach einem ausgearbeiteten kirchenpädagogischen Konzept.

Haben Sie es als Frau schwerer im Dschungel der Hierarchie?

Für Frauen ist es hier ein wenig schwierig. Ich halte es für einen Fehler meiner Kirche, mich hierher geschickt zu haben. Osnabrück und das Osnabrücker Land sind eine sehr traditionelle und männlich geprägte Region. In den katholisch dominierten Kreisen werden Traditionen noch sehr hoch gehalten. Eine Katholikin schrieb mir enthusiastisch: „Endlich mal eine Frau in so einem kirchlichen Amt!" Das kennt man hier nicht. Vieles in Osnabrück lebt auch vom männlichen Lobbyismus, von den Rotariern oder ähnlichen Zusammenschlüssen. Hier gibt es den größten Stammtisch Deutschlands, „Die Osnabrücker Mahlzeit", und da sind nach wie vor keine Frauen zugelassen. Ich werde natürlich zu anderen offiziellen Empfängen eingeladen, gehe auch hin, aber Männer verbrüdern sich nicht ganz so schnell mit einer Frau. Von den Informationsflüssen bin ich oft ausgeschlossen. Die Machtstrukturen sind männlich geprägt, wenn auch eine ganze Reihe Frauen es zu etwas gebracht hat. Man ist auch stolz auf sie. Aber ist die rechtliche Anerkennung erst einmal klar, gestaltet sich der zweite Schritt recht schwierig ... Das hat hier in Osnabrück mit dem katholischen Einfluss auf das gesellschaftliche Leben zu tun. Dieser Einfluss ist ausgeprägter. Es ist komplizierter, nicht abwertend. Mein Vorgänger war männlich und hatte vielleicht einfacher Zugang, zu allem.

Und die Religion? Der Protestantismus, der Katholizismus? Gibt es Ihres Erachtens ein *Revival?*

Nein, andere Religionen – oder nennen wir es Ersatzreligionen –, nicht die traditionellen Konfessionen, erleben Zulauf. Denken wir an die Esoterikwelle. Es gibt keine Systeme mehr. Es gibt Gurus, so genannte Lichtgestalten oder wie man sie auch nennen will. Man sucht nach neuen Erlösungs- und Heilswegen – weltweit. Denn es ist ein Urbedürfnis des Menschen, sich selbst über das Rationale hinaus zu finden. Aber die traditionellen Kirchen sind dieser Sehnsucht im Augenblick noch nicht recht gewachsen. Aber wir lernen. Die christliche Religion hat sicher nicht nur im Osnabrücker Land viele Chancen, die es auch in Zukunft zu nutzen gilt.

Frieden, ja, zwischen Menschen aller Couleur, zwischen allen Religionen. Wie die Landessuperintendentin bereits sagte: „In Osnabrück beginnt die Zeitrechnung eigentlich mit dem Westfälischen Frieden." Denn im Jahr 1648 wurde zum ersten Mal in der Geschichte ein Friedensschluss auf dem Verhandlungswege bewirkt und steht bis heute Modell für das staatliche Miteinander in Europa. Neben den Kirchen glauben auch die Osnabrücker Stadtväter, dass die historische Entwicklung seit 1648 auch vielen aktuell krisen- und kriegsgeschüttelten Regionen der Welt zeigt, dass wir Frieden nicht einfach ein für alle Mal beschließen können. Neue Impulse werden gebraucht. Für Osnabrück und seine Bürger soll Frieden, verbunden mit einer selbstverständlichen Toleranz, eine tägliche Aufgabe sein. Nicht umsonst haben die Stadtväter das Jubiläumsjahr von Anfang an nicht als rückwärts gewandtes Erinnerungsfest verstanden, sondern als Chance, einen Beitrag zur Förderung des Friedens zu leisten.

Rechte Seite:

Die evangelische Kirche St. Katharinen

Osnabrück und der Westfälische Frieden

Gerd Steinwascher

Kaum etwas hat die neuere und neueste Geschichte der Stadt Osnabrück und ihres Umlandes so geprägt wie die Entwicklung der konfessionellen Verhältnisse. Die Reformation, die 1543 in Osnabrück behutsam eingeführt wurde, veränderte nicht nur den Gottesdienst, sondern das alltägliche Leben der Menschen insgesamt. Die Reformation schuf nicht nur die protestantische Kirche, sondern zwang die Altgläubigen zu einer Reform ihrer Kirche, die auf der Grundlage der Beschlüsse des Konzils von Trient seit der zweiten Hälfte des 16. Jahrhunderts neu belebt wurde. Die ist allerdings nicht das Charakteristische der Osnabrücker Verhältnisse. Die Osnabrücker Besonderheit ergibt sich vielmehr daraus, dass in der Stadt beide Konfessionen, die lutherische wie die katholische, von Beginn an zusammen auskommen mussten.

Standbilder deutscher Kaiser an der Rathausfassade

Die wechselhafte Osnabrücker Reformationsgeschichte hatte in der zweiten Hälfte des 16. Jahrhunderts zum Ergebnis, dass die Stadt konfessionell geteilt war. Die große Mehrheit der Einwohner war lutherischen Glaubens, das Domkapitel, das Stift St. Johann und einige Klöster wie das der Dominikaner blieben dem Katholizismus treu. Entsprechend wurden die Kirchen St. Marien und St. Katharinen lutherische Kirchen, der Dom und St. Johann blieben katholisch. Bis zur Zuspitzung der konfessionellen Situation im Reich, die erheblich zum Ausbruch des Dreißigjährigen Krieges beitrug, herrschte in Osnabrück in der zweiten Hälfte des 16. Jahrhunderts ein konfessionelles Miteinander. Die meist lutherischen Administratoren, die ein noch religionspolitisch moderates Domkapitel wählten, versuchten ebenso wenig wie der katholische Bischof Johann von Hoya, die Verhältnisse zu ändern. Die Domschule war sogar eine bikonfessionelle Lateinschule. Noch 1595 ermahnte der neu ernannte lutherische Superintendent die lutherischen Pastoren, den religiösen Streit zu meiden. Im Umland war die Situation verworren. Die Pfarrer mussten sich nicht für eine Konfession entscheiden, ihr Gottesdienst war oft ein Kompromiss zwischen altem Glauben und neuer Lehre. Das Hochstift Osnabrück war konfessionelles Niemandsland.

Nun aber änderte sich die Situation. Das Domkapitel wurde von tridentinisch Gesinnten dominiert, der Rat der Stadt sah sich gezwungen, ein lutherisches Ratsgymnasium für die Bürgersöhne einzurichten. Die gegenseitige konfessionelle Duldung ging ihrem Ende entgegen, vor allem nach dem Tod des Administrators Philipp Sigismund von Braunschweig-Wolfenbüttel. Das Domkapitel wählte nun katholische Bischöfe, Jesuiten kamen in die Stadt. Bischof Franz Wilhelm von Wartenberg beendete dann 1628 die bikonfessionelle Situation in der Hasestadt. Die lutherischen Prediger wurden vertrieben, ihre Kirchen rekatholisiert, der Rat mit Katholiken besetzt. Die Eroberung Osnabrücks durch die Schweden im Jahre 1633 verhinderte, dass Osnabrück ein Zentrum des Katholizismus in Nordwestdeutschland mit einer Jesuitenuniversität wurde. Die Schweden stellten die alte Situation wieder her, aufgrund ihres Bündnisses mit dem katholischen Frankreich hielten sie sich aber mit Maßnahmen gegen die katholische Kirche zurück. In Osnabrück blieben Domkapitel und St. Johann katholische Kirchen, eingezogene und an schwedische Offiziere verschenkte Klöster wie die Abteien Iburg und Gertrudenberg wurden den Konventen zurückgegeben.

Es waren auch diese beiden verbündeten Kronen, Schweden und Frankreich, die dafür sorgten, dass der erste große europäische Friedenskongress in den Mauern zweier westfälischer Städte stattfinden konnte. Osnabrück trat ab 1643 in das helle Licht europäischer Geschichte. Hier und in Münster wurden die Grundlagen der europäischen Diplomatie gelegt, die langwierigen Auseinandersetzungen um die Modalitäten des Verhandelns wurden Vorbild für alle nachfolgenden Kongresse. Die 1641 im Präliminarfrieden von Hamburg anvisierten Friedensverhandlungen, an denen nur die am Krieg beteiligten Kronen, einige Reichsstände und neutrale Vermittler teilnehmen sollten, glichen praktisch einem Reichstag mit europäischer Beteiligung.

Osnabrück wurde von der schwedischen Gesandtschaft dominiert, zumal die dänische Vertretung, die vermitteln sollte, 1644 aufgrund eines schwedischen Angriffs auf ihr Land abreiste. Doch machte der bikonfessionelle Charakter der Stadt es auch den katholischen Gesandten leicht, in der Stadt Aufenthalt zu nehmen. Im Friedenssaal des Rathauses fanden ab 1645 direkte Verhandlungen der Reichsstände über die konfessionellen Probleme im Reich statt. Münster war sicherlich der Standort der prächtigsten Gesandtschaften; hier residierten die französischen und spanischen Gesandten, hier tagte das Kollegium der Kurfürsten. Osnabrück aber entwickelte sich mehr und mehr zu dem Verhandlungsort, wo häufiger direkt verhandelt wurde. 1647 wurden hier grundlegende Lösungen gefunden, hier wurden im August 1648 die Verträge in ihren endgültigen Formulierungen festgeschrieben.

Am 6. August 1648 kamen die Gesandten im schwedischen Quartier zusammen, um den Friedensvertrag von Kaiser und Reich mit Schweden ein letztes Mal zu beraten. Per Handschlag wurde seine Geltung bekräftigt. Auch der Vertrag mit Frankreich wurde in Osnabrück formuliert, musste aber noch vom Kaiser, dessen Gesandte nach Münster abgereist waren, bestätigt werden. Dies geschah in Münster, wo deshalb beide Verträge am 24. Oktober 1648 unterzeichnet wurden. Die Westfälischen Friedensverträge beendeten einen für viele deutsche und europäische Landschaften desaströsen Krieg, der im Gedächtnis der Völker blieb. Für die deutschen Lande aber war zudem wichtig, dass die Institutionen des Reiches wieder funktionsfähig wurden, das Ancien Regime bis zu seiner Auflösung im Jahre 1806 in seiner ganzen Vielfalt erhalten blieb. Die hier mit Mühe geschaffenen Anfänge föderaler Verfassungsstrukturen kennzeichnen die deutsche Geschichte bis heute, ja die Diskussion findet im Grunde bei der Suche nach einer Lösung für das sich zusammenschließende Europa eine Fortsetzung.

Grundlage für die Lösung von 1648 war der Religionsfrieden, den die Bestimmungen des Friedenswerkes garantierten. Die Gesandten fanden einen scheinbar einfachen Kompromiss: Sie legten ein Normaljahr fest, den 1. Januar 1624. So wie zu diesem Zeitpunkt die konfessionellen Verhältnisse im Reich gewesen waren, sollten sie nun wiederhergestellt werden. Neben der lutherischen wurde damit auch die reformierte Konfession anerkannt. Der Kongress schrieb auf diese Weise die konfessionelle Landkarte für das Reich fest. An ihr sollte sich nur noch wenig ändern. Diese Stabilität im Mutterland der Reformation, die die Kirche in Europa gespalten hatte, sorgte nun mit dafür, dass Europa von Religionskriegen verschont blieb.

Was bedeutete dies für Osnabrück? Die Stadt hatte angesichts der Erlebnisse mit Franz Wilhelm von Wartenberg versucht, sich vom Land abzukoppeln und Reichsstadt zu werden. Hiermit scheiterte sie auch bei vielen evangelischen Gesandten, die – absolutistisch regierende Fürstenhäuser vertretend – an zusätzlichen Reichsstädten kein Interesse haben konnten. Osnabrück musste sich also mit den beiden übrigen Landständen des Hochstifts Osnabrück, dem katholischen Domkapitel und der zumeist lutherischen Ritterschaft erneut arrangieren. Der Kongress hatte lange über das Hochstift Osnabrück gestritten, umso denkwürdiger war die Lösung, die man fand: Der Osnabrücker Bischofsstuhl sollte alternierend besetzt werden, auf einen Katholiken ein evangelischer Bischof aus dem hannoverschen Welfenhaus folgen. Dies war reichsweit ein Unikum, aber letztlich Garant für ein friedliches Nebeneinander der Konfessionen im Osnabrücker Land.

War man in der Stadt nach Beendigung des Kongresses, der in Nürnberg 1650 seinen endgültigen Abschluss fand, zunächst besorgt, so bemerkte man doch bald, wie günstig vor allem die konfessionelle Lösung war. Im Grunde wurden die Verhältnisse festgeschrieben, die sich nach der Reformation herausgebildet hatten. Die Türme von St. Marien und St. Katharinen standen und stehen noch heute für das lutherische Osnabrück, die des Domes und von St. Johann für das katholische Element der Stadt. Franz Wilhelm von Wartenberg konnte dies nicht mehr ändern, musste seine Residenz außerhalb der Stadt nehmen. Von der Iburg aus war er bemüht, wenigstens auf dem Land die katholische Kirche zu stärken. Dies ist ihm gelungen. Doch auch hier blieb es bei einem konfessionellen Nebeneinander, aus dem zwar kein Miteinander wurde, aber auch kein gewalttätiges Gegeneinander. Man stritt sich, aber man suchte auch den Vergleich. Grundlagen waren fortan der Westfälische Frieden und seine Ausführungsbestimmungen für das Osnabrücker Land, die 1650 in der so genannten Capitulatio perpetua geregelt waren.

Über 150 Jahre lang galt diese osnabrückische Verfassung. Kein Wunder, dass sie bis weit in das 20. Jahrhundert, ja bis heute ihre Spuren hinterlassen hat. Obwohl heute in allen Regionen Deutschlands die großen Konfessionen neben- und jetzt zunehmend auch miteinander leben, ja muslimische und auch wieder jüdische Gläubige ihre Religion ausüben können, sind die Ergebnisse des Westfälischen Friedens in Stadt und Landkreis Osnabrück für den, der genauer hinsieht, noch sehr gut nachvollziehbar. Konfessionelle Toleranz scheint heute selbstverständlich zu sein. Am Beispiel Osnabrück zeigt sich, wie früh sie entstehen konnte, aber auch, dass sie immer wieder neu erkämpft werden muss.

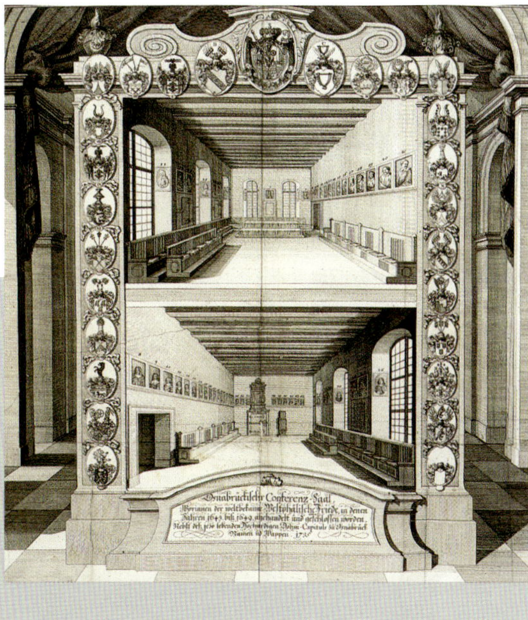

Der Osnabrücker Konferenz-Saal. Kupferstich aus Johann Gottfried von Meiern, Acta pacis Westphalicae publica, 4. Teil, 1735, Nds StAOS, Bibliothek

Die Deutsche Stiftung Friedensforschung in Osnabrück

Thomas Held

Ledenhof, Sitz der Deutschen Stiftung Friedensforschung

Als im Oktober 2000 die Deutsche Stiftung Friedensforschung (DSF) gegründet wurde, war die Entscheidung zu Gunsten Osnabrücks als Sitz der Stiftung bereits gefallen. Die Stadt konnte bei der Bewerbung nicht nur auf den historischen Friedensschluss von 1648 verweisen, der die Staatenordnung Europas über Jahrhunderte hinweg bis in die Gegenwart prägte, auch das Selbstverständnis als Friedensstadt, das nach innen wie nach außen entfaltet werden soll, legte es dem Bund als Stifter nahe, Osnabrück als Standort für die Stiftung auszuwählen.

Mit der Gründung dieser europaweit einzigartigen Stiftung wurde eine Lücke in der Forschungsförderung in Deutschland geschlossen, die seit fast zwei Jahrzehnten für die Friedens- und Konfliktforschung bestanden hatte. Die Einrichtung einer Stiftung bürgerlichen Rechts erfolgte mit der Zielsetzung, die Friedensforschung dauerhaft zu stärken und zu ihrer politischen Unabhängigkeit beizutragen (Satzung §2). Hierfür erhielt die DSF ein Vermögen von insgesamt 25,56 Millionen Euro. Sie verwirklicht den Stiftungszweck, indem sie wissenschaftliche Projekte fördert und initiiert, eigene Fachkonferenzen durchführt und die Ergebnisse der geförderten Untersuchungen sowohl in die politische Praxis als auch in die Öffentlichkeit vermittelt.

Nachdem Ende April 2001 die konstituierende Sitzung des Stiftungsrates in Anwesenheit der Bundesministerin für Bildung und Forschung stattgefunden hatte, konnten die Vorbereitungen für die Aufnahme der Fördermaßnahmen beginnen. Bereits im August desselben Jahres richtete die Stiftung in von der Stadt Osnabrück zur Verfügung gestellten Räumlichkeiten eine Geschäftsstelle ein. Bald darauf begannen die Renovierungs- und Sanierungsarbeiten im Steinwerk Ledenhof, einem historischen Gebäude der Renaissance, das die Stadtverwaltung der DSF als repräsentativen Stiftungssitz angeboten hatte. Anfang Mai 2002 wurde das Gebäude feierlich eingeweiht (siehe fünf Reden zur Eröffnung. Osnabrück 2002, DSF Forum, Heft 1). Seither hat sich das Steinwerk Ledenhof als Ort für wissenschaftliche und kulturelle Veranstaltungen in das Profil der Friedensstadt Osnabrück eingefügt.

Die Verankerung in der Stadt selbst darf aber nicht darüber hinwegtäuschen, dass die Förderaktivitäten der Stiftung überregional ausgerichtet sind.

In den ersten zweieinhalb Jahren ihres Bestehens bewilligte die DSF bundesweit 23 größere Forschungsvorhaben mit einem Gesamtfördervolumen von rund 2,5 Millionen Euro. Für Kleinprojekte in Form wissenschaftlicher Tagungen, Studien und Publikationen brachte die Stiftung weitere 280 000 Euro an Fördermitteln auf. Die Projekte sind in den unterschiedlichen wissenschaftlichen Disziplinen verankert und bearbeiten geistes- und sozialwissenschaftliche Themenfelder ebenso wie naturwissenschaftliche. Als Einrichtung der Forschungsförderung vermag die DSF keinen direkten Beitrag zur Verhinderung oder Beilegung gewaltförmiger Konflikte zu leisten. Doch können mit den Ergebnissen der Forschungen Handlungskonzepte wie z. B. zivile Konfliktlösungen und gewaltpräventive Maßnahmen für die politische und gesellschaftliche Praxis entwickelt werden (Thomas Held, in: Wissenschaft und Frieden 2003).

Dem Aufbau innovativer Ausbildungs- und Qualifizierungsmöglichkeiten in der Friedens- und Konfliktforschung dient ein umfangreiches Strukturförderungsprogramm der Stiftung. Hierdurch werden innovative Studienangebote in Form von Master- und Promotionsstudiengängen geschaffen. Mit der Carl Friedrich von Weizsäcker-Stiftungsprofessur erhält die naturwissenschaftliche Friedensforschung erstmalig eine institutionelle Basis an einer deutschen Hochschule (Dieter S. Lutz: Das Nachwuchsförderprogramm).

Die Stiftung schafft mit ihren Projekten Grundlagen, durch die die Friedens- und Konfliktforschung in die Lage versetzt wird, wissenschaftliche Antworten auf die drängenden Fragen nach den Möglichkeiten einer friedlicheren und gerechteren Weltordnung zu erarbeiten.

terre des hommes Deutschland e. V.

Hilfe für Kinder in Not – ein entwicklungspolitisches Kinderhilfswerk mit Sitz in Osnabrück stellt sich vor

Peter Mucke

Bundesgeschäftstelle

Der Verein terre des hommes Deutschland wurde am 8. Januar 1967 in Stuttgart gegründet. Damals folgten rund 40 Personen einem Aufruf des Schriftsetzers Lutz Beisel, der unter dem Eindruck des Leidens der Kinder im Vietnamkrieg eine Hilfsaktion mit dem Titel „terre des hommes“ ins Leben rief. Schnell und unbürokratisch wurden Rettungsflüge organisiert, mit denen kriegsverletzte Kinder aus Vietnam nach Deutschland gebracht und in Krankenhäusern medizinisch versorgt wurden. Viele von ihnen konnten anschließend an deutsche Pflegeeltern vermittelt werden. Eine ähnliche Aktion folgte im Jahr 1968 zu Gunsten afrikanischer Kinder, die im Bürgerkrieg in Biafra/Nigeria zwischen die Fronten gerieten.

Aus der spontanen Hilfsinitiative wurde recht bald ein entwicklungspolitisches Kinderhilfswerk, das nicht mehr Helfer in Not- und Krisengebiete schickt, sondern Programme einheimischer Partnerorganisationen vor Ort unterstützt. Geblieben ist jedoch der grundsätzliche Ansatz: terre des hommes setzt sich derzeit in 27 Ländern für Kinder ein, die unter Armut, Ausbeutung und Gewalt leiden. Gemeinsam mit den Projektpartnern wird nach Lösungen gesucht, wenn Kinder auf der Straße leben, unter unmenschlichen Bedingungen arbeiten oder sich prostituieren müssen, wenn ein Krieg ihre Gesundheit oder ihr Zuhause zerstört hat. Die Organisation unterstützt Frauen, Familien und Gemeinden dabei, für ihre Kinder zu sorgen, und hilft Jugendlichen, sich eine Zukunft jenseits von Gewalt und Armut aufzubauen.

Solche Projekte, die direkt helfen, sind sehr wichtig. Doch sie allein reichen nicht aus. So hat terre des hommes von Beginn an Wert darauf gelegt, die Ursachen von Armut, Ausbeutung und Gewalt zu verstehen und dagegen anzugehen. Aus dieser Erkenntnis resultiert das Engagement für die Verwirklichung der Kinderrechte weltweit ebenso wie für gerechte internationale Wirtschaftsbeziehungen und eine Politik, die konsequent der Bekämpfung der Armut dient. Die Organisation zeigt auch auf, was Verbraucherinnen und Verbraucher in ihrem täglichen Umgang tun können, um einen Beitrag zur Bekämpfung von Kinderarbeit oder Kinderprostitution zu leisten.

Bei terre des hommes ziehen viele Menschen an einem Strang. Mehrere tausend Ehrenamtliche sind in 150 Gruppen in ganz Deutschland aktiv und setzen sich auf örtlicher Ebene für die Ziele der Organisation ein. Mehr als 30 Kinder- und Jugendteams mobilisieren ihre Altersgenossen für die Arbeit von terre des hommes. Die Basis der Arbeit besteht in der Unterstützung vieler tausender Spenderinnen und Spender, die die Programm- und Kampagnenarbeit finanziell fördern.

Dass die Bundesgeschäftsstelle von terre des hommes Ende der 1960er Jahre ihren Sitz in Osnabrück nahm, war zum damaligen Zeitpunkt reiner Zufall: Der erste Geschäftsführer von terre des hommes, der die rasch wachsende Geschäftsstelle der ursprünglich ehrenamtlichen Hilfsinitiative strukturierte und leitete, war Osnabrücker. Mittlerweile arbeiten in dem Mitte der 1970er Jahre im Stadtteil Schinkel fertig gestellten Bau 74 Personen auf umgerechnet gut 50 vollen Stellen. Und der historische Zufall hat sich längst als Glücksfall erwiesen: Osnabrück ist im Dreieck zwischen Berlin, Bonn und Brüssel ein guter und verkehrstechnisch günstig gelegener Standort für die politische Einflussnahme und Lobbyarbeit. Natürlich ergänzt sich der entwicklungspolitische Anspruch von terre des hommes gut mit dem friedenspolitischen Engagement der Stadt Osnabrück.

Vieles hat sich seit der Gründung des Vereins geändert. Der Kern der Arbeit, die Philosophie ist jedoch geblieben: terre des hommes setzt sich ein für Kinder in Not und gegen deren Unterdrückung und Ausbeutung. Ausgangspunkt allen Handelns war stets und ist noch heute die Vision Antoine de Saint-Exupérys, des Namensgebers: beizutragen zur Schaffung einer „terre des hommes“, einer „Erde der Menschlichkeit“, die Kindern weltweit eine friedliche und gerechte Zukunft bieten soll.

„Remarque ist ohne Osnabrück nicht denkbar. Und doch verließ er als 24-jähriger seine Heimatstadt, um praktisch nie mehr zurückzukehren."
Wilhelm von Sternburg

Remarque: der Dichter und die Stadt

Walhalla, ältester Gasthof in der Bierstraße. In seiner Dichterklause traf sich die geistige Elite der Stadt.

Sehen mit den Augen eines Dichters

Was für eine Idylle mag diese verwinkelte Altstadt der alten Bischofs- und Hansestadt Osnabrück gewesen sein? Sicher und geborgen durch Wälle und Festungsmauern lag sie im Schatten der Wehrtürme und Tore und der schönen Treppengiebelhäuser, eines neben dem anderen, in Reih und Glied – ein pulsierendes Kleinod mit kleinstädtischem Treiben innerhalb mittelalterlicher Stadtmauern – eine ungebrochene Tradition.

Hier im „Walhalla", dem ältesten Gasthof der Stadt an der Bierstraße, wo im Mittelalter das Gruthaus stand und sich die Brauer der Stadt die Klinke in die Hand gaben, tagten, so lange man denken kann, Menschen aller Couleur. Bereits der päpstliche Gesandte, Teilnehmer des Westfälischen Friedenskongresses von 1643 bis 1648, ließ sich im Vorgängerbau des heutigen Fachwerkhauses das seiner Meinung nach „scheußliche" Kräuterbier servieren. In der im 18. Jahrhundert von Christian Jäger eingerichteten Weinprobierstube versammelten sich zum „Dämmerschoppen" die Dom- und Ratsherren, unter ihnen Justus Möser, Jurist, Literat, Historiker, Staatsmann (1720–1794), Verwalter des noch minderjährigen Friedrich von York und von Goethe als „Patriarch von Osnabrück" bezeichnet, also illustre Leute. Später kamen Hermann Löns und Erich Maria Remarque. In und an diesem *Walhall,* Synonym für das Heldenparadies des großen germanischen Gottes Wodan, scheiterte so mancher Geist und hinter der schmucken Fassade des prachtvollen Fachwerkbaus, vom ehemaligen Gerichtsvogt Gerdt Heindrich Meuschen anno Christi 1690 in Osnabrück errichtet, ging es schon immer hoch her.

Nicht nur Opernkomponisten, Sänger und Schauspieler bezogen hier Quartier. Auch Querdenker trafen sich in der Dichterklause: „... ein kleiner getäfelter Raum. Eine Büste Goethes steht auf einem Regal mit Büchern, und Photographien und Stiche von deutschen Klassikern, Romantikern und ein paar modernen Schriftstellern hängen herum. Die Klause ist der Versammlungsort für den Dichterclub und die geistige Elite der Stadt. Jede Woche ist eine Sitzung. Selbst der Redakteur des Tageblattes erscheint ab und zu und wird offen umschmeichelt und geheim gehaßt, je nachdem, ob er Beiträge angenommen oder

Seiten 118/119:
Pernickelturm und Pernickelmühle am Hasewehr: Erich Paul Remarks Schulweg

abgelehnt hat.“ So beschrieb es Erich Maria Remarque in „Der schwarze Obelisk“ und so ist es ihm damals vermutlich als Autor auch selbst ergangen.

Letztendlich haben Zerstörung, Sanierung und Restaurierung die jahrhundertealten, traditionsreichen Objekte der ehemals verträumten Altstadt und somit auch die historische Theatralik des „Walhalla“ verschoben und ihm die Patina genommen, wenn auch nach emsigen Um-, An- und Ausbauarbeiten im Laufe der siebziger Jahre Altstadt-Romantik wieder eingezogen und ein lebendiges Stadtviertel mit gemütlichen Gaststätten und Kneipen, mit Antiquitätengeschäften, Modeboutiquen, Kunsthandlungen und Galerien entstanden ist. Und so kamen auch die illustren Leute wieder: König Karl XVI. Gustaf von Schweden mit seiner immer noch schönen Silvia, König Harald von Norwegen, Professor Dr. Roman Herzog und der Dalai Lama. Wer hätte das gedacht? Aber nichts ist mehr, wie es mal war.

Das heutige „Walhalla“ ist ein Surrogat. Viele Fassaden in den Gassen sind nachempfunden, und die Dichterklause Erich Maria Remarques gibt es nicht mehr. Aber trotzdem: Wilhelm Freiherr Speck von Sternburg, Historiker, Journalist und Biograf Remarques, der über den berühmten Sohn Osnabrücks schrieb: „Er neigte dazu, sein Leben zu einer Legende zu stilisieren“, findet immer noch, dass man an bestimmten Stellen in dieser Stadt, wenn man die Augen offen hält und sich die Texte Remarques durch den Kopf gehen lässt, eine Antwort auf die Frage bekommt, warum der Schriftsteller diesen oder jenen Schauplatz als Hintergrund für seine Romane wählte.

Mit Remarque auf eine innere Reise

Der Tag ist neu. Im historischen „Walhalla“ duftet es nach Kaffee und frischen Brötchen. Draußen hat der Alltag des Durchschnittsbürgers längst begonnen. Nicht mehr lange, dann öffnen sich die Läden und trinken die ersten Gäste ihren Cappuccino am Stehpult im Kaffeehaus – hier wie da, wie überall. Wollen wir das Abenteuer wagen und versuchen, die Stadt mit den Augen eines anderen Menschen zu sehen, mit den Augen eines Dichters, eines Schreiberlings? Straßen, Gassen und Plätze, Ecken und Häuser, Schulen, Kirchen und Kaufhäuser: Verraten sie uns seine Gedanken oder verharren sie nur noch in Passagen seiner Romane?

So beginne ich mit Wilhelm von Sternburg die innere Reise auf den Spuren eines „verlorenen Sohnes“. Es ist eine Zeitreise quer durch das 20. Jahrhundert, ein wenig zaghaft, aber doch schonungslos. Der Ort bekommt auf wunderbare Weise ein eigenes Profil, projektiert auf entrückte, aber auch erlebte Geschichten von Menschen an diesem Ort, verstrickt in den subjektiven Wahrnehmungen eines Schriftstellers, eingefangen auf ewig in einigen Buchzeilen – nachzulesen, greifbar.

Auch wenn sich das Stadtbild Osnabrücks inzwischen wesentlich verändert hat, so sind doch trotz der umfangreichen Schäden, die die Bombenangriffe während des Zweiten Weltkrieges verursachten, auch heute noch zahlreiche Gebäude und Straßenzüge aus dem Osnabrück Erich Maria Remarques wiederzufinden. Stück für Stück kann man das historische Bild gedanklich zusammensetzen und den Autor auf dem Spaziergang einfach selbst zu Wort kommen lassen. Die Häuser, die Straßen erzählen Geschichten – verblichen, aber noch ein wenig lebendig –, wenn man richtig hinschaut und hinhört. Das Stadtbild reduziert sich nicht, wie so oft, auf das übliche Kaufhaus, die Aldi-Filiale, die Drogerie und das italienische Café, den hektischen Autoverkehr, die grellen Lichtreklamen und die sich immer wieder ähnelnden langweiligen Schaufenster. Dem Biografen geht es um mehr als „sichtbare“ Erinnerungen, er hat es leicht. Er weiß um den Autor und seine Welt. Er schaut mit dessen Augen behutsam hinter die Fassaden.

Osnabrück ist mir durch Remarque vertraut geworden. In dieser Stadt habe ich durch die erneute Lektüre der Romane dieses Schriftstellers viel Privates und Gesellschaftliches aus der deutschen Geschichte entdeckt. Denn Remarque, von seinen Landsleuten nicht nur in der Zeit des Dritten Reiches, sondern auch noch in den frühen Jahren der Bundesrepublik vielfach als „Nestbeschmutzer" diffamiert, ist ein zutiefst deutscher Autor. Seine Herkunft aus einer deutschen Stadt, einer deutschen Landschaft hat sein Werk ganz entscheidend mitgeprägt.

Gibt es sie tatsächlich noch, diese Erinnerungen in dieser Stadt, nachdem nicht nur die Geschichte des 20. Jahrhunderts dem Dichter den Atem genommen und sein Leben verändert hat, nachdem auch das Antlitz von Osnabrück verstümmelt wurde?

Remarque gehörte zu dem so ganz anderen Deutschland. Zu seinen Lebzeiten war dies in Osnabrück, in Westfalen oder in Preußen kaum zu finden: das tolerante, intellektuelle und teilweise auch romantische Deutschland. Jedoch war Remarques Romantik schon sehr bald nicht mehr rückwärts gewandt, sondern er bezog sie auf die großen Lyriker und Prosaautoren, die im frühen 19. Jahrhundert eine neue Welt entdeckten. Für mich als Biograf waren dies wichtige Lebensperspektiven meines „Helden". Hinzu trat, dass neben dem schillernden Dandytum dieses bald reich und berühmt gewordenen Autors eine tragische, von Alkohol und unzähligen Liebesaffären begleitete Einsamkeit sein Leben bestimmte.

Seine riesige Leserschaft aber war natürlich zunächst einmal von seinen fesselnden, in gewisser Weise auch naiven Geschichten fasziniert. Dazu kam, dass die historischen Entwicklungen in Deutschland, die er miterlebte, und seine eigene Jugend in Osnabrück ihn zwangen, auf eine neue, realistische Weise über Deutschland und über das Schicksal der Menschen im 20. Jahrhundert zu schreiben. Vergessen wir nicht, Remarque verkörperte ein Deutschland, das wir lange Zeit abgelehnt, unterdrückt und verfolgt haben. Er hat auf eine geheimnisvolle, aber auch direkte Weise für eine Generation geschrieben, die das Elend selbst erlebt hatte oder die glaubte, selbst erlebt zu haben, was die Figuren seiner Romane erlebten: Krieg, Emigration, Flucht, Tod, Gesellschaften in der Auflösung und Liebe. Nicht umsonst stehen fast alle seiner Werke vor einem ganz bestimmten historischen Hintergrund. Viele Details, mit denen er seine Gestalten umgibt, weisen auf eigene Erlebnisse und Erfahrungen hin: Er erzählt von Kriegsteilnehmern, von Heimkehrern in eine durch die Niederlage veränderte gesellschaftliche Realität, von Lehrern, Grabsteinverkäufern, ehemaligen Journalisten und später von Freunden schneller Autos und von Emigranten, von Erlebnissen mit Frauen und Alkohol, vom Leben in der schillernden Atmosphäre Hollywoods.

Nicht in der Enge der idyllischen Altstadt, sondern über den heutigen E. M. Remarque-Ring hinweg in der Provinzial-Entbindungsanstalt zu Osnabrück, die es nun leider nicht mehr gibt, kam *Erich Paul Remark* am

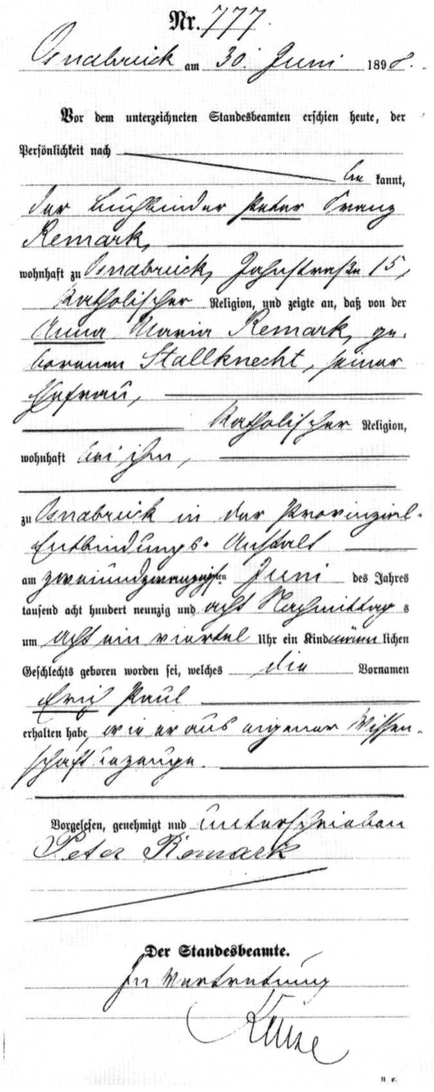
Nr. 777

Osnabrück am 30. Juni 1898.

Vor dem unterzeichneten Standesbeamten erschien heute, der Persönlichkeit nach ... kannt,

... Remark,

wohnhaft zu Osnabrück, ...

... Religion, und zeigte an, daß von der Anna Maria Remark, geborene Stallknecht, ...

... Religion,

wohnhaft ...

zu Osnabrück in der Provinzial-Entbindungs-Anstalt

am ... Juni des Jahres tausend acht hundert neunzig und ...

um ... Uhr ein Kind ... lichen Geschlechts geboren worden sei, welches ... Vornamen

Erich Paul

erhalten habe ...

Vorgelesen, genehmigt und ...

Peter Remark

Der Standesbeamte.

Geburtsurkunde vom 30. Juni 1898

Provinzial-Entbindungsanstalt, Geburtshaus Erich Paul Remarks (später Erich Maria Remarque)

Ehemalige Hebammen-Lehranstalt

Gertrudenstraße 17 (heutiger Zustand), Wohnung der Familie Remark von April 1904 bis Oktober 1905

22. Juni 1898 zur Welt. Von Sternburg und ich nehmen die vom Erich Maria Remarque-Friedenszentrum herausgegebene Karte „Die Straßen seiner Jugend“ zur Hand und schauen auf historische Fotos aus einer vergangenen Zeit. Eine Stunde soll der Rundgang beanspruchen. Nicht vieles ist erhalten geblieben, kaum ein Gebäude oder ein Haus aus Remarques Zeit steht noch heil da, wenn auch der Weg an vielen stadtgeschichtlich interessanten Gebäuden vorbeiführt und ein wenig ahnen lässt, wo der Autor seine Kinder- und Jugendjahre verbrachte. So lohnt er sich trotz allem, der nostalgische Spaziergang.

Des Dichters familiärer Hintergrund war kleinbürgerlich und ordentlich. Harte Arbeit und notwendige Sparsamkeit prägten den Alltag. Zwischen 1896 und 1917 zog die Familie innerhalb Osnabrücks zwölf Mal um, nichts Außergewöhnliches für die damalige Zeit. Arbeiterfamilien wohnten nicht nur beengt, sie wechselten auch sehr häufig die Wohnung. Man bezog die vielen damals entstehenden Neubauten der Stadt, um sie „trocken zu wohnen“. Dort lebte man für eine begrenzte Zeit einigermaßen preiswert. So zog der junge Erich Paul Remark mit seiner Familie in mehrere Häuser in der Jahnstraße, der Linden-, der Schinkeler-, der Herrenteich- und der Gertrudenstraße, am Klingensberg und schließlich in der Luisenstraße. Erst 1917 wurde die Familie in der Hakenstraße 3 sesshaft. Dort lebte Remarques Vater noch bis 1935.

„Jetzt mußt du unser Bester sein“, habe seine Mutter nach dem Tod des Bruders, des fünfjährigen Erstgeborenen Theodor Arthur Remark gesagt. Ein erstes traumatisches Erlebnis für den gerade dreijährigen Erich. Tief im Innern hatte er wohl beschlossen, der Beste zu werden.

Der kleine Erich wuchs zunächst in der Kleinstadtidylle auf. Die Schulzeit begann in der Domschule, nicht weit vom Herrenteichswall mit der Lindenallee und dem Pernickelturm am Hasewehr, noch heute eine romantische Ecke für ebenso romantische Seelen. Hier muss der junge Schwärmer auf dem Weg

zur Schule häufig vorbeispaziert sein. Er schrieb: „Ich kam an den Fluß und blieb auf der Brücke stehen ... Ich mag noch nicht nach Hause gehen ..."

Später besuchte der Junge die Johannisschule, doch das Gymnasium blieb dem guten Schüler verschlossen. Die fleißigen Eltern mögen ehrgeizig gewesen sein, aber das Geld für eine höhere Schule fehlte. „Weder zu Hause noch in der Schule fand ich Verständnis für meine Träume außerhalb meines Kreises oder Anleitung bei meinen Versuchen, mich unter den Büchern zurecht zu finden. Man konnte sich keine andere Zukunft vorstellen als vielleicht die eines Postmeisters, Lehrers oder Apothekers." So blieb Erich Paul Remark nur die 1903 gegründete Katholische Präparandenanstalt, damals versteckt in dem winkeligen Straßengewirr der Altstadt, hinter der Marienkirche in einem alten unscheinbaren Gebäude. Die Bomben des Zweiten Weltkrieges machten später das Haus dem Erdboden gleich. Dort absolvierte der lässige Schüler ohne große Schwierigkeiten die Reifeprüfung für die Aufnahme ins Seminar und wurde am 2. Juli 1915 „Student" am Katholischen Lehrerseminar in der alten Domschule.

Katholisches Lehrerseminar, das Remark ab Juli 1915 als Student besuchte

Der Pappelgraben in der Osnabrücker „Wüste", einst der Spielplatz des jungen Erich Paul Remark

Schmalz und Weltschmerz

Remark fühlte sich zu der charismatischen Persönlichkeit des Malers, Dichters und Liederfreundes Friedrich Hörstemeier hingezogen, einem Bohemien, der mit großer Künstlerschleife und einem breiten Schlapphut durch die Stadt bummelte und in dessen kleiner Dachstube in der Liebigstraße 31, in der „Traumbude", sich Gleichgesinnte zum Philosophieren, Singen und Dichten trafen. Die Fassade des Hauses Liebigstraße Nr. 31 steht noch. Zwischen 1914 und 1918 wohnten die Remarks nicht weit entfernt in der Luisenstraße Nr. 28. Erich hatte von seinem Fenster aus direkte Sicht auf das Dachzimmer Friedrich

Rechte Seite:
Herrenteichswall mit der Lindenallee

Hörstemeiers, der seinem Freund durch Heraushängen eines Tuches anzeigte, wann er zu Hause war. „Wie heimelig und behaglich das immer war, der goldenbraune Ton des Zimmers, mild beglänzt vom Licht der rötlichen Lampe, Jugend, Schönheit und Frohsinn dazu, darüber wehmütig der Hauch des kommenden Abschieds. – Wenn dann die rote Sonne im Winter hinter Schneewolken verglomm, die Nachtschneewinde lauter das Haus umsangen, langsam die Flocken in der dämmernden Winternacht sanken, und der Schnee dichter und dichter auf unserm Dachfensterchen lag ...", schrieb er später, im August 1918, voller „dichterischem" Schmerz.

Der Erste Weltkrieg hatte seine Jugendträumereien unterbrochen. Am 21. November 1916 wurde der Achtzehnjährige einberufen, am 12. Juni 1917 als Soldat an die Westfront verlegt, bereits am 31. Juli 1917 bei einem Sperrfeuer englischer Artillerie verwundet und über Umwege nach Duisburg gebracht. Am 31. Oktober 1918 wurde er aus dem Lazarett entlassen und zum I. Ersatz-Bataillon Infanterie-Regiment 78 nach Osnabrück überstellt. Knapp eine Woche später war der Krieg zu Ende. Der geprüfte, gebeutelte, gereifte Soldat befand sich wieder zu Hause. Doch nichts war mehr, wie es einmal war.

Der inzwischen verwitwete Vater Peter Remark hatte im Februar wieder geheiratet. Maria Ballmann wohnte jetzt mit in der Hakenstraße Nr. 3. Der heimgekehrte Sohn ging auf Distanz. Literatur, Kunst und Musik rückten jetzt ins Zentrum seiner Lebenswelt. Seine noch ausstehende Abschlussprüfung erledigte der Seminarist nebenbei und stürzte sich kopfüber in das „tolle" Leben Osnabrücks. Er war damals knapp 20 Jahre alt, schrieb Verse, publizierte gelegentlich in seiner Heimatzeitung, dem „Osnabrücker Tageblatt", und schwelgte in Weltschmerz.

Der Krieg war zwar zu Ende, aber Frieden herrschte noch lange nicht. Im Gegenteil. Osnabrück erlebte Bürgerkriegsstimmung. Aufgebrachte Menschen schrien nach Demokratie und Sozialismus. In zahlreichen Fabriken waren Streiks an der Tagesordnung, man ging auf Hamsterfahrt, die Auslagen in den Geschäften waren dürftig und das Geld verlor zunehmend an Wert. Remark vertraute seinem Tagebuch recht trostlose Worte an: „Alles so anders, Fritz tot, zu keinem Menschen ein rechtes Verhältnis – alles schief, verschoben, zerbrochen – so fängt man jetzt ein Leben wieder an, daß man einst so heiter und glückesvoll verlassen hat. Einsam und zerrissen. Alles grau und trübe."

Die „Traumbude" wurde zum Leitmotiv seines ersten Romans. Wilhelm von Sternburg kann ein Schmunzeln nicht unterdrücken:

Ein absolut grauenvolles, schlechtes und unglaublich romantisches Buch. Man darf nicht vergessen, zur damaligen Zeit, also um 1920, gab es Kafka und Musil ... und Remark? Dieser zutiefst unpolitische Autor aus Osnabrück schrieb „Die Traumbude"...

Trotzdem flanierte er, wie sich sein Freund Hanns-Gerd Rabe erinnerte, versponnen in eine eigene Traumwelt durch seine Heimatstadt: „Er kleidete sich auffallend gut, trug beim Spazierengehen einen

Erich Paul Remark und Friedel Vordemberge. Osnabrück, Liebigstraße 31

Friedrich (Fritz) Hörstemeier

Rechte Seite:
Liebigstraße 31 (heutiger Zustand). Hier war die Wohnung von Friedrich Hörstemeier und der Treffpunkt des „Traumbudenkreises"

Remark 1919 in Osnabrück, mit berechtigt getragenem EK I und unberechtigt getragener Leutnantsuniform

Das Innere der „Traumbude"

ANTIK

Der Vater Peter Franz Remark bei der Lektüre des Romanes „Arc de Triomphe“ Ende der vierziger Jahre

echten Panama und erregte mit seinem schönen Schäferhund Aufsehen. Ich traf Remark oft im Konzertgarten des bekannten Cafés Germania. Er sagte mir einmal, als ich sein Auftreten und seine Eleganz bewunderte: ‚Wenn Du im Leben weiterkommen willst, mußt Du größten Wert auf die Kleidung legen.' Gelegentlich trug er große, flatternde Künstlerschlipse.“ Das weiß mein Begleiter und Autor des Buches „Als wäre es das letzte Mal“:

Schon bevor ihn der Ruhm sozusagen über Nacht einholte, gab er seiner Existenz etwas Schillerndes. Den zweifellos nüchternen Geburtsnamen Erich Remark „verschönerte“ er, indem er Paul durch Maria ersetzte und – legitimiert durch den französischen Ursprung seiner Vorfahren – aus Remark wieder Remarque machte. Als Kriegsheimkehrer in den wirren frühen Jahren der ersten deutschen Republik zierte er sich mit der ihm nicht zustehenden Leutnantsuniform, mit Monokel, Reitpeitsche und Schäferhund, um den Provinzlern im heimischen Osnabrück zu imponieren. Später im tosenden Berlin – die „Golden Twenties“ überdeckten noch den Verfall des politischen und wirtschaftlichen Systems – spielte er den Rennfahrer, den Schlachten erprobten Soldaten, den eleganten Dandy. Als Spross aus dem westfälischen Kleinbürgertum kaufte er sich den Adelstitel – Freiherr von Buchwald, was eigentlich nur noch komisch wirkte. Jahrzehnte später notierte er einmal in sein Tagebuch: „Das Trinken; das Lügen über Autorennen; die Kriegssachen; die Buchwalddinge, der ganze verschobene und falsche Aufbau.“

War der Entschluss, Anfang 1921 seinen Namen Erich Paul Remark in Erich Maria Remarque zu verändern, ein Indiz für die Distanzierung von seiner provinziellen, kleinbürgerlichen Herkunft? Wer weiß. Gegenüber Freunden gab er sich lässig. Noch 1929 schrieb er seiner Freundin nach Berlin: „Du kannst mir schreiben an meinen richtigen Namen bei Vogt, Süsterstraße 2, Osnabrück.“ Und in einem Brief an seinen Freund Georg Middendorf unterzeichnete er sogar noch, ebenfalls 1929, mit seinem alten Spitznamen „Schmieren“, eine Anspielung auf seine schludrige Handschrift während der Schulzeit.

Später sollte das nationalsozialistische Osnabrücker Hetzblatt „Der Stadtwächter“ den Autor von „Im Westen nichts Neues“ wegen seiner Namensänderung diffamieren. „Nanu, Remarque, der schrieb sich doch früher bescheiden: als Sohn des hiesigen Buchbindermeisters Remark, der sicher nicht daran denkt, sich ein q-u-e anzuhängen ... Remark – wir nennen ihn lieber mit seinem alten ehrlichen Vaternamen – und lassen das welsche que weg ... Wer bei seinem Namen nicht ehrlich war und ihn *‚welsch'* zu schreiben wagte, konnte auch beim Inhalt seines Werkes nicht ehrlich gewesen sein, ja arbeitete wohl dem Feind in die Hände.“

Die Remarques kamen tatsächlich aus Frankreich oder wenigstens aus dieser im Laufe der Jahrhunderte ständig politisch fremdbestimmten Region, aus dem Grenzland am Niederrhein, der Provinz

Limburg und Wallonien, von Franzosen, Deutschen, Holländern stets begehrt und umkämpft. Erst in den Wirren des 19. Jahrhunderts, als ein gewisser Johann Adam Remarque von Aachen nach Kaiserswerth bei Düsseldorf zog, verwandelte sich das *que* in ein *k*. Schließlich wurde Erich Maria Remarques Vater am 12. Juni 1887 als Peter Franz Remark in Kaiserswerth eingetragen. Das *que* war endgültig verschwunden.

Süß war das Leben nicht

Der junge Remarque musste sein Brot verdienen. Er verkaufte Grabsteine für den Steinmetzbetrieb Gebrüder Vogt in der Süsterstraße 2. Später schrieb er über seine kurzzeitige Handelsvertreterkarriere: „Ich war mein Geld wert. Mit der berühmten Kinderhand verkaufte ich die ältesten Ladenhüter, sogar Überbleibsel vom Jugendstil. Ich half mit, die Gegend durch Kriegerdenkmäler zu verschandeln. Wir entwarfen und vertrieben die üblichen Scheußlichkeiten mit zahnwehkranken Löwen oder bronzenen, flügellahmen Aaren, möglichst mit Goldkronen."

Jeden Sonntag zog es ihn in die Michaelis-Kapelle des Osnabrücker Landeskrankenhauses am Rande der Stadt, wo er Orgel spielte. Ein Spaziergang dorthin lohnt sich immer noch. Was mag in dem jungen Autor auf dem Wege zu der schönen Kapelle, aber auch zu den armen Kranken damals vorgegangen sein?

Er arbeitete für ein kostenloses Mittagessen und den Einblick in eine ansonsten verborgene Welt der von ihren Zwängen und Ängsten heimgesuchten Patienten. All diese Tätigkeiten brachten gerade so viel ein, dass er überleben konnte.

Landeskrankenhaus

Gertrudenkirche

Michaelis-Kapelle

Aber er wollte sich sicherlich auch befreien von dem Kleinbürgertum, ein ganz normales Bedürfnis eines jungen Menschen und erst recht eines Romantikers wie Remarque. Er träumte von Schiller und einem Dichterleben. Widersprüche im eigenen erlebten Alltag waren vorprogrammiert, Befreiungsversuche normal.

Im April 1922 verließ Remarque Osnabrück und zog nach Hannover in die Nikolaistraße 11. Er wurde fester Mitarbeiter, Redakteur und Werbetexter bei der Werkzeitschrift des Reifenherstellers Continental C. & G. P. Co. Der Job machte ihm Spaß, er verdiente Geld und veröffentlichte nebenbei kleine literarische Texte.

Dann knüpfte der ehrgeizige Journalist Kontakte nach Berlin, dem Eldorado der Weimarer Intellektuellen und Sitz der großen Verlagshäuser Ullstein, Mosse und Scherl. Hier spielte die Musik, Remarque stürzte sich in die turbulente Metropole. Gleichzeitig war er aber auch ungemein fleißig. 1927 begann er mit „Im Westen nichts Neues".

Der Roman seines Zeitalters

Es war ein Buch, das innerhalb weniger Monate zum internationalen Bestseller wurde, seinen Namen um die Welt trug und ihm einen Platz in der Literaturgeschichte des Jahrhunderts sicherte.

Das war ein Lob des Biografen, aber bei seinen Worten schwingt ein wenig Wehmut mit. – Erfolg ist ein äußerst zerbrechliches Gut, das wusste auch Remarque. – Unsere Sparzierstunde ist um. Die Altstadt hat uns wieder. Hinter der wunderschönen Fachwerkfassade eines Cafés in der Krahnstraße gibt es einen heiß dampfenden Kakao und ein Stück Kuchen. Der Marktplatz ist nicht weit, das Erich Maria Remarque-Friedenszentrum lockt mit zahlreichen zusätzlichen Informationen. Dafür lassen wir uns noch etwas Zeit, uns ist eher nach Sinnieren zu Mute, über einen Osnabrücker Dichter, der sich seiner Heimatstadt entzog, aber auch nicht von ihr loskam. Warum, wieso, gibt es darauf keine schlüssige Antwort? Von Sternburg erzählt:

In seinem aus den Fugen geratenen Geburtsland ließ ihn „Im Westen nichts Neues" zum wohl politisch umstrittensten Autor werden. Es begann für ihn ein Leben der Widersprüche. Er wurde eine „öffentliche" Person, und er drohte daran zu zerbrechen. Er war ein Autor, der sich jede Zeile abrang, den künstlerische Selbstzweifel plagten, der fast immer auf der Flucht vor dem Schreibtisch war und dem doch praktisch jedes seiner Bücher zu einem neuerlichen Triumph geriet. Er war ein ungemein genauer Beobachter seiner Zeit, ein radikaler, aber unideologischer Deuter der Politik, ein Menschenfreund, der auf Distanz blieb.

„Im Westen nichts Neues" ist das erfolgreichste deutschsprachige Buch des 20. Jahrhunderts. Abgesehen von den großen Religionsschriften haben nur ganz selten literarische Werke in der Kulturgeschichte der Menschheit eine solche Auflagenzahl erreicht. Genau ist sie nicht festzustellen, aber die Schätzungen liegen zwischen 15 und 20 Millionen verkauften Exemplaren. Der Roman wurde in 49 Sprachen übersetzt, natürlich in die klassischen Weltsprachen, aber auch in Afrikaans, Birmanisch, Kasachisch oder Zulu. Das Buch, zehn Jahre nach dem Ersten Weltkrieg geschrieben, war für Remarque selbst auch ein Akt der Befreiung, eine Befreiung vom Albtraum Krieg. Der unmittelbare Erfolg dieses Buches zeigte auch, wie viele Millionen andere Deutsche das gleiche empfunden haben mögen. Sie hatten alle Ähnliches erlebt. Die Menschen der Weimarer Republik, die Kriegsteilnehmer, die zu Hause zurückgelassenen Familien, alle identifizierten sich mit der fiktiven Geschichte Remarques und mit dem, was er in Ich-Form quasi als das während des Ersten Weltkrieges selbst Erlebte niederschrieb. Das war das große Geheimnis dieses Buches. Seine nächsten beiden Bücher beschrieben den mühsamen Alltag in der Weimarer Republik, die Zeit der Inflation, den Zusammenbruch der Mittelstandsgesellschaft in Deutschland mit den harten, bürgerkriegsähnlichen Auseinandersetzungen. Dann folgten die Geschichten über das Dritte Reich, z. B. „Die Nacht in Lissabon", ein Emigrationsroman.

Von seiner Herkunft und Gedankenwelt her war Remarque zunächst ein völlig unpolitischer Mensch. Er wollte als Journalist Karriere machen, Schriftsteller werden und mit sich selbst und seinen vielen Damen zurechtkommen. Der Roman „Im Westen nichts Neues" und schließlich die ungeheuerliche Reaktion darauf bewirkten sein politisches Erwachen. Es wurde ihm plötzlich klar, welche Kräfte diese Gesellschaft zu mobilisieren wusste.

Cover von „Im Westen nichts Neues"

Cover von „Der schwarze Obelisk"

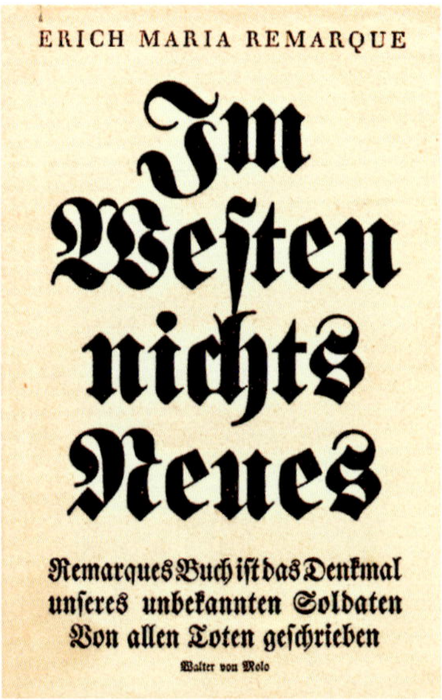

Remarque und „Billy“ am Osnabrücker Pappelgraben im August 1930

Nur noch einmal kam Remarque nach Osnabrück zurück, im Jahre 1930, wegen der Recherchen für „Der Weg zurück“. Er muss zu der Zeit wohl festgestellt haben, nachdem er sich für den Aufenthalt neben der Steinmetzfirma Vogt, seinem früheren Arbeitgeber, bei Frau Maria Hoberg in der Johannesstraße einquartiert hatte, dass er der Kleinstadt längst entwachsen war. Den biederen Nachbarn fiel er nur auf, weil er Tag und Nacht alle Lichter brennen ließ und einen blauseidenen Schlafanzug trug ... Letzterer habe im Fenster gehangen. Diesen letzten *retraite* in seine Heimatstadt hat er wohl als eine Art selbst gewählte Verbannung empfunden, denn er schrieb seiner Brieffreundin in der deutschen Hauptstadt: „Wir sitzen gerade bei großen Bohnen und Speck! Ein herrlicher Fraß! Ich beginne, etwas zu arbeiten. Ich habe gute Hoffnung. Es war richtig herzukommen. Sei herzlich bedankt für das Schweinerne, das zur rechten Zeit eintraf, um das Gefängnisgefühl zu mildern – denn künftig weiß ich, Osnabrück ist kein Spaß! ...wenn ich zurückkehre, bin ich genesen.“ Nach Beendigung seines Romans verließ er die Stadt – diesmal endgültig.

Die Zeiten standen für den Schriftsteller ohnehin nicht günstig. Nachdem der in Hollywood produzierte Film „Im Westen nichts Neues“ in den Kinos angelaufen und in Berlin weiße Mäuse ausgesetzt und Stinkbomben geworfen worden waren, wurde es ungemütlich. Auch die Osnabrücker haderten mit dem erfolgreichen Autor aus ihrer Mitte, dessen Name um die Welt ging. Für das Kino Capitol an der Großen Straße kauften die Nationalsozialisten die Karten für die gesamten ersten Reihen auf und brachten mit Tinte gefüllte Eier mit, die sie gegen die Leinwand schleuderten. Es dauerte nicht lange, dann war die Leinwand schwarz. So nahm das Schicksal seinen Lauf. Im Jahre 1933, genauer gesagt, am 10. Mai, fand auch in Remarques Heimatstadt Osnabrück die „Bereinigung der deutschen Literatur“ statt und „als offizielle Aussonderung mit den Werken von Erich Maria Remarque an der Spitze“. Remarque verließ Deutschland im April 1932 und zog an den Lago Maggiore. Dort lebte er in dem Ort Porto Ronco. Am 4. Juli 1938 wurde er vom Deutschen Reich offiziell ausgebürgert. Es muss ein fast körperlicher Schmerz gewesen sein.

Man schrieb das Jahr 1952. Remarque war nicht nach Deutschland und Osnabrück gekommen, um Jugenderinnerungen aufzufrischen, sondern um dort wie in anderen deutschen Städten Recherchen anzustellen für sein neues Buch „Zeit zu leben und Zeit zu sterben". Er notierte: „Durch Osnabrück. Katharinenkirche, ohne Turmbekleidung. Ruinen, Hakenstraße Nr. 3 nicht mehr gesehen. Bierstr. Großestr. Fast alles neu, niedrige Häuser. Johanneskirche fast unzerstört. Süsterstr. Zerstört. Vogthaus auch. Hoberghaus u. Garten weniger. Alles nur im Vorbeifahren gesehen." Später schrieb er seinem Osnabrücker Freund Hanns-Gerd Rabe: „Als ich nach Verbrennung meiner Bücher, Verlust meiner Staatsangehörigkeit und mehr als 15 Jahren Abwesenheit nach dem Kriege zum ersten Mal in meine Heimatstadt zurückkehrte, fand ich sie nicht wieder. Die Stadt war ein Trümmerhaufen geworden, in dem ich mich verirrte, als ich die Straßen meiner Jugend suchte ..."

Das beschauliche Osnabrück seiner Jugend war dahin. Endgültig.

Zunächst muss er erschüttert vor den Löchern zerstörter Hauswände, vor der sich immer noch weit hinziehenden Kraterlandschaft gestanden haben. Zu Staub geworden waren die schattigen Winkel, die engen Gassen, die ihm einst so mächtig erscheinenden Plätze. Als er bereits in Berlin, am Lago Maggiore und im fernen Amerika lebte, waren sie immer wieder in seinen Träumen aufgetaucht. Unverlorene, im Laufe der Zeit auch verklärte Erinnerung blieben die frühen Osnabrücker Jahre, in denen er das Leben entdeckte, die Kunst, die Freundschaft und die Liebe. Vielfach haben sie sich widergespiegelt in seinen Romanen. Nun waren sie verbrannt, niedergeworfen, ausgelöscht.

Ich glaube nicht, dass er seine Heimatstadt verdammt hat. Eher hat er eine tiefe Distanz zu Deutschland entwickelt. Das hat vorwiegend mit der Geschichte des Nationalsozialismus zu tun. Sein Tagebuch zeigt, er hat das, was zwischen 1933 und 1945 im Namen Deutschlands geschehen ist und von Deutschen ausgeführt wurde, nie vergessen und vergeben. Das beschränkt sich nicht auf Osnabrück. Die Hinrichtung seiner Schwester am 16. Dezember 1943 in Berlin-Plötzensee, von Roland Freisler höchstpersönlich und zynisch begleitet mit den Worten: „Ihr Bruder ist uns leider entwischt, Sie aber werden uns nicht entwischen", war und blieb für ihn ein nie überwundener Schock. Ein Wohnsitz in Deutschland kam für ihn wohl nicht mehr in Frage, wenn er auch für Recherche, Filmaufnahmen oder Theateraktivitäten des Öfteren heimkehrte. So kann man sagen: Die Ablehnung Deutschlands oder Osnabrücks, das ist die eine Seite. Die tiefen Wurzeln, die ihn damit verbanden, das ist eine andere Seite. Diese Wurzeln findet man sowohl in seiner eigenen Biografie wie in seinen Romanen.

„Der Spiegel" vom 9. Januar 1952 mit der Titelgeschichte „Weltbürger wider Willen" über Erich Maria Remarque

Somit könnte man Osnabrück als eine austauschbare Kleinstadt betrachten?

Ja. Absolut. Ohne Osnabrück Unrecht tun zu wollen, würde ich sagen, es ist eine typische deutsche Kleinstadt mit einer großen Geschichte, aber einer Geschichte, die deckungsgleich ist mit der vieler anderer deutscher Kleinstädte, im Guten wie im Schlechten, auch deckungsgleich mit ihrer nationalsozialistischen Geschichte. Überall, nicht nur in Osnabrück, hat man lange, sehr lange gehadert mit der unbewältigten deutschen Vergangenheit. Das war in der Nachkriegszeit ein allgemeines Phänomen in den westdeutschen Städten, das muss man einfach so sehen. Und Osnabrück stand selbstverständlich insbesondere für Remarques Schicksal. Die Stadt schämte sich ihres großen Sohnes. Der Roman „Im Westen nichts Neues" wurde bereits bei Erscheinen in den Osnabrücker Heimatzeitungen überaus kritisch gesehen und sehr schlecht besprochen. Dem Autor wurde mangelnder nationaler Geist vorgeworfen. Dieser Vorwurf hatte sich nach dem Zweiten Weltkrieg nicht verflüchtigt. Viele sahen in Remarque den Vaterlandsverräter. Er hatte große Schwierigkeiten, wie alle anderen Emigranten auch, in der frühen Bundesrepublik akzeptiert zu werden. Das hatte psychologische Gründe, angefangen bei der Tatsache, dass sich noch viele Osnabrücker an den Autor vom skandalträchtigen Roman „Im Westen nichts Neues" erinnerten. Nein, Osnabrück und Remarque, das war ein ganz, ganz schwieriges Kapitel und die Stadt hat sich über lange Jahre sehr mäßig benommen. Viel zu lange hat sie sich halbherzig und einäugig mit ihrer eigenen Vergangenheit auseinander gesetzt. Viele deutsche Städte und Gesellschaftsschichten haben mit der Aufarbeitung ihrer Geschichte zu lange gewartet.

Ist Erich Maria Remarque überhaupt irgendwo zu Hause gewesen?

Nein. Er war ruhelos und lebte viel in Hotels. Nur nach Ronco, seinem ersten und auch späteren Domizil in der Schweiz, zog es ihn immer wieder hin. Hier hatte er sicher eine Art Zuhause. Er hatte die Villa am Lago Maggiore bereits 1932, noch vor der Ausgrenzung durch die Nationalsozialisten, bezogen. Zu Hause sein

Die Grabmalhandlung Hermann Vogt in Osnabrück zu Beginn des 20. Jahrhunderts

Erich Maria Remarque kehrt mit „Der schwarze Obelisk“ zu seinen schriftstellerischen Anfängen zurück, ein Circle, wie er es nennt, schließt sich. Den biografischen Hintergrund des Romans stellten seine eigenen Tätigkeiten als Grabsteinverkäufer bei der Firma Vogt und als Organist in der Osnabrücker Heil- und Pflegeanstalt dar, worauf er seinen Verleger Joseph Caspar Witsch in dem Brief ausdrücklich hinweist.

oder bleiben hieß arbeiten, schreiben, eiserne Disziplin. So war er auch immer auf der Flucht vor der Arbeit. Das Schreiben viel ihm nicht leicht. Ein „Zuhause“ mit einem unfertigen Manuskript auf dem Schreibtisch war ihm ein Gräuel. Er war zutiefst gespalten. Während der Aufenthalte in New York oder Paris, in Rom oder Hollywood traf er sich mit Gott und der Welt, litt aber an den Oberflächlichkeiten und vertraute seinem Tagebuch seine Zerrissenheit an. Eingeschlossen aber in den eigenen vier Wänden, sehnte er sich nach dem lockeren, freien, faulen Leben.

„Was fühlen Sie nach 20 Jahren Abwesenheit?“, fragte der holländische Student, der Remarque 1952 mit dem Auto durch Deutschland kutschierte.

„Daß es regnet“, erwiderte der Schriftsteller lakonisch.

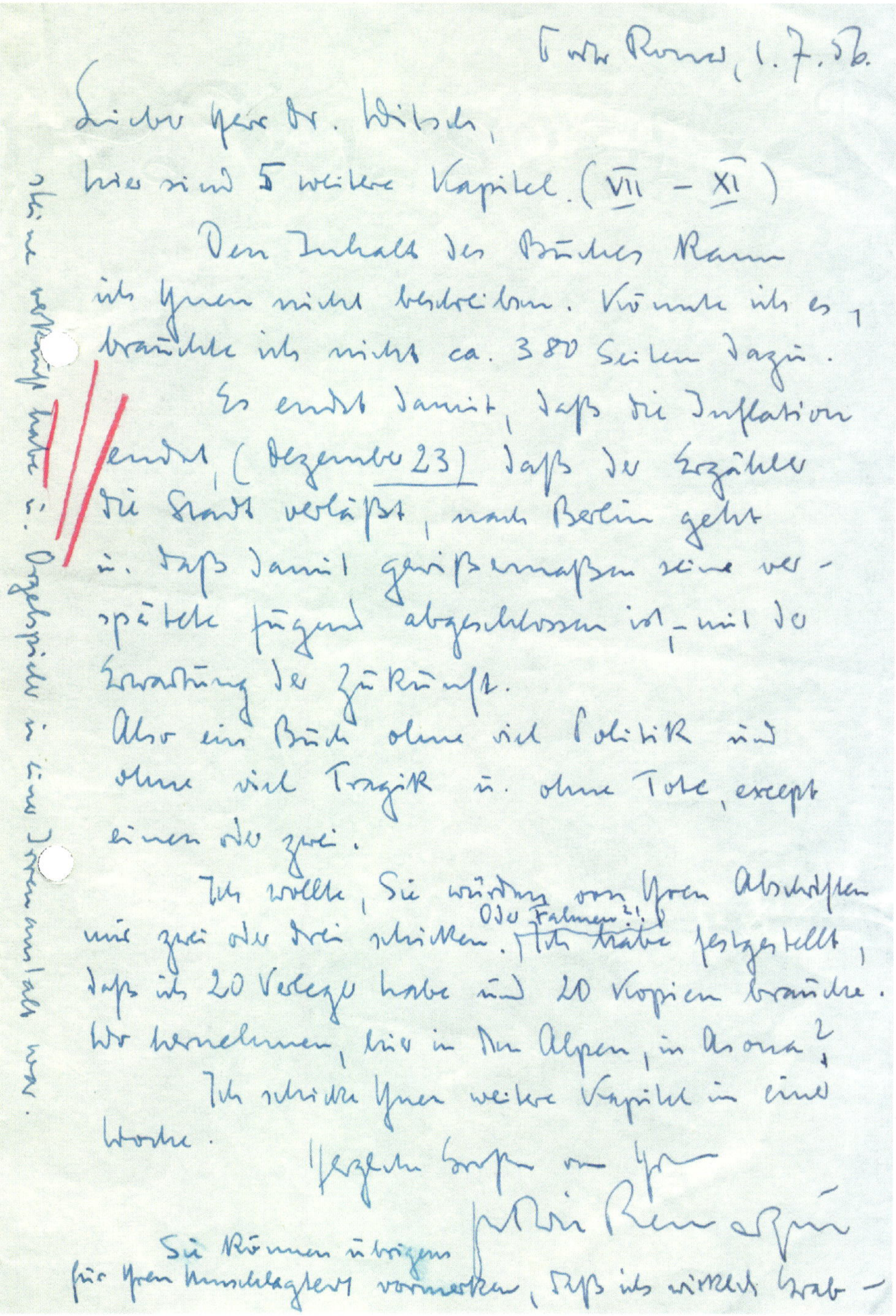
Porto Ronco, 1.7.56.

Lieber Herr Dr. Witsch,

hier sind 5 weitere Kapitel. (VII – XI)

Den Inhalt des Buches kann ich Ihnen nicht beschreiben. Könnte ich es, brauchte ich nicht ca. 380 Seiten dazu.

Es endet damit, dass die Inflation endet, (Dezember 23) dass der Erzähler die Stadt verläßt, nach Berlin geht u. dass damit gewissermaßen seine verspätete Jugend abgeschlossen ist, – mit der Erwartung der Zukunft.

Also ein Buch ohne viel Politik und ohne viel Tragik u. ohne Tote, except einen oder zwei.

Ich wollte, Sie würden von Ihren Abschriften mir zwei oder drei schicken. (oder Fahnen?!) Ich habe festgestellt, dass ich 20 Verleger habe und 20 Kopien brauche.

Wo [illegible], hier in den Alpen, in Ascona?

Ich schicke Ihnen weitere Kapitel in einer Woche.

Herzliche Grüße von Ihrem

Erich Maria Remarque

Sie können übrigens für Ihren Umschlagtext vormerken, dass ich wirklich Grab –

Osnabrück und Erich Maria Remarque

Thomas F. Schneider

Am 9. Mai 1957 schrieb Erich Maria Remarque aus New York an seinen alten Osnabrücker Freund Hanns-Gerd Rabe:

„Sonderbar, daß Du glaubst, ich habe eine Haßliebe zu Osnabrück und stände Nachrichten von dort unfreundlich gegenüber. Nichts liegt mir ferner ... Die Stadt liegt mir am Herzen genau wie Dir, wir sind doch da geboren u. aufgewachsen. Man soll nie etwas verleugnen, und wie Du siehst, haben auch fast alle meine Bücher ein Stück Hintergrund von O."

Wie immer bei Äußerungen Remarques aus der Zeit nach dem Zweiten Weltkrieg, nach erlittener Verfolgung, Enteignung, Verbrennung seiner Bücher, einem nationalsozialistischen Attentat, dem er nur durch eine Verwechslung entkommen war, nach Ausbürgerung und Ermordung seiner Schwester, nach all diesen Erfahrungen mit Deutschen und Deutschland erschließen sich seine Äußerungen vollends erst beim zweiten Lesen. „Die Stadt liegt mir am Herzen genau wie Dir, wir sind doch da geboren und aufgewachsen" – für Remarque war Osnabrück die Stadt seiner Jugend, seiner Wurzeln, in diesem Sinn war sie ihm nahe. Nicht jedoch im Sinne eines Lokalpatriotismus. Der von Rabe später öfters zitierte Ausspruch von dem „Stück Hintergrund von O.", der in fast allen Büchern Remarques zu finden sei, ist in genau diesem Sinne zu verstehen.

Osnabrück war für Remarque seine Geburtsstadt, mit der ihn einige sentimentale Gefühle verbanden, Erinnerungen an eine keinesfalls glückliche Kindheit mit ständig wechselnden Wohnungen, einem früh verstorbenen älteren Bruder, dem Kunst und Literatur weitgehend nur wenig Verständnis entgegenbringenden Vater Peter Franz und einer Mutter, die über Jahre hinweg an Darmkrebs litt. Dazu gehörten auch Erinnerungen an den „Traumbudenkreis" des Osnabrücker Malers und Lyrikers Friedrich Hörstemeier, der eine Gruppe Jugendlicher um sich geschart hatte, um ihnen einen Sinn für Kunst zu vermitteln, den sie in ihren Elternhäusern nie erhalten hätten, und der Remarque eine Art Ersatz-Vater geworden war. Die Mutter und Hörstemeier starben noch während des Ersten Weltkrieges und so wurde nicht nur die Front in Flandern, sondern auch Osnabrück für den jungen, zwischen Kunst und Lehrerberuf hin- und herschlingernden Remarque zum Ort der biografischen Katastrophe des Ersten Weltkrieges: dem Verlust all jener Vorkriegsbindungen und -werte, die ihm einmal wichtig gewesen waren.

Eine „Hassliebe" ist das Verhältnis Remarques zu seiner Geburtsstadt sicherlich nicht gewesen, sondern Osnabrück blieb ein Ort, an dem er weitgehend nur Niederlagen erlitten hatte, Schicksalsschläge, und den er Anfang der zwanziger Jahre so bald wie möglich hinter sich lassen wollte.

Das „Stück Hintergrund von O." ist sorgfältig formuliert: Remarques Romane über die namenlose Stadt in „Im Westen nichts Neues", „Der Weg zurück" oder „Liebe Deinen Nächsten", über Mellern, Werden, Werdenbrück und schließlich dann doch in „Die Nacht von Lissabon" über Osnabrück sind keine Schlüsselromane; sie besitzen ein Stück Hintergrund der Stadt, die die Folie ist, die Matrix, auf der die allgemeingültigen Handlungen angesiedelt werden – und ähnlich verhält es sich mit der Biografie Remarques. Auch sie ist lediglich Folie, Steinbruch für die Biografien der Protagonisten, die zusammengesetzt erscheinen aus Bruchstücken der Biografie des Autors, aus Teilen der Topografie der Stadt, aus Fragmenten ihrer Geschichte – für die „wissenden" Einheimischen voller Bezüge und Wiedererkennungs-

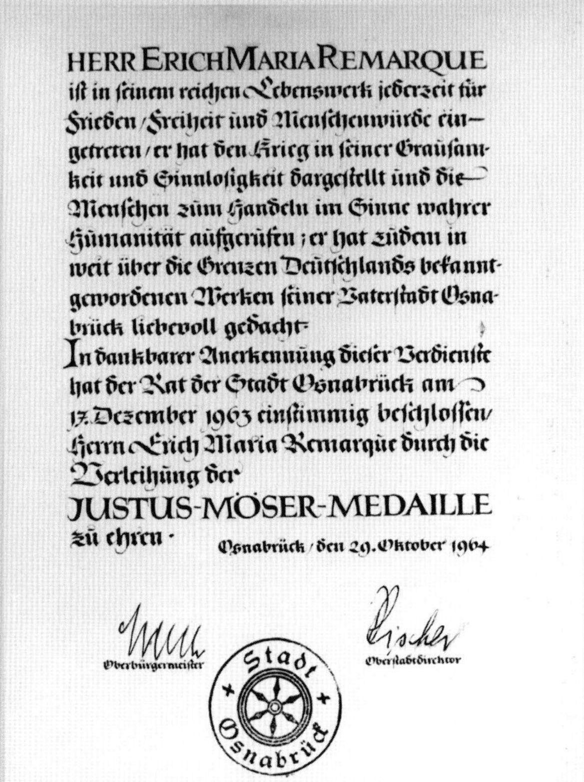

HERR ERICH MARIA REMARQUE
ist in seinem reichen Lebenswerk jederzeit für Frieden / Freiheit und Menschenwürde eingetreten / er hat den Krieg in seiner Grausamkeit und Sinnlosigkeit dargestellt und die Menschen zum Handeln im Sinne wahrer Humanität aufgerufen; er hat zudem in weit über die Grenzen Deutschlands bekanntgewordenen Werken seiner Vaterstadt Osnabrück liebevoll gedacht.
In dankbarer Anerkennung dieser Verdienste hat der Rat der Stadt Osnabrück am 17. Dezember 1963 einstimmig beschlossen / Herrn Erich Maria Remarque durch die Verleihung der
JUSTUS-MÖSER-MEDAILLE
zu ehren.

Osnabrück / den 29. Oktober 1964

Oberbürgermeister

Oberstadtdirektor

Stadt Osnabrück

Nach langen kontroversen Diskussionen im Rat verlieh die Stadt Osnabrück im Dezember 1963 die Möser-Medaille als höchste Auszeichnung der Stadt an Erich Maria Remarque. Dieser vermied eine Übergabe in Osnabrück und damit eine offizielle Rückkehr in seine Heimatstadt. Er sagt aus „Krankheitsgründen" ab. – „Dachte, sie würden die Medaille schicken."

effekte – und voller „Fehler" (die Katharinenkirche steht nun einmal nicht neben dem Rathaus). Für Remarques weltweite Leserschaft, und an diese dachte er vorrangig und ausschließlich, sind diese Städte, denen eine Stadt zugrunde liegt, und diese Personen, die aus historischen und fiktiven Elementen zusammengesetzt sind, Orte und Figuren, die stellvertretend stehen, grundsätzliche Entwicklungen in der deutschen Geschichte des vergangenen Jahrhunderts und repräsentative Verhaltensweisen von Deutschen in ihrer Zeit darstellen. Osnabrück ist so tatsächlich nur ein Stück des Hintergrunds der Romane.

Hanns-Gerd Rabe und die alten Freunde und Bekannten aus der Lehrerseminarzeit um 1920 waren in diesen fünfziger Jahren wohl die einzigen Osnabrücker, die sich noch um den berühmt und unbequem gewordenen Sohn der Stadt bemühten. Alle anderen, so musste es für Remarque erscheinen, waren vermutlich der Meinung eines Schweinfurter Lesers, der sich anlässlich des Romans „Zeit zu leben und Zeit zu sterben" 1954 wie folgt äußerte: „Man kann alle Dinge von verschiedenen Standpunkten aus beleuchten. Remarque nun sieht die Dinge aus der Perspektive eines ekeln Leichenwurms, der sich im Unrat wühlend wohlfühlt und von diesem lebt ..."

Die Osnabrücker sind weitgehend bis heute der Auffassung, Remarque sei, mit Ausnahme der Beerdigung seines Vaters im Juni 1954 in Bad Rothenfelde, nie mehr bis zu seinem Tode in die Nähe Osnabrücks gekommen. Doch Remarque war hier, mindestens drei Besuche in den Jahren 1952, 1953 und 1954. Und sein erster Nachkriegsbesuch Deutschlands galt Osnabrück.

Die entsprechenden Passagen in Remarques Tagebuch vermitteln den gespenstischen Eindruck eines mit verdunkelten Fenstern im Auto durch seine Heimatstadt fahrenden Autors, der Angst hat, erkannt zu werden, eine Reise auf der Suche nach einer Vergangenheit, die nicht wiederzufinden und nicht wiederzugewinnen ist. Ein Gefühl muss Remarque beschlichen haben, dass eine Zeit, ein Abschnitt seines Lebens, unwiederbringlich verloren gegangen war und dass die äußerliche Zerstörung der Stätten seiner Jugend, die er zum Teil nicht wiederfinden konnte, nur symbolischer Ausdruck auch der inneren Zerstörung war, als Folge des Krieges. Remarque setzte sich in den frühen fünfziger Jahren bei diesen ersten Deutschland-Besuchen bewusst dieser Konfrontation aus, doch die Erfahrungen bestätigten ihn nur in dem Willen, nie wieder endgültig zurückkehren zu wollen, nicht nur, weil er in Deutschland offensichtlich nicht willkommen war, sondern auch, weil zwei früher verbundene Linien – seine Biografie und die deutsche Geschichte – sich unvereinbar voneinander entfernt hatten.

Remarque hatte seinen Teil dazu getan, aufeinander zuzugehen, er hatte der Welt in seinen Romanen gezeigt, dass es nicht nur den Deutschen als Fanatiker, als Besatzer, als Mörder gab, sondern auch den Deutschen als Verfolgten, als Zweifler, als Humanisten; doch in der Bundesrepublik hatte man ihn als „Nestbeschmutzer" abqualifiziert und ihm in vielen symbolischen Gesten unmissverständlich deutlich gemacht, dass man auf ihn zu verzichten gedachte: die Weigerung der staatlichen Stellen, die Ausbürgerung rückgängig zu machen; die Weigerung,

Am 31. Oktober 1964 überreicht eine elfköpfige Delegation unter Leitung von Oberbürgermeister Willi Kelch Remarque die Möser-Medaille in Porto Ronco.

ihm eine wenn auch nur symbolische Entschädigung zu zahlen; die Vorgehensweise, ausgerechnet bei im Tessin ansässigen ehemaligen Nationalsozialisten Erkundigungen einzuholen, ob Remarque des Bundesverdienstkreuzes würdig sei oder nicht.

Ob Remarques Absage, zur Verleihung der Möser-Medaille 1964 nach Osnabrück zu kommen, tatsächlich auf seine reale Krankheit zurückzuführen ist oder schlicht eine Reaktion auf die erfahrene Ablehnung war, ist nicht mehr zu klären. Er wusste, dass die Verleihung nur auf Initiative Hanns-Gerd Rabes erfolgt und kontrovers im Rat der Stadt diskutiert worden war, obwohl der Beschluss letztlich einstimmig gefasst wurde.

Es bedurfte einer kleinen, aber bedeutenden Geste, um Remarques Haltung zu revidieren: die Benennung einer Straße in einem Neubaugebiet nach seiner vom Volksgerichtshof zum Tode verurteilten und hingerichteten Schwester Elfriede Scholz:

Doch jetzt war es für ein Aufeinanderzugehen, für ein offizielles persönliches Treffen in Osnabrück zu spät geworden. Remarque wollte, aber er konnte nicht mehr: Herz- und Schlaganfälle, monatelange Depressionen, Krankenhausaufenthalte, der Tod.

Wie der junge Soldat Ernst Graeber auf Heimaturlaub in seinem Roman „Zeit zu leben und Zeit zu sterben“ hatte Remarque seine Geburtsstadt aufgesucht, um nach Erklärungen und Antworten zu suchen, aber er hatte nur Trümmer vorgefunden und Schweigen und Verdrängen. Er war wieder abgereist, ohne Antworten, aber mit dem Willen, nicht zu schweigen, nicht zu verdrängen. Der Tod hatte eine erneute Rückkehr verhindert.

Osnabrück hat sich auch nach Remarques Tod im September 1970 jahrzehntelang schwer getan, eine Position zu diesem nicht nur berühmtesten Sohn der Stadt, sondern sicherlich auch meistgelesenen deutschen Autor des 20. Jahrhunderts zu finden. Eine Anfrage von Paulette Goddard, Remarques Witwe, ob die Stadt Interesse an einem Manuskript habe, das Remarque der Stadt vermacht hatte, blieb beispielsweise unbeantwortet, womit die letzte Chance, zumindest Remarques nachgelassene Papiere in seine Heimatstadt zu holen, vertan wurde – sie liegen heute in New York.

Erst 1978, zum 80. Geburtstag, wiederum auf Initiative Hanns-Gerd Rabes, erfolgten erste öffentliche Veranstaltungen und eine kleine Ausstellung. Dann ab Mitte der achtziger Jahre kam es zur Einrichtung einer Dokumentationsstelle, Ausrichtung einer Veranstaltungsreihe zum 90. Geburtstag, zum Aufbau eines Erich Maria Remarque-Archivs und schließlich 1996 zum gemeinsam von Stadt und Universität Osnabrück getragenen Erich Maria Remarque-Friedenszentrum.

Die Fragen, ob sich das Verhältnis der Osnabrücker zu Remarque verändert habe,

Roma, 31. Dezember 1968

An die Herren vom Rat der Stadt Osnabrück

Sehr geehrte Herren,

ich erhielt heute, am letzten Tage des Jahres, von Freunden in Osnabrück die Nachricht, daß Sie aus Anlaß des 25. Todestages meiner Schwester, Elfriede Scholz, beschlossen haben, eine Straße in Osnabrück nach ihr zu benennen. Ich bin tief ergriffen über diese generöse und noble Geste und möchte Ihnen dafür von Herzen meinen Dank aussprechen.

Mit allen guten Wünschen
Ihr
Erich Maria Remarque

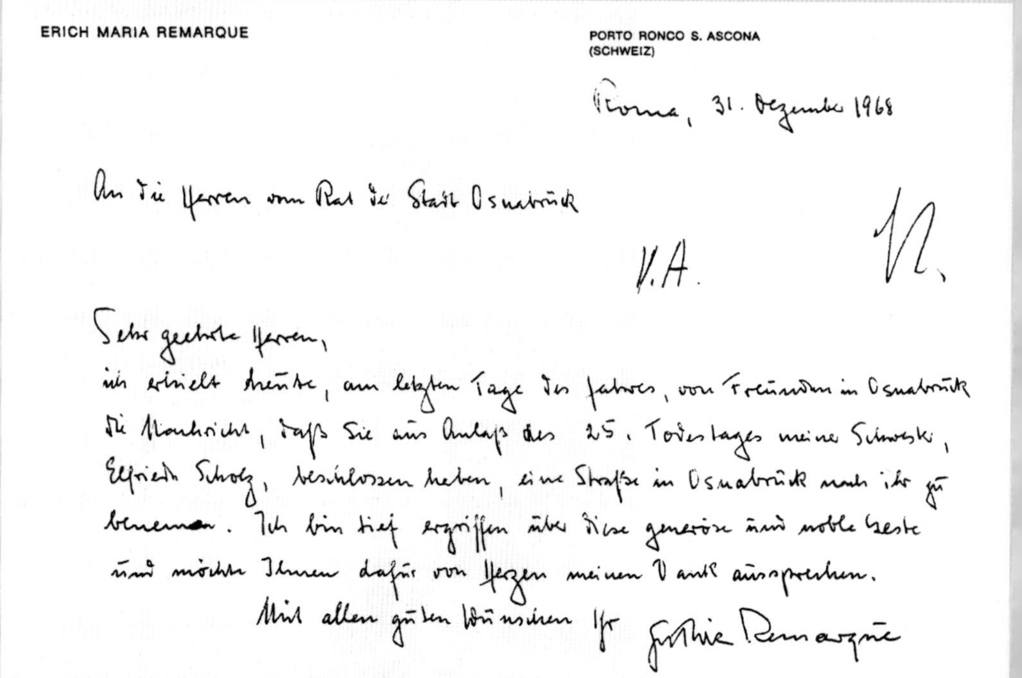
ERICH MARIA REMARQUE
PORTO RONCO S. ASCONA (SCHWEIZ)

Roma, 31. Dezember 1968

An die Herren vom Rat der Stadt Osnabrück

V.A.

Sehr geehrte Herren,
ich erhielt heute, am letzten Tage des Jahres, von Freunden in Osnabrück die Nachricht, daß Sie aus Anlaß des 25. Todestages meiner Schwester, Elfriede Scholz, beschlossen haben, eine Straße in Osnabrück nach ihr zu benennen. Ich bin tief ergriffen über diese generöse und noble Geste und möchte Ihnen dafür von Herzen meinen Dank aussprechen.
Mit allen guten Wünschen Ihr Erich Maria Remarque

Ausstellungsraum des Erich Maria Remarque-Friedenszentrums

ob er im Bewusstsein der Bürger als Teil der Identität der Stadt und ihrer Geschichte verankert ist, können heute bejaht werden. Nicht nur, dass Remarque ein „Standortfaktor“ ersten Ranges ist („ach, der kommt ja aus Osnabrück“), sondern vor allem ist dieses Urteil zurückzuführen auf das Engagement einer Vielzahl von Menschen, die sich Remarque und vor allem seinem Denken verpflichtet fühlen, den Werten, die in seinen Werken zum Ausdruck kommen und die er als „militanter Pazifist“ vehement vertreten hat. Diese Arbeit, vor allem in den Osnabrücker Schulen und bei kulturellen Veranstaltungen, hält Remarque lebendig, macht ihn zu einem Symbol, zu einem Identifikationsangebot.

Dieses und die ungebrochene weltweite Popularität Remarques sind die Basis für die Arbeit des Erich Maria Remarque-Friedenszentrums am historischen Marktplatz der Stadt und ihres wohl einzigartigen Konzeptes: Der eine breite Öffentlichkeit ansprechende Ausstellungsbereich ist räumlich und strukturell unmittelbar mit dem mehr wissenschaftlichen Archivbereich verbunden. Es sollen also nicht nur mehr oder weniger oberflächliche Informationen zu Leben und Werk Remarques geboten werden, sondern die Besucher sollen auf vielfältigen Wegen an die Ergebnisse der Forschung sowie den Umgang mit Originaldokumenten, die die Informationen der Ausstellung vertiefen, herangeführt werden. Zu diesen Wegen gehören ein Informationsterminal im Ausstellungsbereich, das für ein Archiv ungewöhnliche Angebot an jedermann, unter der Beratung von geschulten Fachkräften Archivmaterialien zu sichten, die Arbeit ganzer Schulklassen im Archiv nach einer speziell auf sie zugeschnittenen Führung im Ausstellungsbereich.

Das Erich Maria Remarque-Friedenszentrum erreicht vor Ort und durch diverse Medien weltweit geschätzte 140 000 Personen jährlich. Wobei „weltweit“ wörtlich zu nehmen ist. So kamen im Jahr 2002 Besucher aus 33 Ländern aus allen Kontinenten nach Osnabrück in die Remarque und seinem Friedens- und Toleranzgedanken gewidmete Institution; das Archiv wurde von Laien, Wissenschaftlern und Schülern aus 29 Ländern genutzt.

Obwohl es stets ein schmaler Grat zwischen purer Vermarktung eines Namens und der inhaltlichen Arbeit ist, Remarque bleibt das international anerkannte Osnabrücker Symbol für Toleranz, Menschlichkeit, Unabhängigkeit und – Humor.

Was für ein Glück, dass Remarque auch ein Mensch mit menschlichen Schwächen war, der es verstand, sein Leben zu genießen, und dem es gelang, ein derart intellektuell und sinnlich erfülltes Lebensideal in seinen Texten so zu vermitteln, dass ein weltweites Publikum auch heute noch, mehr als 30 Jahre nach seinem Tod, sich und seine ganz persönlichen individuellen Probleme darin wiederfinden kann, im Hintergrund stets ein Stück von Osnabrück. Was für ein Glück für diese Stadt.

„Das Haus ist nicht allein Testament eines unbeschreiblichen Schicksals. In ihm entsteht ein wichtiger Ort für die Begegnung von Zukunft und Vergangenheit."
Daniel Libeskind

Libeskinds beziehungsreiche Parallelogramme – das Felix-Nussbaum-Haus

Heger-Tor-Wall, dahinter die Altstadt

Eine erste Orientierung

Verunsichert stehen wir unweit des Heger Tors, das Getöse des Verkehrs um die Ohren, inmitten des Durcheinanders der Autos, die sich links, rechts oder in der Mitte des breiten Ringes, des Heger-Tor-Walls, einordnen müssen, auf ihrer Fahrt zu oder von der Arbeit, vor oder nach dem Einkaufen, stadteinwärts, stadtauswärts, wie überall: schnell, hektisch, anonym.

Es findet sich kaum noch eine Spur vom beschaulichen Mittelalter, geschweige denn von der Erinnerung an elegante Damen der *Belle Époque,* die hier in diesem bevorzugten Viertel wohl einst am Arm ihres wohlhabenden Gatten flanierten, vorbei an der zu ihrer Zeit entstandenen „königlichen" Gebäudepracht, auf dem Wege zu einer preziösen Einladung in einem der herrschaftlichen Häuser entlang des Walls.

Nicht mehr viele der repräsentativen Wohnanlagen mit ihren spätklassizistischen Fassaden und den gepflegten Vorgärten, der Mode der Zeit entsprechend, erzählen heute noch von dieser bedächtigen Zeit: von Krinoline, Zylinder und *Cul de Paris,* von Herrn Direktor Haarmann, Fabrikant Schlikker und Felix Schoeller, von Bankier Blumenfeld und Dr. Loewenstein.

Ein Wunder überhaupt, dass hier zwischen Heger Tor und Markt stadteinwärts, im so genannten Heger-Tor-Viertel, noch eine ganze Menge historischer Baubestand erhalten blieb, wenn man bedenkt, dass der Zweite Weltkrieg mit seinen Luftangriffen Osnabrück zu 70 Prozent in Schutt und Asche legte, die Altstadt zu 80 Prozent, die Bahnhofsvorstadt zu 90 Prozent und die Neustadt sogar zu 93 Prozent – ein Inferno, apokalyptisch!

So schafft heute das Nebeneinander neuzeitlicher und alter Architektur, diesseits und jenseits des Heger-Tor-Walls, diesseits und jenseits des „Platzes der Städtefreundschaft" für den Fremden ein wenig Verwirrung. Wir schauen etwas orientierungslos in den Stadtplan. Wohin? Wo befindet sich das Felix-Nussbaum-Haus, der zeitgenössische, international viel beachtete Bau, der dem lange verschmähten Osnabrücker Künstler jüdischer Abstammung gewidmet ist?

Ja, dort, aus der Altstadt kommend, ein paar Schritte vom Chaos des Verkehrs entfernt, liegt es versteckt am ehemaligen alten Festungsgraben, heute ein Heckenweg der ersten Stadterweiterung, versteckt hinter dem mächtigen Kulturgeschichtlichen Museum Osnabrücks, an der bewegten Kreuzung, wo

Seiten 138/139:
Felix-Nussbaum-Haus vom Architekten Daniel Libeskind

sich ungeduldige Fahrer in drei Richtungen sputen, nicht nur am Ring entlang oder zur A1, sondern auch in Richtung des holländischen Nachbarn, nach Amsterdam.

Eigentlich soll das exzentrische Museum des jüdischen Architekten und Preisträgers von *Ground Zero* ja ohnehin nur aus der Vogelperspektive in seiner gesamten geometrischen Struktur erkennbar sein, einem Gemälde El Lissitzkys gleich, wie so mancher meint. „Ein außergewöhnlicher Bau, der den Eindruck der Zersplitterung, Zerrissenheit und Dynamik vermittelt, verursacht durch die vielfältigen Über- und Zerschneidungen, das ‚Mikadosystem' der Linien bzw. der einzelnen Gebäudeteile", wie es in der Zeitschrift zur Ausstellung steht.

Aber wir schauen nicht von oben, wir stehen unweit vom Heger Tor und haben den breiten Ring noch nicht überquert. Es bleibt uns ein wenig Zeit, bevor uns die Betroffenheit vereinnahmt, denn wie soll man umgehen mit dem düstersten Kapitel der deutschen Geschichte, der deutschen Vergangenheit zwischen 1933 und 1945? Wie kann man sich in das Labyrinth eines jüdischen Schicksals wagen, ohne sich zu verirren in einer beklemmenden Befangenheit? Das bleibt eine bis auf ewig unbeantwortete Frage – ein Dialog mit Gespenstern, mit dem Auswegslosen, eine Sackgasse, ungelöst.

So lassen wir uns vorher noch ein wenig über die Umgebung, das Viertel und seine Geschichte belehren. Denn auch hier sind die Jahrhunderte nicht spurlos vorübergegangen. Der Abriss der alten schützenden Tore in diesem Stadtgebiet ist keine Sünde unserer Zeit, bestätigt der Denkmalpfleger fast tröstend. Nein, die engen Tore und die dazugehörigen Bastionen um die Stadt sind bereits Anfang des 19. Jahrhunderts den Osnabrückern ein Dorn im Auge gewesen, behinderten sie doch damals schon den Verkehr. Also wurden sie abgerissen. Das Heger Tor wurde 1817 durch das Waterloo-Tor ersetzt. Ein betuchter Bürger meinte, die Tapferkeit des Osnabrücker Landwehrbataillons bei Waterloo verdiene eine Würdigung und finanzierte den wuchtigen Bau mit den beeindruckenden Wallrampen. Doch breitere Straßen mussten her und so ließ Ende des 19. Jahrhunderts das Osnabrücker Bürgertum die Gräben zuschütten und opferte dafür die alte Wallbefestigung. Man legte, dem Geist der Zeit entsprechend, an deren Stelle begrünte Wallpromenaden an, zum koketten Lustwandeln der eleganten *beau monde.* Ein Hauch von liberalem Wind wehte durch Herz und Seele der aufstrebenden Provinzstadt. Die Industrialisierung brachte wirtschaftlichen Aufschwung und die neue Bourgeoisie wollte zeigen, was sie konnte und hatte. Aufwendige Architektur war an der Tagesordnung. Repräsentative öffentliche Gebäude schossen wie Pilze aus dem Boden.

Heger Tor mit Weidenskulptur des Künstlers Patrick T. Dougherty, Mai bis November 2004

Kulturgeschichtliches Museum Osnabrück

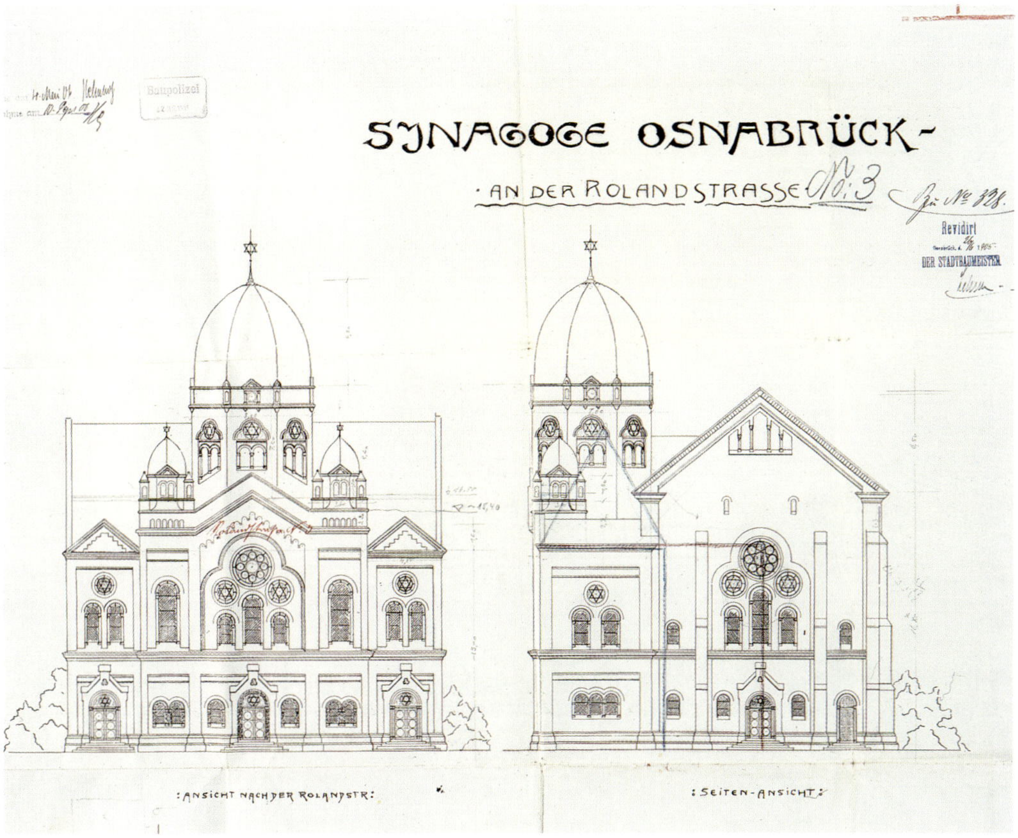

Synagoge von Osnabrück an der Rolandstraße (Aufriss)

Die jüdische Gemeinde

Die Osnabrücker Juden konnten ebenfalls aufatmen. Nach der Annexion des Königreichs Hannover durch Preußen 1866 wurde auch Osnabrück preußisch. Die Verfassungen des Norddeutschen Bundes von 1867 bzw. 1869 mit ihrem Emanzipationsgesetz traten in Kraft. Für die Juden brachte das die Gleichberechtigung. In der Euphorie des Status quo wünschten sich die inzwischen allgemein anerkannten und fest im gesellschaftlichen Leben der Stadt eingebundenen jüdischen Mitbürger eine Synagoge. Somit wurde „der Bau eines neuen, würdigen Gotteshauses, seit mehreren Jahren geplant, am 22. November 1904 einstimmig beschlossen und die Genehmigung hierzu von der Königlichen Regierung erteilt“.

Jüdische Gebetsräume hatte es zwar über lange Zeit bereits in Privathäusern gegeben – im 14. Jahrhundert an der heutigen Marienstraße 3, um 1823 in der Hakenstraße 16 (Tuchfeldtsches Haus), um 1848 an der Bierstraße 18 und zwischen 1848 und 1906 am Barfüßerkloster 6/7 –, aber keine würdige Synagoge. Das sollte im liberalen Zeitalter nun anders werden. Am 12. Juli 1905 begann man mit den Ausschachtungsarbeiten auf dem Grundstück an der Rolandstraße 3, just in diesem vornehmen, bürgerlichen Viertel unweit vom Heger Tor, vom Königlichen Regierungsgebäude, vom Ratsgymnasium, vom Kulturhistorischen Museum und von den anspruchsvollen, reichen Wohnhausanlagen der Großbürger an der Wallpromenade.

Am 14. September 1906, einen Tag nach der Einweihung, berichtete das „Osnabrücker Tageblatt“ ausführlich auf seiner Titelseite: „Binnen Jahresfrist ist also unter der kunstverständigen Leitung des Baumeisters Münchhausen aus Köln an der Rolandstraße hierselbst ein Monumentalgebäude entstanden, das nicht nur der israelitischen Gemeinde zur größten Ehre gereicht und seinen Meister lobt, sondern mit Recht als eine Zierde der Stadt, speziell des westlichen Teils derselben, bezeichnet werden kann.“

Man gehörte also dazu. Wie lange? Nicht lange. Am 9. Dezember 1938 wurde in der Pogromnacht das prachtvolle Gebäude mit der einmaligen Kuppel von Osnabrücker SA-Leuten in Brand gesetzt. Am nächsten Tag wurde der Abriss befohlen. Der Ort, „an dem jeder Frieden finde in Gott“, hat knapp 32 Jahre überlebt, kaum eine Generation.

In bitterer Erinnerung daran hat Daniel Libeskind den Haupttrakt des Felix-Nussbaum-Hauses auf die „Alte Synagogenstraße“ ausgerichtet. 200 Meter entfernt stand das stolze Gebäude, die alte Synagoge.

Linke Seite:
Das Luftbild vom Felix-Nussbaum-Haus verdeutlicht durch die Über- und Zerschneidungen des Baus den Eindruck der Zerrissenheit und Dynamik.

Lange Zeit erinnerte nur eine Gedenktafel am Regierungsgebäude an das jüdische Gotteshaus, bis man sich zur einer Gedenkstätte am Ort des Geschehens entschlossen hat. Osnabrücker Gestapo-Akten sollen bei Kriegsende verbrannt oder zur Leitstelle nach Bremen transportiert und dort vernichtet worden sein. Manches belastende Material war und ist nicht zu sichten. Zeitzeugen erinnern sich zwar an die „Kristallnacht", aber Deportationen? Wer wollte, konnte, kann und will dazu etwas sagen? Niemand, oder fast niemand!

Somit ist es nicht verwunderlich, dass die Stadt Osnabrück fast 30 Jahre gebraucht hat, um dem umfassenden Werk ihres verfolgten jüdischen Künstlers Felix Nussbaum in ihrer Stadt einen würdigen Platz einzuräumen. Er war der Sohn des wohlhabenden Eisenwarenhändlers Philipp Nussbaum, eines völlig assimilierten Geschäftsmannes, Mitglied im „Kavallerie-Verein" und Vorstand des Vereins der Osnabrücker Einzelhandelsunternehmer. Er ließ in wirtschaftlich schlechten Zeiten nach dem Ersten Weltkrieg Kriegerwitwen, ob jüdisch oder nicht, regelmäßig mit Lebensmitteln versorgen oder Gefallene auf seine Kosten in die Heimat überführen. Es handelte sich also um eine angesehene Familie, die von heute auf morgen ausgelöscht wurde? Nein, nicht von heute auf morgen. Das Ausgrenzen jüdischer Mitbürger hat auch in Osnabrück, wie überall, eine lange, schmerzhafte Tradition. Bereits im 14. Jahrhundert musste der Osnabrücker Bischof die Juden, die er in seine Stadt geholt hatte, weil er sie als Kreditgeber benötigte, von Anbeginn gegen den Rat der Stadt in Schutz nehmen. Nachdem das Zinsverbot für die Christen aufgehoben worden war, wurde der bischöfliche Schutz entbehrlich und somit die jüdischen Einwohner. Sie verließen die Stadt. 400 Jahre später wurden sie unter dem Schutz der Franzosen wieder „geduldet", doch nicht für lange. Denn bereits 1823, nach dem Sieg über Napoleon, bestritt die Stadt Osnabrück erneut ihr Bleiberecht – bis die Preußen mit ihrer liberalen Gesetzgebung kamen. Aber auch das nützte leider nicht viel. Wenn auch die Familien, wie die des Philipp Nussbaum, zunächst in der Stadt etabliert waren, ein gewisses Ansehen genossen und rege am Vereinsleben teilnahmen. Der aufkeimende Antisemitismus war nicht zu ersticken. Bereits 1927, knapp 20 Jahre nach ihrer Errichtung, wurden die Osnabrücker Synagoge sowie der jüdische Friedhof geschändet. 1928 verteilte die NSDAP ihre antisemitischen Flugblätter. Das viel gelobte Miteinander war dahin. „Die Freunde blieben aus, sei es, sie hatten Angst, sei es, sie genierten sich vor den Nachbarn, mit Juden zusammen zu sein", und die Vereine schlossen schon bald ihre jüdischen Mitglieder aus, auch Philipp Nussbaum.

Haupteingang mit Steinbogenbrücke und Nussbaum-Gang

Innenhof mit dem „imaginären Zentrum"

Seit 30 Jahren, seit die Erbengemeinschaft seine Bilder aus einem Brüsseler Kellerversteck nach Osnabrück brachte, widmeten sich das Museum und die Stadt Osnabrück der Aufarbeitung und Erforschung von Leben und Werk Felix Nussbaums. Ebenso lange dauerte es, bis seinem Werk ein eigenes Museum gebaut wurde. Es gab viele Probleme und Diskussionen. Zunächst scheiterte der Kauf von Nussbaums Elternhaus. Aber die Initiatoren blieben hartnäckig. Wollte man doch endlich dem Sohn der Stadt ein Denkmal setzen, dem Maler, der mit einer unglaublichen Intensität in seinen Bildern die Furcht vor dem Naziterror festhielt und dessen Werke eindringlich gemalte Psychogramme der Isolation, Verfolgung und Verfemung darstellen.

Nicht ohne Grund wählte das Osnabrücker Preisgericht Daniel Libeskind für die Realisierung des ehrgeizigen Projektes. Hatte doch der renommierte Architekt bereits das Jüdische Museum in Berlin geplant, dieses ebenfalls beeindruckende Holocaustmahnmal. Der gebürtige Pole jüdischer Abstammung wurde Mitte 1995, nach heftigen Diskussionen und Kontroversen, erster Preisträger des Gestaltungswettbewerbs. 296 Entwürfe waren eingegangen. Der Museumsbau sollte laut Auftraggeber nicht nur einen Überblick über Leben und Werk des Malers bieten, sondern Ziel war es, Bilder und Architektur miteinander in Dialog treten zu lassen. So waren Libeskinds Ideen nicht nur umstritten, sondern so mancher fürchtete, das unkonventionelle Gebäude würde die ausgestellten Bilder von Felix Nussbaum in den Hintergrund drängen, das Gebäude selbst würde eine eigenwillige „begehbare Skulptur" darstellen und damit zu sehr dominieren. Aber die Anhänger von Libeskind obsiegten. Seit dem 21. März 1999 ist nun im Felix-Nussbaum-Haus die weltweit größte Sammlung des jüdischen Malers untergebracht. Sie gehört zum einmaligen, über Jahre sorgfältig zusammengetragenen Nachlass des von Ängsten und Bedrohung der Shoah geprägten Osnabrücker Künstlers.

Der Eingang liegt auf der Rückseite. Auf der Ecke zum Wall und zur Lotterstraße steht das kleine Akzisehaus. Hier wurden Anfang des 19. Jahrhunderts die Fremden und Besucher zur Steuerkasse gebeten. Heute gibt es in diesem charmanten baulichen Kleinod aus dem Jahre 1817 Eintrittskarten, Broschüren und einschlägige Lektüre zu Felix Nussbaum und zum Museum. Auf dem Gelände des geplanten Felix-Nussbaum-Hauses wurde zu Beginn der Baumaßnahmen eine dreibogige Ravellin-Brücke aus dem späten 17. Jahrhundert freigelegt.

So spazieren wir zunächst über historische Bögen einer anderen Zeit, der Zeit des Absolutismus, in der die Stadt noch schwer an den Folgen des Dreißigjährigen Krieges zu tragen hatte und ihre Vermögenslage äußerst angespannt war.

Libeskind nahm Rücksicht auf die alte Bausubstanz. Er änderte seinen Plan. Der ursprünglich vom Architekten bis zur Straße projektierte Lauf seines „Nussbaumgangs" wurde weiter modifiziert und die Brücke so als Skulptur in die vorhandene architektonische Konstruktion integriert, Alt und Neu ineinander und aneinander gebunden: Felix Nussbaum re-integriert in die städtische Geschichte, versöhnlich? Vielleicht!

Die Befangenheit

So gehen wir schließlich über die düstere Rampe, die mit leichter Steigung im Nirgendwo endet, weiter von der schmalen Brücke zu einer fensterlosen Betonwand, einer tristen Mauer, die für den Baumeister Symbol der ungemalten Bilder von Nussbaum ist. Wir stellen uns der Geschichte und öffnen das schwere Eisentor. Dumpf fällt es hinter uns wieder ins Schloss. Beim Zufallen vibriert sein kalter Hall bedrohlich nach und erinnert an Schließgänge maroder Gefängnisse. Schauder laufen einem über den Rücken. Eine sparsame Klang-Installation, kaum identifizierbar, vermittelt weitere Unbehaglichkeit. Der Berliner Künstler Hans-Peter Kuhn zeichnet mit ihr den Weg Felix Nussbaums akustisch nach. So treten wir nur zögernd in das Leben des Künstlers, das im wohlhabenden Osnabrücker Bürgertum unbeschwert und heiter begann und in der Gaskammer von Auschwitz endete. Wir gehen in ein „Museum ohne Ausgang", dessen Räume durch ihre kaum wahrnehmbare Schräglage merkwürdig schwerelos wirken und Schwindel erzeugen.

Wir schreiten über offene Gitterroste, die einen Blick in die jeweils andere Ebene zulassen und einem den Boden unter den Füßen wegziehen, an nicht parallel verlaufenden Wänden und Fenstern ohne rechten Winkel vorbei, unter teilweise transparenten, irritierenden Geschossdecken und damit durch sämtliche bewegende Lebensstationen des Malers. Je nach der Situation des Künstlers öffnen sich Räume

Meine Mutter, 1926.
Felix-Nussbaum-Haus Osnabrück mit der Sammlung der Niedersächsischen Sparkassenstiftung

Selbstbildnis mit grünem Hut, 1927.
Felix-Nussbaum-Haus Osnabrück mit der Sammlung der Niedersächsischen Sparkassenstiftung

Erinnerung an Norderney, 1929.
Felix-Nussbaum-Haus Osnabrück mit der Sammlung der Niedersächsischen Sparkassenstiftung

Linke Seite:
Die beiden Juden, 1926.
(Inneres der Synagoge von Osnabrück.)
Felix-Nussbaum-Haus Osnabrück mit der Sammlung der Niedersächsischen Sparkassenstiftung

Selbstbildnis im Atelier, 1936.
Felix-Nussbaum-Haus Osnabrück mit der Sammlung der Niedersächsischen Sparkassenstiftung

Europäische Vision, 1939.
Felix-Nussbaum-Haus Osnabrück/ Felix-Nussbaum-Foundation

und Durchbrüche, vom einfallenden, wechselnden Tageslicht durchflutet. Urplötzlich stehen wir vor Abbrüchen und verirren uns in unvorhersehbaren Verzweigungen und engen Sackgassen. Das Gefühl der Beklemmung lässt sich nicht abschütteln, nicht ein einziges Mal. Es gibt kein Entkommen. Bilder und Leben des Künstlers sind eins, überall anwesend, in jedem Winkel, in jeder Nische. Sie verschaffen sich gnadenlos Aufmerksamkeit. Die Architektur steht ständig im Dialog mit den Bildern. Symbiotisch ist sie aufs Engste verschmolzen mit der tragischen Geschichte des Juden Felix Nussbaum. Wie konnte diese perfekte Symbiose entstehen? Wie hat der Architekt sich emotional zunächst mit dem Menschen und mit dem Werk des Felix Nussbaum auseinander gesetzt, wo und wann fing seine innere Zwiesprache mit dem Künstler an? Eine Zwiesprache auch mit der Stadt des Geschehens? Bei der Eröffnungsrede am 6. Juli 1998 meinte er dazu:

Als ich 1995 den Wettbewerb für den Bau des Felix-Nussbaum-Hauses gewann, wusste ich vom Leben dieses berühmten Sohnes Osnabrücks nur wenig: ein Mensch, ein zu seiner Zeit bekannter Maler, aber auch eine emblematische Figur, die für Vitalität und Erfolg steht, aber auch für das Auslöschen von Kultur und Kontinuität sowie für die Zerstörung der Geschichte durch die als Shoah bekannte Vernichtung. Ich habe im Verlauf der letzten drei Jahre die Möglichkeit gehabt, mich mit der Einzigartigkeit von Felix Nussbaum eingehender zu befassen und habe danach versucht, die tiefe Humanität, die dauerhafte Vision, die tiefgehende Bedeutung von Nussbaum und all dem, wofür er steht, in die Architektur dieses Museums einfließen zu lassen. Ich verstand es als größte Herausforderung, die biografische und die historische Verdrängung dieses Mannes darzustellen – aber auch den Weg der Stadt Osnabrück von der Vergangenheit in die Gegenwart und in ihre eigene Zukunft.

Rechte Seite:
Ausstellungsraum mit Bildern aus Ostende

Ausstellungsraum mit Bildern aus Brüssel

Die Architektur

So bleibt dem Besucher das Betreten des Museums durch eine Betonmauer, eine Konfrontation mit zersplitterten Räumen und die „zur Innenseite riesige, ergreifende Leere" – ein beklemmendes Erlebnis.

Die Architektur des eigenwilligen Gebäudes besteht aus drei Baukörpern, einem aus Holz, einem aus Zinkblech und einem aus Sichtbeton. Der Haupttrakt des Neubaus ist mit deutschem Eichenholz verkleidet, die Nussbaum-Brücke ist aus Zinkblech. Das Ganze hat eine tiefere Bedeutung. Die Materialien symbolisieren auf einzigartige Weise den Schicksalsweg des Malers. Eiche, Sichtbeton und Zinkblech stehen für seine unterschiedlichen Lebensstationen, für die zunehmende Kälte des Lebensweges. Sie symbolisieren eine heitere Jugendzeit, dem Magischen Realismus zugewandt und stark beeinflusst von Vincent van Gogh und Giorgio De Chirico, dann eine dramatische Flucht, das Versteck und schließlich die Verhaftung und Verschleppung von Mechelen mit dem letzten belgischen Deportationszug Richtung Auschwitz.

So mancher Kritiker nennt das Museum einen inszenierten Irrweg oder eine Symbiose zwischen Architektur und Moral. Der jüdische Baumeister aus dem polnischen Lodz, der 1957 mit seiner Familie zunächst nach Israel und dann nach New York auswanderte, habe nicht nur ein Museum, sondern eine Burg gegen das Vergessen geschaffen. Alles beziehe sich auf das Schicksal Nussbaums, stellvertretend für das Schicksal der jüdischen Kultur und ihre Zerstörung in den Jahren 1933 bis 1945. Alles beziehe sich auf das beklemmende Gefühl von Enge, von Orientierungslosigkeit und Verunsicherung. Zwischen dem Architekten Daniel Libeskind und dem Maler Felix Nussbaum gibt es Gleichklang. Ist dieser in der gemeinsamen jüdischen Tradition begründet? Eines steht fest, der emotionalen Architektur des Felix-Nussbaum-Hauses des großen amerikanischen Baumeisters jüdischer Abstammung mit seiner überzeu-

Großer Saal mit der Eröffnungsausstellung 1998

Der Sturm (Die Vertriebenen), 1941.
Leihgabe aus Privatbesitz

JUIF-JOOD

Die Verdammten, 5. Januar 1944.
Felix-Nussbaum-Haus Osnabrück mit
der Sammlung der Niedersächsischen
Sparkassenstiftung

Jaqui auf der Straße, Ende Januar 1944.
Felix-Nussbaum-Haus Osnabrück mit
der Sammlung der Niedersächsischen
Sparkassenstiftung

Linke Seite:
Selbstbildnis mit Judenpass, nach
August 1943.
Felix-Nussbaum-Haus Osnabrück mit
der Sammlung der Niedersächsischen
Sparkassenstiftung

genden Symbiose von Malerei und Architektur kann sich kaum ein Besucher entziehen. Wer sich auf dieses außergewöhnliche Museum einlässt, wird über das Gebäude fast sinnlich konfrontiert mit dem Schicksal der Verfolgung im Allgemeinen und im Besonderen. Was bleibt, ist eine tiefe Betroffenheit. Inzwischen erntete das Osnabrücker Museum weit über die Grenzen hinaus euphorisches Lob. Gleich nach der Fertigstellung stand es auf der Architekturliste der „Times“ unter den zehn eindrucksvollsten Bauten des Jahres.

Erst beim Herausgehen bemerken wir, dass die schmale Brücke, über die wir hineingekommen sind, genau eine Spurweite breit in das Pflaster eingelassen ist. Es sind Eisenbahnschienen ... Und noch etwas: Der Nussbaum-Gang, der das irritierende Ensemble trennt und zugleich zusammenhält, ist direkt auf die Villa Schlikker hin orientiert, in der heute das „Haus der Erinnerungen“ des Kulturgeschichtlichen Museums untergebracht ist. Hier befand sich zwischen 1933 und 1945 die Parteizentrale der NSDAP und sie ist der älteren Osnabrücker Bevölkerung auch heute noch als das „Braune Haus“ bekannt.

Triumph des Todes (Die Gerippe spielen zum Tanz), 8. April 1944.
Felix-Nussbaum-Haus Osnabrück mit der Sammlung der Niedersächsischen Sparkassenstiftung

2003 führte der in Berlin lebende Regisseur Gordian Maugg ein Interview mit dem Architekten Daniel Libeskind.

Herr Libeskind, 1998 wurde das Felix-Nussbaum-Haus in Osnabrück eröffnet. Seitdem wurden viele weitere Ihrer Projekte realisiert und der Öffentlichkeit übergeben. Welche Bedeutung hat unter all diesen Projekten das Felix-Nussbaum-Haus für Sie?

Für mich ist es etwas sehr Besonderes. Es war das erste Gebäude, das ich als Architekt realisieren konnte. Die Geschichte von Nussbaum ist ja nicht einfach eine historische Statistik. Sie handelt von einem Menschen. Ich versuchte, durch das Gebäude einen Teil der Erfahrung des tragischen, aus dem Zusammenhang gerissenen und trotzdem sehr inspirierenden Leben Nussbaums zu vermitteln – an dieser sehr schönen Stelle in Osnabrück. Das Felix-Nussbaum-Haus ist vielleicht ein kleineres Projekt, mit einem kleinen Budget, aber für mich ist es sehr, sehr wichtig.

Durch Ihr aktuelles Projekt am Ort des World Trade Centers sind Sie sehr unmittelbar konfrontiert mit den großen kulturellen Konflikten, denen wir heute begegnen. Welche Rolle kann Ihrer Meinung nach die Stadt Osnabrück übernehmen, um die Idee von Frieden und interkultureller Verständigung zu fördern?

Ich finde es großartig, dass sich eine Stadt dem Bemühen um Frieden in der Welt verschreibt. Es gibt gar nichts Wichtigeres als Institutionen und öffentliche Orte zu schaffen, die den Menschen erlauben, unterschiedliche Gedanken zu denken, frei zu sein von den Slogans und dem Bösen, das sie umgibt, um eine bessere Welt zu schaffen.

Nussbaumgang im Obergeschoss

Sie haben Erfahrungen mit Projekten in Metropolen wie New York, London oder Berlin. Überzeugt Sie eine kleinere Stadt wie Osnabrück?

Ja, völlig! Ich glaube, dass es genau die Städte von der Größe Osnabrücks sind, die stärker wahrgenommen werden müssen in ihrer Bedeutung für den großen kulturellen Kontext Europas – und der Welt. Ich bin zutiefst davon überzeugt, dass nicht nur die großen Städte, die seit vielen Jahrhunderten im Licht der öffentlichen Wahrnehmung stehen, sondern gerade die Städte, die scheinbar an der Peripherie liegen, hervorgehoben werden müssen, denn sie sind die wirklich kreativen Städte, die die moderne Welt auszeichnen.

Was ist Ihre persönliche Meinung zu Osnabrück als Friedensstadt?

Ich glaube, Osnabrück ist eine bewegende Stadt. Nicht nur wegen der Geschichte, dem Westfälischen Frieden, der Vielzahl an Architekturformen aus unterschiedlichen Epochen, der Zerstörung im Krieg und dem anschließenden Wiederaufbau, der Anerkennung jener Bürger, die auf so tragische Weise in den schrecklichen Jahren der Nazizeit verschwunden sind – sondern vor allem, weil es eine Stadt mit Zukunft ist. Und ich glaube, dass nur in der Verbindung dieser tiefen Vergangenheit mit der Zukunft eine Stadt wie Osnabrück ein Modell für andere Städte werden kann.

„Wenn ich untergehe, laßt meine Bilder nicht sterben“

Inge Jaehner

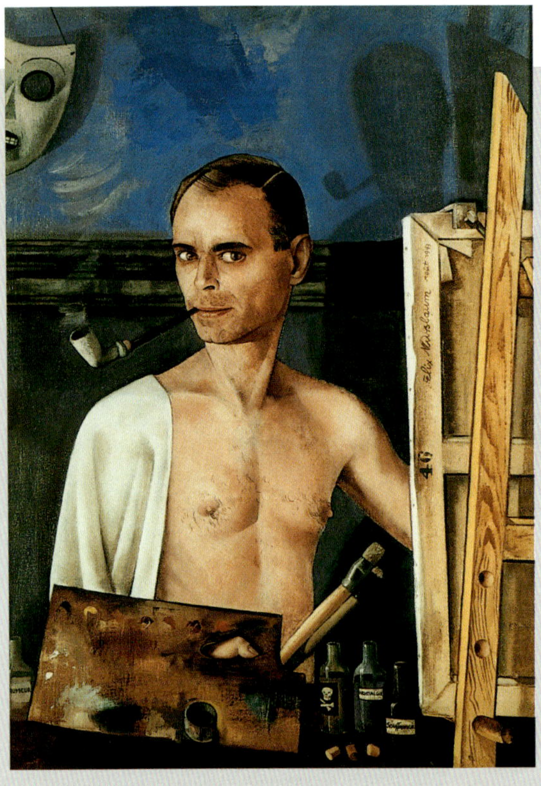

Selbstbildnis an der Staffelei, August 1943. Felix-Nussbaum-Haus Osnabrück mit der Sammlung der Niedersächsischen Sparkassenstiftung

Am 16. Juli 1998 wurde als Erweiterungsbau des Kulturgeschichtlichen Museums Osnabrück das von dem amerikanischen Architekten Daniel Libeskind entworfene Felix-Nussbaum-Haus eingeweiht. Seit dem 21. März 1999 ist nun in diesem eigens für das Œuvre Felix Nussbaums errichteten Museum mit 180 Arbeiten die weltweit größte Sammlung seiner Werke zu sehen, die zu den beeindruckendsten künstlerischen Dokumenten eines von den Ängsten und der Bedrohung der Shoah geprägten (Künstler-) Lebens zählen.

Wie kein anderer der ersten Jahrhunderthälfte hat der 1904 in Osnabrück geborene und 1944 in Auschwitz ermordete Künstler alle Erfahrungen der Jahrzehnte nach dem Ersten Weltkrieg in seinen Bildern festgehalten und als Teil der Situationen reflektiert, in die er als Jude durch die rassistische Ideologie des nationalsozialistischen Deutschlands hineingestoßen wurde: Sein Leben und Werk sind geprägt von der beschaulichen Geborgenheit in der Provinz, vom schnellen, dem Zeitgeist konformen Erfolg in der Kunstmetropole Berlin, von der Bedrohung und Orientierungslosigkeit in der Emigration, von Kriegsdrohung und Bombenkrieg, von der Angst im Internierungslager, der Isolation im Untergrund und im Versteck und schließlich vom Leid und der Vernichtung der Juden in Europa durch das Naziregime. Für ihn wurde in seiner aussichtslosen Lage die Malerei zur Widerstandshandlung, da sie ihm seine menschliche Würde erhielt und ihm lange Zeit die Kraft zum Überleben gab. Er war Protokollant dieser Zeit und wurde ihr Opfer.

Für den unkonventionellen Museumsbau, der mit seinen spitzwinklig zulaufenden Räumen, den abfallenden Böden und dunklen Betongängen kongenial den Lebensweg Nussbaums nachzeichnet, wurde ein spezielles Ausstellungs- und Präsentationsprogramm entwickelt. Es vermittelt nicht nur einen Überblick über Leben und Werk, sondern verfolgt das Ziel, Bilder und Architektur in einen Dialog eintreten zu lassen.

Ein grundlegender Entwurfsgedanke Libeskinds, die einzelnen Gebäudeteile den wichtigsten Lebensabschnitten Nussbaums zuzuordnen, bildet den Ausgangspunkt für die konzeptionelle Leitlinie der Dauerausstellung. Obwohl die Abfolge chronologisch angelegt ist, bot sich die Möglichkeit, einzelne Themenräume zu realisieren, die diesen Bezug von Innen und Außen erlauben und zu einer einzigartigen Symbiose von Architektur und Malerei führen. Daniel Libeskind ist es gelungen, unterschiedliche Raumcharaktere zu schaffen, die das Gefühl von Enge, von Orientierungslosigkeit und Verunsicherung vermitteln. Dieser kraftvollen, emotionalen Atmosphäre der Architektur kann sich kaum ein Besucher entziehen. Sie trägt dazu bei, dass nicht nur einfache Ausstellungssäle, sondern wirkungsvolle Räume gegen das Vergessen geschaffen wurden.

Der Künstler Felix Nussbaum gehört zur Verschollenen Generation der um 1900 Geborenen, die wie keine andere in ihrer künstlerischen Entfaltung durch die Zeitumstände behindert, abgeschnitten und schließlich vergessen wurde. Ihre Wiederentdeckung begann erst in den siebziger Jahren des 20. Jahrhunderts.

In diese Zeit fällt auch der Beginn der Beschäftigung des Museums Osnabrück mit dem Maler Felix Nussbaum. Seit mehr als 20 Jahren erforscht das Museum sein Leben und Werk. Im Laufe der Zeit entstand mit mehr als 180 Bildern die umfangreichste Sammlung von Werken dieses Malers. Sie wird ergänzt durch Dokumente biografischen, zeitgeschichtlichen und politischen Inhalts, mit deren Hilfe die Erfahrungen seiner Bilder als politisches Vermächtnis erkannt werden können: als Auftrag und Verpflichtung, nicht zu vergessen, was geschehen ist. Dieser Verpflichtung wurde zuletzt 1998 mit dem Neubau des Felix-Nussbaum-Hauses durch den Architekten Daniel Libeskind Rechnung getragen. Seit März 1999 ist hier die vollständige Sammlung der Werke Felix Nussbaums zu sehen, gemäß seinem Wunsch: „Auch wenn ich untergehe, laßt meine Bilder nicht sterben, zeigt sie den Menschen.“

Das Felix-Nussbaum-Haus ist darum mehr als ein Museum, es besitzt gleichzeitig eine Mahnmalfunktion. Das Haus ist aber kein Mahnmal im Sinne stillen Gedenkens, es will aktive Erinnerungsarbeit anstoßen, es will Lehren aus der Vergangenheit vermitteln, die in die Zukunft wirken sollen.

Rechte Seite: Haupteingang mit Steinbogenbrücke und „Vertikalem Museum“

Wirtschaftsregion Osnabrück: Spitzenunternehmen auf Erfolgskurs

„Wirtschaft ist nicht alles, aber ohne Wirtschaft ist alles nichts."
Karl Schiller (Bundeswirtschaftsminister 1966–1971)

KARMANN

JhrPlatz

Linke Seite:
Oben:
KM Europa Metal AG – einer der weltweit führenden Hersteller von Kupfer und Kupferlegierungen

Mitte:
Wilhelm Karmann GmbH – links: aktuelle Produktion; rechts: der legendäre Karmann Ghia

Unten:
Schoeller-Gruppe – weltweit führender Hersteller von Fotobasispapier

Piepenbrock – Dienstleistungsgruppe mit über 23 000 Mitarbeitern; an zweiter Stelle im Arbeitsplatzzuwachs in Deutschland

Ihr Platz – über 900 Drogeriemärkte in Deutschland

Lager der Spedition Hellmann: Worldwide Logistics – Dienstleistungen in 134 Ländern

Perspektive Wirtschaft

Schaut man ins Internet, erscheinen beim Anklicken des Industriestandortes Osnabrück erstaunliche Zahlen und Geschichten. Wer weiß schon, dass die KM Europa Metal AG, das Osnabrücker Kupfer- und Drahtwerk, der weltweit größte Hersteller von Erzeugnissen aus Kupfer und Kupferlegierungen ist? In diesem Werk wurden zur Jahrtausendwende sage und schreibe zwölf Milliarden neue Euro-Coins gestanzt. Das Unternehmen blickt auf eine mehr als hundertdreißigjährige Geschichte zurück. 1874 war das Gründungsjahr und heute steht das alte Werkzeuggebäude als Zeuge einer bewegten Vergangenheit Modell für Industriearchitektur. Die Stadt an der Hase als Turin des Nordens zu bezeichnen ist zwar ein wenig übertrieben, aber der Karosseriebauer Karmann, dessen „Zeitreise im Jahre 1901 beginnt“, wie das Werk stolz auf seiner Homepage betont, nennt sich im Internet auf Neudeutsch „Full-service-vehicle-Supplier“, der die internationale Automobilindustrie mit Ideen, neuen Lösungen, Produkten und Fertigungsanlagen beliefert. Wer erinnert sich nicht an den legendären Karmann Ghia? 7500 DM kostete 1955 das Coupé und bis 1974 liefen über 500 000 Exemplare vom Band.

Im Jahr 1871 unterhielt Carl Heinrich Hellmann noch ein Pferdefuhrwerk, doch er verpasste nicht den Anschluss an die neue Zeit und nennt sich heute „Hellmann Worldwide Logistics“. Ob das internationale Renommee der Spedition an der günstigen Verkehrslage der Stadt liegt oder an Fleiß, Können und Flexibilität des Unternehmers, sei dem Urteil des Lesers überlassen. Immerhin, 133 Jahre Ausdauer mit konstantem geschäftlichem Erfolg sind jede Menge Holz. Auch die Felix Schoeller Gruppe konzentriert sich seit weit mehr als 100 Jahren auf die Produktion hochwertiger Spezialpapiere, beliefert Weltfirmen wie Kodak, Fuji und Canon und ließ sich ebenfalls ein Motto mit internationalem *Touch* einfallen: „Specialty papers in progess“, heißt die Devise.

Bei all dem internationalen Flair sollte man sich schleunigst auch um das leibliche Wohl kümmern. Keine Bange: Leysieffer lässt grüßen! Seit 1909 – jawohl, seit fast 100 Jahren, erobert der Osnabrücker

Seiten 158/159:
Georgsmarienhütte, Luftaufnahme

Konditor mit Confiserie- und Konditoreispezialitäten die Herzen der Liebhaber süßer Naschereien – sei es in Berlin, auf Sylt oder an irgendeinem anderen Ort im Lande. Doch kaum einer weiß, dass das Stammhaus immer noch in der Osnabrücker Krahnstraße steht. Pardon, da fällt die Firma Coppenrath & Wiese ein wenig ab. Sie gibt es erst seit 1975. Aber die Gründer stammen auch aus einer Osnabrücker Familie, deren Backkunst bis ins 17. Jahrhundert zurückreicht. Auch die „Ihr Platz Drogeriemärkte" können auf alte Wurzeln verweisen. Sie gingen aus der im Jahr 1895 gegründeten Osnabrücker Seifenfabrik „Frömbling" hervor, deren Name 1958 in „der Seifen-Platz" umgetauft wurde, bis schließlich daraus zu Beginn der Jahrtausendwende, und zwar genau am 2. Januar 2000, „Ihr Platz" wurde. Weit über 900 Geschäfte gibt es bundesweit. Ihr helles, grellgelb-grünes Erscheinungsbild, das *Corporate design,* hat nun gar nichts Provinzielles mehr an sich.

Wer glaubt, ein Reinigungsunternehmen sei wegen der modernen Hoch- und Glasbauarchitektur ohne lange Tradition, hat sich geirrt. Die Osnabrücker Dienstleistungsgruppe Piepenbrock bietet seit 1913 „Service rund um das Gebäude" und der Inhaber Hartwig Piepenbrock hat sich der Kunst verschrieben. Mit dem Ziel, für die Stadt Osnabrück und weit darüber hinaus einen kulturpolitischen Beitrag zu leisten, rief er 1988 seine Stiftung ins Leben. Keine Geringeren als der Schweizer Max Bill oder der Spanier Eduardo Chillida bekamen bereits aus der Stiftung in der niedersächsischen Friedensstadt den höchst dotierten Skulpturenpreis Europas.

FUCHS Gewürze GmbH – Europas größter Gewürzspezialist mit Sitz in Dissen im Osnabrücker Land

Conditorei Coppenrath & Wiese – klassische Backtradition mit modernen Herstellungsmethoden

Leysieffer – „Die Himmlischen" aus Osnabrück, handmodellierte Pralinen für die Confiserien und Bistros zwischen der Nordsee und den Alpen

Übrigens fanden 87 Prozent der Bürger der Stadt an der Hase, dass sie sich in ihrer Region wohl fühlen und belegten damit Platz eins in der regionalen Zufriedenheitsskala Deutschlands. So bestimmten Internetnutzer bei der Online-Umfrage 2003 „Perspektive Deutschland“, vom Stern zusammen mit der Unternehmensberatung McKinsey, dem ZDF und T-Online organisiert, über Nacht die Bewohner Osnabrücks zu den zufriedensten Menschen Deutschlands. Am besten aber steigt man aus dem Internet aus und macht sich auf nach Osnabrück, dorthin, wo Industriegeschichte nach wie vor lebendig und greifbar ist – nicht nur visuell.

Ein Traditionsstandort?

Wen wunderts? Denn im 19. Jahrhundert machte die industrielle Entwicklung auch vor der traditionellen Handwerkerstadt Osnabrück nicht halt. Das Handwerk lag, wie fast überall, durch die allgemeine wirtschaftliche Misere darnieder. Die Manufakturen, in denen menschliche Arbeitskraft gefragt war, mussten nach und nach den Fabriken weichen. Der Handwerker, dessen Können bis dato an erster Stelle stand, trat in aussichtslose Konkurrenz zu den maschinell angefertigten Massenprodukten. Dafür aber brachte ab 1866 auch in Osnabrück und Umgebung die Industrialisierung für die Menschen viel versprechende Perspektiven. Neue Fabrikanlagen sorgten für Aufträge, für Reparatur- und Instandhaltungsverträge und für eine Belebung des Handels. Die mühsame, saisonbedingte und wetterabhängige Arbeit auf dem Lande konnte mit den höheren Löhnen, der geregelten Arbeitszeit und der Gewährung eines wenn auch bescheidenen Feierabends in den Fabriken nicht mithalten. In Osnabrück wie auf dem Lande entwickelte sich neben den Handwerksgesellen, Tagelöhnern und Dienstboten der vorindustriellen Zeit eine immer

Stadtplan Osnabrück von 1807.
Nds StAOS K 62c Nr. 3 H

größer werdende Zahl an Industriearbeitern. Die Gesellschaft veränderte sich. Angestellte und Beamte bildeten den neuen Mittelstand. Neben Handwerksmeistern und Kaufleuten, die zwar nach wie vor ihre Zunft- und Gildetraditionen pflegten, belebten jetzt auch erfolgreiche Unternehmer mit ihrem üppigen *Savoir-vivre* das gesellschaftliche Leben der Stadt.

Ein neues Zeitalter war angebrochen. Die Stadt platzte aus allen Nähten. Neben neu gegründeten Fabriken schossen Handelshäuser, Banken, Verwaltungs- und Versicherungsgebäude, Krankenhäuser, Schulen usw. wie Pilze aus dem Boden. Zwischen 1800 und 1850 stieg die Einwohnerzahl von rund 8000 auf knapp 15 000 an. In der zweiten Hälfte des 19. Jahrhunderts verdreifachte sich diese Zahl, bis man im Jahr 1914 fast 70 000 Einwohner zählte. Die Industrialisierung veränderte das Gesicht der Stadt. Das seit 1553 bestehende und bereits 1843 aufgehobene Verbot, außerhalb der Stadtmauern Häuser zu bauen, sorgte zusätzlich für Aufschwung. Es entstanden Siedlungen und neue Viertel. Man konnte nicht klagen. Bodenschätze gab es genügend. Erz, Kohle und Kalk waren in Osnabrück wie in den Ausläufern des Teutoburger Waldes, am Hüggel und in den benachbarten Bergen reichlich vorhanden. So stand auch dem Aufbau der industriellen Eisen- und Stahlerzeugung nichts im Wege. Schon um 1540 übrigens soll der erste Pütt in Osnabrück betrieben worden sein, weshalb es nicht verwundert, dass der Name „Kohlbrecher" hier landauf, landab noch heute ein geläufiger Name ist.

Erfahrung als Trumpf

Wir wissen, dass die Industrie in Osnabrück nach wie vor präsent ist, wenn sie auch ein modernes Antlitz bekommen und die Zeichen der Zeit erkannt hat. Nicht nur in der Stadt selbst, sondern auch im angrenzenden Osnabrücker Land hat man den Anschluss nicht verpasst. Schaut man vom Varusturm aus auf die reizvolle hügelige Landschaft am Rande des nördlichen Teutoburger Waldes, sieht man nicht nur einige traditionelle Bauernhöfe mit ihrem stolzen Fachwerk und ländliche Siedlungen, sondern auch ein modernes Elektro-Stahlwerk: die Georgsmarienhütte Holding GmbH.

Werk oder Stadt? Stadt oder Werk? Das ist die Frage. Denn Georgsmarienhütte ist kein historisch gewachsener Ort, wenn er auch heute die gesamte Infrastruktur einer Stadt besitzt und das Bild einer Stadtlandschaft bietet, wie es die Stadtväter propagieren. Es ist ein Produkt, auf der grünen Wiese entstanden, dessen Name älter ist als die Stadt selbst, denn er geht auf die Förderung der Eisenindustrie zurück. Das letzte Herrscherpaar des Königreiches Hannover, Georg V. und seine Frau Marie, gestatteten damals im Jahr 1856 dem Bergwerk und der Eisenhütte die Namensführung Georgs-Marien-Bergwerks- und Hüttenverein. Anfang des 20. Jahrhunderts schrieb der Chronist Ludwig Hoffmeyer in seiner „Chronik der Stadt Osnabrück" liebevoll dazu: „Neben der Georgs-Marienhütte ist ein freundlicher Ort gleichen Namens mit gut erhaltenen Straßen, freundlichen Häusern, die meist dem Werke gehören, und prächtigen Anlagen entstanden, der eine evangelische und eine katholische Kirche, geräumige Schulen, ein musterhaft eingerichtetes Krankenhaus und eine Wasserleitung besitzt. Für die ‚Osnabrücker' ist die ‚Hütte' mit ihrer an Naturschönheiten reichen Umgebung der beliebteste Ausflugsort." Ein optimaler Standort damals, ein optimaler Standort heute? Geschichte und Tradition sind eng miteinander verbunden, nahtlos ineinander übergehend. Generationen treuer Mitarbeiter sammelten Erfahrungswerte und vererbten sie vom Vater auf den Sohn.

Die Liebeserklärung eines Zugereisten: Jürgen Ralf Großmann von der Georgsmarienhütte Holding GmbH

Wie sorgsam man mit den eigenen Ressourcen umgehen und die Tradition der gewachsenen Standorte respektieren sollte, kann man am besten, stellvertretend für alle erfolgreichen Geschäftsleute, die sich in der Gegend nach wie vor der Kontinuität erfolgreich verschrieben haben, Dr. Jürgen Ralf Großmann fragen. Der im Herzen des Ruhrgebietes und im Kernland der deutschen Schwerindustrie geborene Eisenhüttenfachmann kaufte 1993 von seinem damaligen Arbeitgeber, dem Klöckner-Konzern, die marode, restlos verschuldete Georgsmarienhütte für den symbolischen Preis von 2 DM. Er modernisierte mit geringstmöglichem bürokratischem Aufwand das Traditionsunternehmen, motivierte die inzwischen verzweifelte Belegschaft und schrieb bereits ein gutes Jahr nach der Übernahme wieder schwarze Zahlen. „Er kam, sah und siegte!" – das Erfolgsrezept.

Jürgen Ralf Großmann im Interview

Restaurant „La Vie"

Selbstverständlich trifft man sich mit Jürgen Großmann im Nobelrestaurant „La Vie", nicht nur wegen des vornehmen, klassizistischen Gebäudes mit der prachtvollen restaurierten Sandsteinquaderfassade oder den kulinarischen Zauberkünsten des Sternekochs Hans-Peter Engels, sondern schlicht und einfach, weil der Stahlmagnat hier zu Hause ist. Das repräsentative Bürgerhaus aus dem 18. Jahrhundert inmitten der charmanten Altstadt von Osnabrück gehört ihm. In der *Belle Etage* warten schon der wohltemperierte Wein und eine leichte Fischspeise unter einem Hauch von köstlicher Sauce auf den verspäteten Herrn des Hauses. Sichtbar angespannt eilt er in den Raum. Er kommt von einer Versammlung, die ihn noch beschäftigt. „Da habe ich aber schon eine Idee." Dr. Jürgen Großmann hat immer Ideen. Er ist immer in Bewegung. Wenn man dem stattlichen, 2,04 Meter großen Manager auch nachsagen mag, er sei „hart wie Stahl", hasse Drückeberger und Profiteure, das „Wir-Gefühl" ist ihm nicht abhanden gekommen. „Gäbe es eine Pisa-Studie für Stahlbelegschaften, ich bin sicher, unsere Leute lägen europaweit auf Platz eins", meint er stolz. Er investiert nicht nur in umweltschonende Technologie, sondern auch in die Qualifizierung seiner Mitarbeiter. Großmann ist ein emotionaler Mensch. Daran geht kein Weg vorbei.

„Stahl ist nicht nur hart, sondern kann auch zäh sein, ist verformbar und lässt sich größeren Kräften anpassen. Ich bin ein sehr sentimentaler Mensch. Ich kann meine Emotionen nur mühsam verbergen. Es kann also ohne weiteres passieren, dass ich feuchte Augen bekomme. Da schäme ich mich nicht. Ich zeige meine Gefühle. Da kann ich nichts ändern."

Großmann nahm Abschied vom Vorstandssessel der Klöckner Werke, da oben sei es ihm ohnehin viel zu sehr um Statusdenken gegangen, um bloße Verteidigung der eigenen Position. So machte er sich einen Namen mit der Sanierung der Georgsmarienhütte. In knapp zwölf Jahren wurde aus dem hoffnungslosen Fall eine Holding mit etwa 40 florierenden Betrieben. Über 9000 Mitarbeiter sind jetzt bei ihm in Lohn und Brot. Handelt es sich um einen Standort, den es zu respektieren galt?

Ja, 1993 habe ich die Georgsmarienhütte in einem Management-Buyout übernommen, einen 140 Jahre alten Stahlstandort, südlich von Osnabrück gelegen, der von seinem damaligen Eigentümer, den Klöckner Werken, aufgegeben worden war. Nach mehr als 60 Jahren in den Händen des Konzerns endete die Hütte 1992 im Vergleich. Zu gut kannte ich aber die Stärken, die in den Mitarbeitern stecken, zu gut wusste ich um die bislang ungenutzten Ressourcen der Verarbeitungstechnik und allzu gut wusste ich, was es heißt, die Zentrale weit weg zu wähnen. Die einzige Überlebenschance für die Georgsmarienhütte war eine Kehrtwende: der Wandel vom konzerngebundenen Hüttenwerk, dem mittlerweile die Eigeninitiative fehlte, zu einem mittelständischen Stahlunternehmen. Die Hütte musste vom Kopf auf die Füße gestellt werden. Dabei bildete die Metallurgie das Kernstück des Wandels. Eine zu große und unrentable Konverterkapazität, der Nachteil des trockenen (also nicht an einer befahrbaren Wasserstraße gelegenen) Standortes und der Vorteil einer hohen Schrottverfügbarkeit in der Region waren die Gründe, uns für den Einsatz des Elektrostahlverfahrens zu entscheiden.

Gemeinsam mit den Mitarbeitern gelang der Kraftakt: In nur sieben Wochen nach Abbau der alten Konverterstahl-Produktionsanlage ging im gleichen Gebäude am gleichen Platz im Juli 1994 ein Gleichstrom-Elektrolichtbogenofen ans Netz. Er war der erste seiner Bauart in Deutschland.

Seit 1856 befindet sich das Werk am gleichen Standort. Bringt das Vorteile, und welche?

In Europa haben wir keinen Platz, um ständig neue Produktionsstandorte aufzumachen, um sie dann später als nicht mehr genutzte Industriebrachen vor sich hin gammeln zu lassen. Wir müssen schon aufgrund unserer kleineren Fläche sorgsamer mit den vorhandenen Ressourcen umgehen. Hinzu kommt in Europa die Tradition gewachsener Standorte und damit die ihrer Bewohner wie z. B. in Georgsmarienhütte. Auch die Region unserer Standorte profitiert von unseren Werken. Zulieferfirmen und ihre Arbeitsplätze sind durch unsere Existenz gesichert. Meine Überzeugung ist, dass auch traditionelle Standorte zu neuem Leben erweckt werden können, wenn die Mitarbeiter motiviert sind und an einem Strang ziehen. Alte Strukturen können beim Neuanfang auch hilfreich sein: Beispielsweise bieten sie die Möglichkeit, im eigenen Haus bestens ausgebildete Mitarbeiter einzusetzen und nicht vollends auf neue und oft ungelernte Kräfte setzen zu müssen. Neue Besen kehren gut, doch die alten kennen die richtigen Ecken, in denen der Dreck sitzt: Diese Analogie mag mein Konzept verdeutlichen. Wir setzen auf einen Verbund mittelständischer Unternehmen der Stahlindustrie. Weil ich sicher bin, dass ein Hecht im Karpfenteich allein nichts ausrichten kann. Nur gemeinsam lassen sich Marktnischen erobern und halten. Zu der Georgsmarienhütte Holding gehören heute insgesamt 40 Unternehmen, die nicht wahllos zusammengekauft sind, sondern sich sinnvoll in der Produktionskette ergänzen: von der Rohstoffbeschaffung im Schrotthandel bis zur breit gefächerten Produktpalette – alles aus einer Hand. Gehirnschmalz gegen Geldbeutel lässt sich vielleicht etwas flapsig unser Prinzip benennen. Wir behalten, wenn sie sinnvoll sind, gewachsene Strukturen bei.

Sämtliche Fabriken in Osnabrück sowie auch Ihr Werk in Georgsmarienhütte können zurückgreifen auf mehrere Generationen, die aufs Engste mit ihrer Arbeitsstelle verbunden sind. Was bedeutet das für das Werk?

Der eigentliche Grund, dass wir in Georgsmarienhütte noch Stahl produzieren, liegt in den Köpfen der Mitarbeiter begründet. Unser einziger Standortvorteil ist die über viele Generationen entwickelte Fähigkeit, mit den eigenen Ressourcen umgehen zu können und sie einzusetzen. Sonst könnte die Hütte irgendwo stehen.

Wenn ein Osnabrücker hierzulande sich einmal für etwas eingesetzt hat, bleibt er dem treu. Die Menschen hier sind bodenständig und zuverlässig. Das Leben hier verläuft in relativ abgesteckten, konstanten Bahnen. Traditionen versucht man nicht nur zu begründen, sondern auch fortzuführen, zu bewahren.

Ich war für dieses Unternehmen und ich mag dieses Unternehmen, ich mag die Mentalität der Leute, die für dieses Unternehmen arbeiten. Und ich hätte mich schlecht gefühlt, wenn ich sie im Stich gelassen hätte. Die Menschen hier haben kein proletarisches Selbstverständnis. Im Gegenteil. Fast jeder wohnt in seinem eigenen Haus. Viele pflegen, neben dem Alltagsjob, eine eigene Landwirtschaft und man fühlt sich, im besten Sinne des Wortes, als Bourgeois, als angesehener Bürger. In der internen Hierarchie ist z. B. der Meister der Hütte im Dorf mit dem Arzt, dem Lehrer, dem Pfarrer usw. völlig gleichgestellt. Es ist dieselbe soziale Schicht. Man ist Teil der Gesellschaft und identifiziert sich mit der Landschaft, mit den Gepflogenheiten. Es hat alles seine Ordnung. Auch wenn es denn manchmal etwas behäbig zugeht.

Könnte diese bodenständige Mentalität auch mal zur Bewegungsarmut führen? Zur Angst vor Veränderung?

Elektrolichtbogenofen der Georgsmarienhütte

Bürokratie und Starrheit sind mir fremd. Da muss Überzeugungsarbeit geleistet werden. Sicher, gerade in einem alteingesessenen Unternehmen kommt der Satz „Das haben wir schon immer so gemacht" häufiger vor als anderswo, und zwar oft ohne Begründung. Das führt zur Lähmung. Wenn wir uns nicht verändert und die eigenen Handlungsweisen nicht in Frage gestellt hätten, dann wäre der nötige Strukturwandel nicht bewältigt worden. Formalismen sind destruktiv. Wenn Leute Rituale als Waffe benutzen gegen Modernität und Flexibilität, kommt man keinen Schritt weiter. Wir machen heute mit knapp über 1000 Leuten mehr Stahl als die Hütte damals mit über 7000 Leuten. Das spricht für sich.

Also, man ist immer im Fluss. Ich bin der Meinung, man sollte Prinzipien nicht der Prinzipien wegen treu sein, sondern nur dann, wenn man den Wert des Prinzips erkennt. Zusätzlich sollte man auch immer wieder seine eigenen Werte überprüfen. Wenn sich Dinge wandeln, so muss man das erkennen und den Mut haben, eigene Fehleinschätzungen zuzugeben. Das ist bereinigend. Ich hoffe, dass ich mich verändern kann, immer wieder. Zusätzlich muss an die Stelle sozialer Kälte das Verantwortungsgefühl treten. Dabei ist jeder gefordert, erst recht, wenn er im Arbeitsprozess steht. Zwar werden Unternehmen von einzelnen Köpfen geführt, doch kommt es auf den Zusammenhalt und die Leistungsbereitschaft jedes Mitarbeiters an. Ohne das Ziehen am gemeinsamen Strang gehen noch so schillernde Managementkonzepte in den

Modern und leistungsfähig: die neue Stranggießanlage der Georgsmarienhütte

internen Papierfluten unter, versickern tolle Ideen langsam zwischen Verwaltung und Produktion. Transparenz ist eine Grundvoraussetzung im Unternehmen, damit jeder weiß, für welchen Bereich er verantwortlich ist und an welcher Stelle es sich lohnt, über den eigenen Tellerrand zu blicken. Gott sei Dank ist wirtschaftlicher Erfolg nicht mehr alleiniger Gradmesser für gesellschaftliche Anerkennung.

Standort Osnabrück? Stadt, Land und Leute besitzen, wie Sie sagen, eine enge Verbundenheit mit der „Scholle". Aber die Stadt ist eine der wichtigen Drehscheiben im deutschen und europäischen Güterverkehr. Sie liegt im Schnittpunkt bedeutender Verkehrswege, der Achsen Rotterdam-Hannover-Berlin-Warschau-Moskau und Kopenhagen-Hamburg-Ruhrgebiet-Paris-Mailand. Darüber hinaus ist sie aufgrund ihrer verkehrsgeografisch günstigen Lage zu den Oberseehäfen der ideale Standort international engagierter Unternehmen.

Die Osnabrücker sind ein „fahrendes Volk". Nicht umsonst machen hier Speditionsfirmen seit eh und je ihr gutes Geschäft. Der Bahnhof ist weit über 100 Jahre alt und auf zwei Etagen kreuzen sich hier die Gleise einer Ost-West-Linie und einer Nord-Süd-Verbindung. Vergessen wir das Autobahnkreuz der BAB 1 Hansalinie und der BAB 30 in Lotte nicht. Osnabrück verdiente wegen seiner günstigen Verkehrslage schon recht früh Handels- und Kaufmannsmeriten. Der Münster/Osnabrück International Airport ist Deutschlands wachstumsstärkster Flughafen. Ein Hafenanschluss zum Mittellandkanal und der Flughafen Münster/Osnabrück kamen hinzu – eine Drehscheibe für Güter aus aller Welt, mitten in Europa.

Sie wiederholen immer wieder, dass Ihr wichtigstes Produkt Ihre Mitarbeiter seien.

Ja, der Mensch sollte immer an erster Stelle stehen. Mitarbeiter müssen motiviert werden, denn technische Innovation alleine reicht nicht. Der volle Einsatz eines jeden Einzelnen für sein Unternehmen sollte selbstverständlich sein. In einem Werk, wo sich bereits mehrere Generationen eingesetzt haben, ist das kein Neuland. Da fühlt sich jeder Einzelne auch inniger verbunden. Sei es alleine schon durch die eigene Familiengeschichte. In unserem Stahlwerk arbeiten Menschen zum Teil in der fünften Generation. Man ist stolz, bei dem Unternehmen beschäftigt zu sein, welches dem Ort im 19. Jahrhundert seinen Namen gab. Jeder an seinem Platz trägt die Verantwortung, die es möglich macht, schnell, flexibel und qualitätvoll Edelstahl herzustellen.

Bürokratie ist Ihnen ein Dorn im Auge? Aber in Georgsmarienhütte gibt es positive Erfahrungen?

Kundenorientierung ist für so manche Behörden in Deutschland ein Fremdwort. Ein genaues Abarbeiten von Paragrafen frisst die Zeit, die für kreative Lösungen gebraucht würde. Die Folge: In Deutschland warten Unternehmen rund dreimal so lange auf Genehmigungen wie im übrigen Europa. Eine rühmliche Ausnahme steht in Georgsmarienhütte: In Zusammenarbeit mit den Behörden konnten wir in nur elfmonatiger Bauzeit den Gleichstrom-Elektrolichtbogenofen errichten. Die Idee machts, wenn jeder bereit ist, flexibel zu sein.

Ihr *Curriculum vitae* liest sich wie ein elitärer *Palmares*. Neben Ihrem Studium der Eisenhüttenkunde und Wirtschaftswissenschaften machten Sie während Ihrer Studienzeit auch zahlreiche Auslandspraktika in Südafrika, Japan, den USA, Brasilien und Frankreich. Sie waren Stipendiat der Studienstiftung des Deutschen Volkes, der Rotary Foundation, des German Marshall Fund und der Atlantik-Brücke „Young Leader". Ihre Neugier führte Sie in alle Welt, unter anderem nach Venezuela und Mexiko. Heute engagieren Sie sich als Mitglied der Atlantik-Brücke, dem American Council of Germany, der Deutsch-Englischen Gesellschaft und sind gewählter „Global Leader for tomorrow". Eines Ihrer wichtigsten Projekte ist die Ausbildung von Spitzennachwuchskräften in der „German International Graduate School of Management and Administration" in Hannover, deren Präsident Sie sind. Ist dies Ihr Einsatz für eine bessere Welt? Wollen Sie der Jugend eine Botschaft zukommen lassen?

Das reine quantitative Vergrößern der Abiturientenzahlen nutzt nichts. Wir setzen im Unternehmensverbund Georgsmarienhütte auf die Investition in begabte junge Menschen. Die Vergabe von Stipendien an Kinder von Mitarbeitern, die eine erstklassige Ausbildung nicht allein finanzieren könnten, gehört unter anderem zu unserem Verständnis von Nachwuchsförderung. In der Georgsmarienhütte GmbH fördern wir das Elitebewusstsein des Einzelnen für das Unternehmen. Wir versuchen zu vermitteln: „Du bist der Beste für die Aufgabe, die du machst. Darum setze dich mit ganzen Kräften ein." Man braucht schon Eliten. Aber eine Elite, der sich eine Aufgabe stellt. Elite heißt ebenfalls Mobilität, Neugierde, in die Welt hinausgehen, über den eigenen Zaun schauen. „Das kenne ich schon ...", gibt es nicht. Aber von Zukunftsfrust, ein Wort, das man in Deutschland so gerne wiederkäut, spüre ich überhaupt nichts. Ich bin außerordentlich optimistisch. Ich habe mit jungen Leuten immer wieder ganz erstaunliche Erlebnisse.

Dem Macher Dr. Jürgen Ralf Großmann, bleibt nicht viel Zeit für den köstlichen Fisch auf dem vorgewärmten Teller. Heute nicht. Der nächste Termin drängt. Trotzdem, er kann auch schon mal anders. Denn der umtriebige Manager, dessen Erfolgsgeschichte „seiner" Georgsmarienhütte vor den Toren Osnabrücks von Bundeskanzler Gerhard Schröder als „Paradebeispiel für die Innovationskraft des Mittelstandes" gelobt wurde, ist ein „bekennender Genießer", wie ihn so mancher Journalist genannt hat. „Erfolg muss auch gefeiert werden", weiß der in jedem Sinne große Mann. Arbeit, Stahl und Schwerindustrie sind nicht alles im Leben. Dann lässt er Dampf ab im „La Vie". Dort ist er nicht nur bei sich selbst zu Gast, sondern hütet auch im sorgfältig restaurierten Steinwerk die kostbarsten Weine und lässt bei Krustentieren, mediterranen Leckerbissen und saftigen Wildgerichten die Seele baumeln und das Herz aufgehen. Tatsächlich. Vorausgesetzt, er findet Zeit dazu. „Zum Glück aus Osnabrück" ...

Am Königstisch von links nach rechts: MdB Dr. Martin Schwanholz, Dr. Fritz Brickwedde, Landrat Hermann Bröring (Emsland), Bischof Dr. Franz-Josef Bode, Bundesinnenminister a. D. Dr. Rudolf Seiters, Präsident des DRK

Bei der „Osnabrücker Mahlzeit" treffen sich seit über 50 Jahren Vertreter aus Wirtschaft und Politik Anfang Februar zum Grünkohlessen. Den Höhepunkt der geselligen Veranstaltung stellt die Wahl des Osnabrücker „Grünkohlkönigs" dar. Könige waren u. a. Dr. Jürgen Ralf Großmann und Bischof Dr. Franz-Josef Bode. Der Erlös des Abends kommt stets einem gemeinnützigen Zweck in der Region zugute. Veranstalter der „Osnabrücker Mahlzeit" ist der Verkehrsverein Stadt und Land Osnabrück e. V.

Osnabrück: Wirtschaftsstandort mit „Aha-Effekt“

Hubert Dinger

DAS WUNSCHPROGRAMM für einen Sommertag: Cabrio fahren, Eis essen, Euro springen lassen und das Ganze für die Freunde im Bild festhalten. „Alles in Osnabrück!“ – kann man dann sagen oder besser: „Alles *aus* Osnabrück!“ Das Auto von der Wilhelm Karmann GmbH, die Schleckereien vom Eis-Riesen Roncadin, die Münzen aus Kupferlegierungen der KM Europa Metal AG. Das Papier für die Fotoabzüge kommt von der Felix Schoeller Gruppe, wie überhaupt jedes zweite Urlaubsfoto vom weltweit größten Hersteller von Basispapier stammt. Sie hätten das nicht gewusst? Kein Problem. Die Osnabrücker Unternehmer werden es Ihnen nachsehen. An einen gewissen Aha-Effekt haben sie sich gewöhnt. Mit dem Begriff des „Hidden Champion“ gehen sie hingegen etwas zögerlich um, Neudeutsch und norddeutsche Sachlichkeit müssen ja nicht unbedingt harmonieren.

Ob versteckter Gewinner oder prominenter Namensgeber – was die wirtschaftliche Situation unserer 160 000-Einwohnerstadt ausmacht, sind solides Wachstum und ein intakter Beschäftigungsmotor. Für beides hat man an der Hase ein ausgesprochen gutes Händchen. Die Bruttowertschöpfung der Stadt nahm zwischen 1992 und 2001 gleich um 27 Prozent zu – und lag damit knapp zehn Prozent über dem niedersächsischen Landesdurchschnitt. Beim Beschäftigungswachstum errang man in den Jahren 1990 bis 2002 den sechsten Platz unter 21 ähnlich strukturierten Städten in Westdeutschland. Im selben Zeitraum legten die Industrieumsätze um deutlich überdurchschnittliche 66 Prozent zu. Ein Pendant hält die Statistik in punkto Bevölkerungsentwicklung bereit: Seit 1970 übt speziell der Landkreis Osnabrück Magnetwirkung aus, stieg dessen Einwohnerzahl doch in drei Dekaden um ein Drittel auf 350 000 Einwohner an.

Arbeitsplätze entstanden und entstehen in Stadt und Landkreis vor allem in der Chemie- und Baustoffindustrie, im Maschinenbau und im Gastgewerbe sowie in der Ernährungsbranche, deren gut schmeckende Produkte wir gern mit anderen teilen. Deli-Reform Magarine beispielsweise stammt von den Lebensmittelwerken Walter Rau in Hilter und für die Torten von Coppenrath & Wiese deckt man nicht nur in Osnabrück den Tisch mit Servietten der Duni GmbH & Co. KG aus Bramsche. Für Herzhaftes steht der Schinken der Firma Kemper in Nortrup. Selbst die Würze in der Suppe ist aus unserem Landkreis: von den Fuchs Gewürzen in Dissen.

Den deutlichsten Wachstumsschub verbuchten in den vergangenen Jahren allerdings die unternehmensnahen Dienstleistungen, wobei es bei einer Firma sogar bis zu hunderttausend Mal am Tag klingeln soll: Die heutige buw Unternehmensgruppe brachte es binnen elf Jahren mit einem studentischen Startkapital von 2400 DM auf 30 Millionen Euro Umsatz und beschäftigt 1500 Mitarbeiter. Ein typisches Beispiel für Können und Glück. „Made in Osnabrück“, sozusagen.

Die Vielseitigkeit hat die Region robust gemacht. Sie konnte den Strukturwandel deutlich besser verkraften als andere Wirtschaftsräume. Zwar standen auch hier einzelne Branchen vor schweren Herausforderungen – so beispielsweise die Stahlindustrie im Osnabrücker Land Ende der 1980er oder die Textil- und Bekleidungsindustrie in den 1990er Jahren. Statt wie anderenorts den Erhalt künstlich zu subventionieren, ließ man hier die Branchen auf einen gesunden Kern zusammenschrumpfen. Ergebnis: Die am Markt verbliebenen Unternehmen sind heute auch im internationalen Vergleich konkurrenzfähig.

ORTSWECHSEL: Was ist das Gegenteil von einem Kopfbahnhof? Der Bahnhof Osnabrück, dessen Vorplatz seit der Umgestaltung im EXPO-Jahr 2000 nicht nur auffallend asymmetrisch gepflastert ist, sondern seit eh und je auf überraschende Weise über Kreuz verläuft. Manchmal wird der seltene Übereck-Bau dafür belächelt, meistens aber bestaunt. Letzteres zu Recht, denn bekanntlich entwickelt sich Wachstum am besten entlang guter Verkehrsanbindungen. Wir können mit diesem Pfund wuchern. Lange vor Erfindung der Eisenbahn profitierte die Stadt des Westfälischen Friedens von ihrer guten Erreichbarkeit: Schon anno 780 wählte Karl der Große einen geschickten Platz, als er an einer Furt durch die Hase einen befestigten Königshof errichten ließ. Dies war eine erste weitsichtige Standortentscheidung, denn die Fernhandelsstraße vom Rhein nach Minden an der Weser überschnitt sich dort mit einer Nord-Süd-Route, die von Köln und Münster bis nach Bremen und Hamburg führte. Über den Knotenpunkt alter Handelsstraßen kamen ab dem 15. Jahrhundert reisende Kaufleute zu den Leggen, den Prüfstellen und Börsen für das begehrte Osnabrücker und Artländer Leinen. Wenn es auch längst nicht mehr überwiegend Textilien sind: Bis heute liefern Firmen ihre Produkte in alle Welt und machen es sich zunutze, dass sich die Bundesautobahnen A 30 und A 1 kreuzen, die durch die Verkehrsader A 33 Richtung Bielefeld ergänzt werden.

Solcher Standortvorteil kommt in besonderer Weise dem Großhandel und dem Speditionsgewerbe zugute, die bei uns einen Schwerpunkt in Norddeutschland bilden. Mit Unternehmen wie Hellmann, Heinrich Koch, Boes oder Meyer & Meyer sind Betriebe ansässig, die bundesweit an der Spitze ihrer Branche stehen. Übrigens, die A 30 schafft über Osnabrück den Anschluss von den Niederlanden über Hannover und Berlin bis nach Osteuropa. Mit Blick auf die EU-Osterweiterung ist dies ein echter Bonuspunkt. Dass erfolgreiche Unternehmen ihrem Standort treu bleiben, ist kein Zufall. Zu den günstigen Verkehrsanbindungen kommen ebensolche Standortkosten. Die Realsteuern und die Kosten für Ver- und Entsorgung liegen unter dem Bundesdurchschnitt, was für ein

Gebäude „Neue Osnabrücker Zeitung“

Oberzentrum wie Osnabrück ganz beachtlich ist. Schiene, Wasserweg, Straße – mit dem FMO, dem Flughafen Münster/Osnabrück, ist die Region auch bei der Luftfahrt im Vorteil. Exakt 1 521 342 Fluggäste wurden im Jahr 2003 abgefertigt. Das sind 34 705 mehr als im Jahr zuvor. Abgehoben ist hier trotzdem niemand. Bodenständigkeit, Verlässlichkeit und Verbundenheit mit dem Arbeitgeber sind bei uns keine Synonyme für Langeweile. Die regionalen Unternehmen haben erkannt, dass sich ein Festhalten an den traditionellen Werten auszahlt. Durch eine zuverlässige Belegschaft können gerade die kleinen und mittleren Betriebe wirksamer einen Wettbewerbsvorsprung aufbauen und halten, als es ihnen in den großen Verdichtungsgebieten mit hohen Fluktuationsraten möglich wäre.

CHATTEN kennen Sie bisher nur aus dem Internet? Chatten kämpften neben den Cheruskern an der Seite von Arminius in der Varusschlacht, die oft in einem Atemzug mit unserer Stadt und der Region genannt wird. Der legendäre Ort ist eines der bekannten Ausflugsziele und trägt dazu bei, dass der Tourismus im Hasetal Erfolgsgeschichte schreibt. Die Zehnjahresbilanz der Geburtsstadt von Erich Maria Remarque und Felix Nussbaum: 45 Prozent Steigerung auf jetzt weit über 250 000 Übernachtungen im Jahr. Die Zahl der Gäste nahm um 65 Prozent zu. Einen hohen Anteil an der positiven Entwicklung hat auch der Mut der Stadtentwickler und Bauherren, die das imposant verspiegelte Gebäude der Neuen Osnabrücker Zeitung entwarfen oder das neue Einkaufszentrum Am Kamp errichteten. Mit der attraktiven Außengastronomie am Nikolaiort gelang ein neuer Anziehungspunkt, der an warmen Tagen ein fast südländisches Flair verbreitet – und sich sehr gut an die Altstadt anfügt. Gern und häufig gesehene Gäste in Osnabrück sind Niederländer, die aus den Grenzregionen kommend in einer Stunde Fahrtzeit unsere Stadt erreichen. Aber auch Besucher aus Münster, Bielefeld und Umgebung schauen vorbei. Die gesetzlichen Feiertage des benachbarten Bundeslandes haben deshalb einen eigenen Namen: „Westfalentage" sagen die Kaufleute dazu.

Die Akteure von Stadt und Landkreis reagieren und agieren: Sie rücken zusammen, sowohl die Marketinggesellschaft der Stadt mit dem regionalen Tourismusverband als auch die einzelnen Betriebe. Erst jüngst haben Stadt und Landkreis ihr gemeinsames Tagungs- und Kongressbüro eröffnet, das im Jahr 2004 Mammutaufgaben zu stemmen hat: Als Gastgeber für rund 30 000 Besucher des deutschen Jugendhilfetages übernahm die Stadt die Garantie, rund 9000 Übernachtungsbetten innerhalb eines Radius von 30 Busminuten bereitzustellen. Auch die Kicker kehren ein: Der Deutsche Fußballbundestag reist samt Stars und Medientross an. Zwei herausfordernde Aufgaben – doch für Osnabrück sind sie zugleich Übungen, um dauerhaft am Ball zu bleiben. Blühende Aussichten stehen nämlich im Jahr 2015 bevor, für das es den Zuschlag zur Ausrichtung der Bundesgartenschau gab. Im Bemühen zur „Europäischen Kulturhauptstadt 2010" gewählt zu werden, putzte sich die Stadt heraus und macht überregional auf sich aufmerksam.

„TROTZ SCHIEFEN TELLERS blicke ich über einen geraden Rand" – ein Satz, der anderenorts philosophische Verwicklungen befürchten lässt, beschreibt in Osnabrück den Ist-Zustand einer kuriosen Erfindung der Crimex GmbH. Von ihr stammt die Idee für einen Suppenteller mit Neigungswinkel im Innenraum, der mittlerweile über einen Porzellanhersteller einen bundesweiten Vertriebsweg gefunden hat. Nicht immer in aller Munde, dafür in Fachkreisen hoch geschätzt sind die forschungs- und entwicklungsintensiven Produkt- und Prozessinnovationen der regionalen Wirtschaft. Auch sie sind nur möglich durch unternehmerische Querdenker, ansässig in Bereichen wie der Elektronik, Plasmaphysik, Automatisierungstechnik oder dem Bau von Sonderfahrzeugen und Prototypen. Auffallend bei unseren Innovationen: Immer wird zugleich eine erfolgreiche Verbindung von Ökonomie und Ökologie forciert. Umweltfreundliche Lackierverfahren oder ein vorbildliches Abfall- und Verwertungsmanagement gehören ebenso dazu wie moderne Kombiverkehre. In Stadt und Landkreis sind Betriebe zu Hause, die mit hohen Umweltinvestitionen zu den bundesweit ersten gehörten, die nach Öko-Audit zertifiziert wurden.

Die umweltverträgliche Ausrichtung der Wirtschaft wird gestützt durch hochwertige Zuliefererstrukturen. Mit dem Centrum für Umwelt und Technologie stehen Beratungs- und Ingenieurbüros parat. Universität und Fachhochschulen liefern mit Fächern wie Umweltsystemwissenschaften oder Oberflächentechnik ihr wissenschaftliches Knowhow. Dass Osnabrück Anziehungspunkt für hochkarätige nationale und internationale Umweltveranstaltungen ist, hat die Stadt der Deutschen Bundesstiftung Umwelt zu verdanken. Knapp 5500 Projekte wurden in den vierzehn Jahren ihres Bestehens mit über einer Milliarde Euro unterstützt.

IMMER FÜR EINE ÜBERRASCHUNG GUT zu sein, das ist einer unserer Erfolgsfaktoren. Bei uns gehen die Akteure gemeinsam neue Wege und verlieren das Umland dabei nicht aus den Augen. Allem voran: die bundesweit bisher einmalige Sponsoring-Aktion für den Lückenschluss der Autobahn A 31. Kommunen, Wirtschaft und sogar die benachbarten Niederlande haben sich zusammengetan, um die 40 Kilometer lange Autobahnlücke zwischen Geeste und Ochtrup vorzeitig zu schließen. Ein Drittel der Baukosten hat die Region mitfinanziert. Die Wirtschaft steuerte in einer freiwilligen Sponsoringaktion unter Federführung der Industrie- und Handelskammer Osnabrück-Emsland acht Millionen Euro bei. Das Engagement zahlt sich aus: Der Lückenschluss kommt jetzt bereits im Jahr 2004 und nicht erst frühestens 2015. Damit ist eine wichtige Grundlage für die Fortsetzung des dynamischen Wirtschaftswachstums der gesamten Region gelegt, die damit auch über Stadt und Landkreis Osnabrück hinaus noch unverwechselbarer wird.

„Die Natur hat etwas Unverschämtes in ihrem frischen und wuchernden Zustand. Der größte Nutzen der Landschaft liegt in ihrem Nichtnutzen. Landschaft soll verschlingen oder gar nicht sein."
Charles Baudelaire

Über die Magie einer Landschaft

Schloss Ippenburg

Die Geschichte einer großen Leidenschaft

Es regnet, keine Bindfäden, nein. Es nieselt. Ippenburg im November. Nebel verfängt sich in den Baumkronen und Spinnen haben in den grau-feuchten Wiesen an den dürren Grashalmen ihre Kokons versteckt. Wassertropfen glänzen im müden Tageslicht. Mager zeichnen sich die kahlen Äste der Kastanien vor dem farblosen Himmel ab. Herbst und die Melancholie des Vergänglichen füllen die verwaiste Landschaft.

Mittendrin, der Saison entsprechend in *Chamois*braun verewigt wie auf einem vergilbten Foto aus Großmutters Album, ragen die scharfen Zinnen und Ecktürme des angegreisten, sandsteinernen Ippenburger Schlosses empor, englische Neogotik pur, eine ungewöhnliche Erscheinung in dem von prächtigem Fachwerk übersäten Osnabrücker Land.

Feuchte Blätter, achtlos zusammengefegt, Verblühtes und der Geruch vermoderter Erde erinnern in dieser trüben Stimmung an den verschwenderischen Überfluss satter Sommertage, an das friedliche Summen der Hummeln und das Vorbeihuschen der Feldlerche und der Kiebitze. Auch das Wasser der

Seiten 174/175:
Novemberstimmung in Ippenburg

Roseninsel schweigt. Alles schweigt. Niemand ist zu sehen, kein Gärtner, kein Spaziergänger, kein lachendes Kind weit und breit. November hängt über dem flachen Land. Es ist die Zeit der Einkehr, des Wartens, Zeit für Geduld, Pläne und Poesie:

„Ich sah die letzte Rose stehn.
Auf deine Lider senk ich Schlummer,
auf deine Lippen send ich Kuß.
Wenn erst die Rosen verrinnen,
aus Vasen oder vom Strauch
und ihr Entblättern beginnen,
fallen die Tränen auch.
Ach, nur Vergehendes ist schön."
Gottfried Benn

Viktoria Freifrau von dem Bussche weiß um den November und seine Melancholie. Damals, 1976, just zu dieser Jahreszeit, zog sie als junge Braut hier auf Ippenburg ein. Als ein Heidekind war sie durch ihre Mutter und das Elternhaus eng vertraut mit Kiefern und Silberbirken, Ginster und dem trockenen Geruch des körnigen Heidesandes, vertraut mit dem emsigen Leben auf dem Lande, fleißigen Hausmädchen und den tagtäglichen Mahlzeiten an der langen Tafel, mit Treckerfahrern, Melkern, Gärtnern und einem lebhaften Forstbetrieb, mit Kind und Kindes Kindern. Und alle sollten satt werden.

Es verschlug sie an den Rand der norddeutschen Tiefebene in das Schloss ihres zukünftigen Gemahls, des Erben eines feudalen, anspruchsvollen Besitzes, der seit mehr als 600 Jahren seiner Familie, der von dem Bussche-Ippenburg, gehört. Zurück zur Stunde null: „Man sollte das Schloss einfach zuwuchern lassen", sinnierte sie in der ersten Aufwallung – im November 1976. „Eine körperlose Zeit", wie sie glaubt, heute, wie damals vor 30 Jahren. Bereitete ihr doch der schwere Boden um die ursprüngliche, Ende des 14. Jahrhunderts in die Sümpfe der Hunteniederung gebaute Festung ihrer neuen Familie zunächst erhebliche emotionale Schwierigkeiten. Kein Wunder. Die Hunteniederung stand noch bis in die fünfziger, sechziger Jahre des 20. Jahrhunderts häufig unter Wasser und oft musste triefend nasses Heu mit den Händen von den Ippenburger Wiesen getragen werden. Glaubt man Tacitus, werden in den Sümpfen Feiglinge und Unzüchtige versenkt, damit ihre Schandtaten verborgen bleiben. So steht es in seiner „Germania" zu lesen. Für die Abergläubigen ist der Morast das Tor zur Hölle, der Aufenthaltsort von Ungeheuern, bösen Geistern und tanzenden Hexen. Abends sollte man tunlichst nicht dort hingehen, denn es baden Teufel darin.

Von wegen! Im Sommer war in dem stehenden Wasser auf den überschwemmten Feldern um das Schloss herum Gaudi angesagt. Da tummelte sich das Jungvolk ungeniert im kühlen Nass. Im Winter wurden die Schlittschuhe angeschnallt und ein Hauch von flandrischer Verspieltheit wie auf Breughels „Winterlandschaft mit Eisläufern und Vogelfalle" machte sich breit.

Von Landwirtschaft weit und breit keine Spur, wenn auch Ippenburg in seinem Wappen drei Pflugscharen führt. Die Entscheidung für den Standort in der sumpfigen Landschaft wurde vor Jahrhunderten aus rein strategischen Gründen getroffen. Das landwirtschaftliche Interesse war dem gewieften Rittergeschlecht zweitrangig.

Die junge Baronin, für die eine direkte Beziehung zum Boden, zu den Gerüchen und der Luft zum Atmen Lebenselixier bedeuten, hatte hiermit so ihre Schwierigkeiten. Auf sie wirkte die Landschaft anfangs zu erdrückend, jedoch nicht lange. Ob die leidenschaftliche Hobby-Botanikerin die Sumpfgarbe, die *Achillea ptarmica,* die hemmungslos auf sumpfigen Wiesen und im feuchten Gebüsch wächst und gedeiht, zur Abwehr des Teufels und ihrer Abneigung damals tief in ihr Kräuterbüschel gesteckt hat, so, wie es vor langer Zeit die Einheimischen taten? Nein. Es war der Ausritt zusammen mit ihrem Zukünftigen in die nahe gelegene Bohmter Heide, etwa sieben Kilometer vom Stammsitz der von dem Bussche entfernt, der das Heimweh nach Sand und Heide wettmachte. Ein vertrauter Anblick, der Kindheitserinnerungen weckte. Viktoria von dem Bussche atmete auf, sie war angekommen. Das Osnabrücker Land sowie die Landschaft um das Schloss herum hatten sie im Flug erobert und neugierig gemacht.

Und sie nahm sich Zeit und wappnete sich mit Geduld. In dem Schloss mit sieben Siegeln warteten mehr als 100 Räume auf die junge Frau und jede Menge Land – 300 Hektar Acker und 330 Hektar Wald.

Blumenbeete am Wasser

Das Ganze wurde vom Ehemann Philip Freiherr von dem Bussche bewirtschaftet, mit einer umfangreichen Sauenhybridzucht dazu. Da gab es kein Fackeln. Alsbald tobten vier Kinder zwischen den Säulen und durch die hohen neogotischen Räume des Schlosses und der jungen Mutter blieb keine Pause. Sie lernte den morastigen Boden ihres angetrauten Rittergeschlechts von dem Bussche-Ippenburg lieben und im Frühjahr 1979 war der Schlossgarten dran.

Die Autodidaktin pflanzte ihre ersten Rosenstöcke, wusste nicht, wie sie die Wurzeln beschneiden sollte, war nach ihrem vorsichtigen Alleingang entsetzt über die rechts und links sprießenden Wildlinge ihrer Lieblinge, ließ sich jedoch nicht entmutigen. Genau das war ihr Geheimnis. Wusste die Schlossherrin doch am Anfang genauso wenig wie jeder andere. Also, nicht nur Stauden, auch Saatgut musste her, das war erheblich preiswerter; außerdem sollten eigene Sorten gezüchtet werden. Sie brauchte Bücher, *learning by doing* war angesagt. Park und Landschaft verwandelten sich das ganze Jahr in ein Meer leuchtender Farben mit beschwingter Leichtigkeit und Schnelllebigkeit des Blühens und Vergehens und mit betörendem Duft von Akelei, Rittersporn, Pfingstrosen, Mohn in sieben Arten, Glockenblumen, Lupinen, Phlox, Iris, Herbstaster, Dahlien, so weit das Auge reicht. Viktoria wurde heimisch, „weil ich angefangen habe zu gestalten".

Schloss Ippenburg im Sommer

Noblesse oblige

Eigenwillig waren die von dem Bussches schon immer. Als Ritter Johann von dem Bussche, Sohn des Limberger Burgmannes Albert von dem Bussche, sich Ende des 14. Jahrhunderts in diese Sumpflandschaft zurückzog, versprach er am 20. August 1390 dem Osnabrücker Richter hoch und heilig, sein Haus nicht aus Stein zu bauen. Nur ein steinerner Sockel mit Fachwerkaufbau wurde ihm genehmigt und der Bischof pochte auf ein Vorkaufsrecht. Der Osnabrücker Gottesmann wollte somit verhindern, dass das Anwesen des stürmischen von dem Bussche mit einem unerlaubten Weg durch das Bruch zur bedrohenden Festung werden könnte, zu einem strategischen Stützpunkt in der Essener Mark und zum Ausgangspunkt für weitere Landnahmen.

Der misstrauische Bischof behielt leider Recht. Ritter Johann scherte sich nicht im Geringsten um die Auflagen der Obrigkeit. Er baute sich seine Burg mit steinernem Unterbau, nur über eine Zugbrücke zu erreichen, und versah sie rundum mit Schießscharten. Die Ippenburg wurde zur uneinnehmbaren Festung. Sie war ringsherum von einem tiefen Graben umgeben, ein weiterer Graben umschloss die Vorburg. Dazwischen lag ein hoher befestigter Wall, der bis ins 18. Jahrhundert erhalten blieb und mancher Belagerung standhielt.

Im Erdgeschoss der fast quadratischen Anlage mit schmalem Innenhof lagen Kapelle, Küche, Rittersowie Knappenwohnung und Rüstkammer. Im zweiten Stock befanden sich der Ritter- und der Büchersaal, die Junkernstube und eine Gastwohnung.

Ob sich der Bischof diesen Schinderhannesstreich bieten ließ? Wohl kaum. Gereizt belagerte er mit seinen Truppen die Ippenburg – doch ohne Erfolg. Daraufhin wurde der aufsässige Johann vom Bischof mit einem Bann belegt und ihm eine ordentliche Grabstätte in der Kirche verwehrt. Er solle gefälligst nach seinem Tode im Feld neben seiner Burg begraben werden. Erst viel später, als seine Nachfahren eine Buße von 500 Talern gezahlt hatten, durfte der Leichnam in die Kirche überführt werden.

Sanktionen nützten nichts. Unbeirrbar setzten die mittelalterlichen Ritter aus der Essener Mark ihren Kopf durch und gingen keinem Streit aus dem Wege. Johanns Sohn Albert sagte Anfang des 15. Jahrhunderts zusammen mit der Osnabrücker Ritterschaft dem Bischof von Minden, dessen Truppen raubend und plündernd durch die Lande zogen, den Kampf an. Er geriet aber 1436 in dessen Gefangenschaft und man musste ihn schließlich mit 700 Rheinischen Gulden freikaufen.

Ein streitlustiges Geschlecht? Vielleicht. Denn Frieden weilte immer nur kurz. Albert von dem Bussche II., Stifter einer schönen Kirche, sehenswerter Mittelpunkt am Marktplatz des bezaubernden Fachwerkstädtchens Bad Essen, vergrößerte den Familienbesitz erheblich durch den Kauf des Gutes Hünnefeld, wurde aber 1475 in der Leverner Kirche von Harteke von Münch niedergestochen, zunächst an der Klus beigesetzt und erst später in die Essener Kirche überführt. Sein Sohn Ernst von dem Bussche wiederum legte sich 1478 wegen eines Nachlasses mit der Stadt Bremen an. Er zog gegen sie zu Felde und wurde schließlich des Nachts überfallen und erschlagen.

Sollte einer aber auf die Idee kommen, die von dem Bussche aus der Hunteniederung hätten sich nur im Kampf bewährt, wird eines Besseren belehrt. Durch eine kluge Heiratspolitik und geschickte Kaufverhandlungen konnte die Familie ihren Besitz beständig vergrößern. Das brachte Julius von dem Bussche im Jahr 1840 schließlich den Grafentitel in „Primogenitur“ (Erstgeburt) ein. Das war aber noch längst nicht alles.

Das stolze Geschlecht hat sich im Laufe der Jahrhunderte nie vor seiner kulturellen und sozialen Verantwortung gedrückt und fühlte sich der Tradition verpflichtet. Über die kleine Kirche in Bad Essen haben die beiden Familien Bussche-Ippenburg und Bussche-Hünnefeld noch heute das gemeinsame Patronatsrecht. Sie wurde durch den Einfluss von Philip-Sigismund von dem Bussche-Ippenburg und seinen Eltern, eifrigen Verfechtern des Protestantismus, bereits im frühen 17. Jahrhundert evangelisch-lutherisch. Der heutige Herr von Ippenburg, Viktorias Mann, heißt übrigens ebenfalls Philip-Sigismund von dem Bussche-Ippenburg.

Doch nicht nur der Bau der Essener Kirche, sondern auch die Gründung und Unterhaltung einiger Schulen und Pflegeeinrichtungen der Region wurden durch die Familie finanziert. Sie übernahm die Besoldung der Lehrer und gab ihnen freie Unterkunft. In zwei Jahrhunderten stellten die Familien von dem Bussche vier Minister, 24 hohe Staatsbeamte und 16 Generäle.

Auch die Frauen machten damals schon auf sich aufmerksam. Gräfin Else, geborene von Arnim, gründete im 19. Jahrhundert in Eielstädt das „Ippenburger Pflegehaus“. Ihr christliches und soziales Engagement war legendär. Mit voller Hingabe widmete sie sich den Schwächsten der Gesellschaft. Alte, Kranke und Kinder fanden nicht nur Pflege und Hilfe, sondern auch eine Zuflucht in ihrem Heim. Noch heute erinnert der „Gräfin-Else-Weg“, der zum Alten- und Pflegeheim „Simeon und Hanna“ führt, an diese engagierte Frau.

Kirche in Bad Essen

Wie kam es aber zu der englischen Gotik? Die erste Ippenburg, die uneinnehmbare Festung mit bewegter Vergangenheit, wurde 1811 wegen Baufälligkeit abgerissen. Die Trutzburg war schon seit Ende des Dreißigjährigen Krieges nicht mehr genutzt worden. Clamor von dem Bussche ließ nördlich der alten Burg an der Stelle des heutigen Schlosses eine freundlichere zweiflügelige Anlage als ländliches Herrenhaus bauen. Der mittige Barockgiebel wurde leider im Jahr 1756 vom Blitz restlos zerstört. Die Figurenbrücke mit den Steinskulpturen der vier Tugenden Misericordia (Barmherzigkeit), Prudentia (Einsicht und Klugheit), Constantia (Beständigkeit) und Justitia (Gerechtigkeit) erinnert noch heute an das 17. Jahrhundert. Albrecht Philip von dem Bussche, Ende des 17. Jahrhunderts Gesandter in Wien, brachte die charmanten Damen aus der Donaustadt mit nach Ippenburg.

Das Herrenhaus war hoffnungslos von Steinschwamm durchsetzt. Trotz zahlreicher Renovierungen war der Verfall nicht aufzuhalten. Im Jahr 1862 beschloss man, die ganze Anlage abzureißen. Auf den Fundamenten des Herrenhauses ließen Graf Wilhelm von dem Bussche und seine fromme Frau Else für sich und ihre zwölfköpfige Kinderschar 1862 bis 1867 schließlich das heutige Schloss im neugotischen Stil errichten. Handwerker der Region machten sich an die Arbeit. Der feudale, in Ibbenbürener Sandstein erbaute Sitz nach dem Vorbild eines englischen Landadligen fällt in dieser Region völlig aus dem Rahmen. „Euern Eingang segne Gott ...“ ließen sich die Erbauer, der religiösen Grundhaltung der damaligen Zeit entsprechend, auf die Wand im kirchenhallenähnlichen Eingangsraum schreiben. Es fehlte im Schloss im profanen Bereich nicht an sakralen Elementen, typisch für das Ende des 19. Jahrhunderts und die neogotische Gedankenwelt.

Seit über 600 Jahren befindet sich das Schloss, wenn auch inzwischen das dritte an der gleichen Stelle, im Privatbesitz der Familie von dem Bussche-Ippenburg. Renovieren, restaurieren, ausbauen, umbauen, gestalten, kultivieren und erhalten sind an der Tagesordnung und ständige Aufgabe der Besitzer, eine Pflicht, aber auch eine wirtschaftliche und kreative Herausforderung. „Ein Denkmal muss belebt werden, sonst ist es nicht mehr als ein Haufen Steine!", meint die neue Generation.

So wurden in der Eingangshalle die Wandbemalung restauriert und die Deckenbemalung nach alten Vorlagen vollständig erneuert. Der Marmorfußboden hatte sich gesenkt und musste teilweise herausgenommen und neu verlegt werden. Da das Schloss wegen des sumpfigen Untergrundes auf Eichenpfählen gebaut wurde, gibt die notwendige gestampfte Schicht in den Räumen zwischen den Pfeilern nach, der Boden senkt sich und muss in gewissen Zeitabständen neu angefüllt werden. Im Gartensaal wurde die Wandbemalung durch Abwaschen der Leimfarbe wieder freigelegt und heute erfreut sich jeder geladene Gast in dieser prächtigen Halle beim *Candlelight Dinner* an den schönen neogotischen Motiven.

Aber ein Haus lebt nicht nur von der Romantik und den Sternstunden mit illustren Gästen. Komfort war gefragt und so ließen Graf Hermann und Gräfin Vera von dem Bussche in den dreißiger Jahren des 20. Jahrhunderts in dem weitläufigen Anwesen nicht nur eine ganze Reihe eleganter Bäder einbauen, sondern auch eine Zentralheizung. Es lebte sich gut in Ippenburg. Das gräfliche Ehepaar leistete sich ein Dienerehepaar, vier Stubenmädchen und etwa 20 weitere Angestellte für Haus und Garten. Graf Hermann von dem Bussche war Offizier und hatte das Ackerland, bis auf zwölf Hektar für die Selbstversorgung, verpachtet.

Aber die Zeiten standen auf Sturm. Die politischen Wirren und das verheerende Naziregime machten vor der verträumten Wiesen- und Parklandschaft der Hunteniederung und ihrem wunderlichen Schloss nicht Halt. Luftwaffe und Reichsbahn quartierten sich ein. Platz war ja genug vorhanden. Bei Kriegsende zog Gräfin Vera, inzwischen verwitwet, in das nahe gelegene Forsthaus um, denn die englische Besatzung beanspruchte die Räume des Schlosses. Als die Briten auszogen, suchten über 90 Flüchtlinge aus Pommern und Schlesien Schutz zwischen den neogotischen Säulen und den geschichtsträchtigen Wänden des Schlosses.

„Euern Eingang segne Gott ..." – eine Bitte der Erbauer

Ja, wer mag damals an den bitteren Preis eines sinnlosen Krieges gedacht haben? Menschen, beraubt der Heimat, von Hab und Gut, fanden Zuflucht in der flachen Landschaft und unter dem Dach der von dem Bussches. So manche, gerade erst entwurzelt, bekam in Ippenburg ihren ersten Nachwuchs, so mancher hatte hier die ersten Kindheitsträume.

Die Welt hatte sich gedreht und auch die Herren von Ippenburg hegten neue Pläne. Sie strebten nach dem Desaster des verheerenden Krieges die Eigenbewirtschaftung an und lösten sich *peu á peu* aus der Verpachtung. So fanden die Flüchtlinge Arbeit auf dem Gut und dem Acker und ihre Frauen in der Schlossgärtnerei. Davon profitierten die Osnabrücker Märkte und Händler. Ein neues Leben, ein neues Treiben.

Das kinderlose Ehepaar Graf Hermann und Gräfin Vera von dem Bussche hatte in kluger Voraussicht und damit das Schloss nicht irgendwann verwaiste bereits im Jahr 1934 seinen Neffen Albrecht von dem Bussche adoptiert. Er war damals 13 Jahre alt. Dieser engagierte Adoptivsohn und die heutige Generation machten nach dem Krieg durch Flurbereinigung und wasserwirtschaftliche Verbesserungen die Ackerfläche des Anwesens zu einem ernstzunehmenden Wirtschaftsfaktor. Ein festes Straßennetz wurde angelegt und das Stromnetz ausgebaut. Im Laufe der sechziger Jahre wurde das unwegsame Gelände befahrbar und man schaute zuversichtlich in die Zukunft.

Auch das Ippenburger Schloss mit den romantischen Zinnen und Ecktürmen, mit den ehemaligen eleganten Räumen, Terrassen und dem traumhaften Park brauchte dringend ein Facelifting und eine gründliche Renovierung. Sämtliche Räume, auch Saal und Salon, waren stark in Mitleidenschaft gezogen, hatte man doch über Jahre in jedem Zimmer nicht nur gelebt und geschlafen, sondern auch gekocht und gearbeitet. Das Dach musste neu gedeckt und die Einganghalle restauriert werden. Die Türme sollten verkupfert, die Wetterfahnen vergoldet und die Fenster, mehr als 100 an der Zahl, erneuert bzw. gestrichen werden. Die Grundrenovierung der Schlossuhr stand an und auf dem weitläufigen Gelände müssen immer wieder Brücken und Tore erneuert oder ausgebessert, die Remise verputzt und gestrichen, Park, Garten, Familiengrabstätte und angrenzende Hofgebäude gehegt und gepflegt werden.

Schloss Ippenburg, neogotische Eingangshalle

Das war und ist eine ständige Herausforderung und auch ein Muss für die Generation, die das herrschaftliche Anwesen mit jahrhundertealter Tradition erfolgreich in das neue Jahrtausend geführt hat. Wenn auch das Schöngeistige und der Bezug zur Beständigkeit nicht auf der Strecke bleiben sollen, scheuen die Erben keine Herausforderung, in dem Wissen, dass nichts selbstverständlich ist. So bemühten sie sich um eine moderne und gewinnträchtige Landwirtschaft.

Philip von dem Bussche, Sohn des Albrecht von dem Bussche, setzte sich mit neuen Bewirtschaftungsmethoden auseinander. Der dynamische Schlossherr, studierter Betriebswirt, verschrieb sich der Ackerwirtschaft und führte auf Schloss Ippenburg eine auf den neuesten wissenschaftlichen und technischen Erkenntnissen basierende Schweinezucht ein. Ertragreich muss sie sein und ressourcenschonend. „Dynamik statt Konservierung“ heißt die Devise, und „es besteht kein Interesse daran, den Besitz zu einem Museum werden zu lassen“. Die Gefahr droht nicht. Schloss Ippenburg öffnet einige Male im Jahr Tür und Tor für jeden, der Interesse zeigt. Dann können die Gäste Musik, Theater und Literatur genießen.

Eine Frau packt an in dem Wissen, Träume alleine nützen nichts

Auch auf Ippenburg sind die Zeiten längst passé, als eine junge Frau in die Familie erst einheiraten durfte, wenn sie 16 adelige Vorfahren nachweisen konnte, die ihr das dann auch noch amtlich bestätigten. Schließlich wollte man wissen, wen man in die Familie aufnahm. Als Philip von dem Bussche mit seiner jungen Braut 1976 über die Felder seines Stammsitzes ritt, konnte er aber nicht ahnen, welche Power in ihr steckte und was bereits unbewusst in ihr angelegt war. Da hätten keine 16 Adligen genutzt.

„Der Garten ist die einzige Geliebte, die nie enttäuscht und nie verblüht", meinte der Journalist und Kriminalschriftsteller Beverly Nichols und fügte hinzu: „Manche verlieben sich in Frauen, andere verlieben sich in die Kunst, wieder andere in den Tod. Ich verliebe mich in Gärten, was ungefähr dasselbe ist, als verliebte man sich in alle drei zugleich." Denn Gartenarbeit sei eine Vereinigung aller Künste, doch früher oder später, so fürchtete der Gartenfreund, bringe sie den Gärtner um. So groß kann eine Leidenschaft sein?

Baronin Viktoria von dem Bussche weiß im Stillen, wovon er spricht. Auch für sie ist der Garten Lebenselixier, Lebensaufgabe und Lebensziel. Sie ist die erste Schlossherrin mit ungebremster Leidenschaft für alles, was blüht und gedeiht. Heide, Akelei, Mohn, Birkensämlinge, eine Weide, Holunderbüsche, Hartriegel, Brennnesseln, Quecken und Sandboden gab es in ihrer Heimat, der Bauerngarten ihrer Mutter war Inspiration und der Park ihres Vaters Vorbild.

Der Mensch stammt aus einem Garten und deshalb trägt er in sich die Sehnsucht nach diesem Garten. Ausgedehnt hat sich die große Liebe im Laufe der Jahre auf die Landschaft, auf das Osnabrücker Land, die neue, lieb gewonnene Heimat. Es ist eine unspektakuläre Heimat. Es gibt keine Berge und ausgedehnten Seen wie im Allgäu oder in Bayern, womit man sich leichter identifizieren könnte, aber diese flache Landschaft, diese „Scholle" bescheidener Menschen, hat eine ganz besondere Magie, einen eigenen Zauber. Der moderne Mensch braucht den Garten und die Natur, er muss wieder lernen, eine Landschaft zu „verstehen", hineinzuhorchen und ihre Zeichen zu „lesen".

Das brachte sie auf die Idee, die durch Schnelllebigkeit und Hektik verkümmerten Menschen in ihren Garten, in ihre Landschaft einzuladen, um ihnen die Möglichkeit zu bieten, sich hier wiederzufinden. Viktoria von dem Bussche verknüpft Visionen mit Leidenschaft und engagiertem Marketing. Sie hat nicht nur einen sinnlichen Zugang zu den Dingen, sondern sie sucht auch die intellektuelle Herausforderung. Bei aller Euphorie für das Kreative und Ausgefallene behält sie einen klaren Kopf. Das Produkt muss schließlich an den Mann gebracht werden, sonst stirbt es. So entstand nicht nur ein spektakuläres Gartenfestival nach dem Vorbild englischer Schlösser und Gärten, die die Tradition der Gardenshows schon seit Jahrzehnten pflegen, mit Skulpturen hochrangiger Künstler, die sich die Baronin aus aller Herren Länder nach Ippenburg holt und deren Werke das Landschaftsbild bestimmen. Neben klassischen Konzerten für elitäre Ansprüche gibt es auch eine viertägige Verkaufsausstellung, auf der ländliche Spezialitäten, Pflanzen, Zwiebeln und Saatgut für den nächsten Sommer, seltene Haustierrassen, Nützliches und Schönes für Garten, Gäste und Feste vorgestellt und angepriesen werden – frei nach Shakespeares Motto „Wie es Euch gefällt". Perfektion ist Viktoria von dem Bussche ein Gräuel. Wichtig ist ihr die Identifikation. Sie will Mut machen. Der Besucher soll nachahmen und Hemmschwellen abbauen können. Ihr größtes Kompliment bleibt, wenn ein Hobbygärtner nach einem Besuch auf Ippenburg seinen ganzen Garten umkrempeln will.

Diese Friedhofspflanzen, diese zeitgenössische Vorgartenkultur aus Kriechwacholder, nennen wir es den deutschen Friedhofsgartenstil, sollen wieder aus den Gärten verschwinden. Farben, Blumen und Freude müssen wieder her!

Der Erfolg blieb nicht aus. Seit 1998 ist Bad Essen jedes Jahr das Ziel einer großen Gartenfangemeinde. Aus allen Ecken der Bundesrepublik und darüber hinaus pilgern Scharen von Menschen, weit über 30 000 an der Zahl, in das Osnabrücker Land, um die schönen Anlagen der umtriebigen Baronin zu bewundern und um sich für Entscheidungen inspirieren zu lassen, welche winterfesten Stauden, Strauch- oder Kletterrosen, Glockenblumen oder Clematis im eigenen Garten ein neues Plätzchen finden könnten. Die vergängliche Pracht einer Blume? „Hast du zwei Dirham, kaufe dir mit dem einen Brot für den Magen und mit dem anderen Hyazinthen für die Seele."

Baum als Wassersprüher

Blühender Garten

Ein Garten Eden, ausgerechnet im Osnabrücker Land, wo nach den Wirren der Völkerwanderung und der Christianisierung eine erste neue Blütezeit Europas anbrach und Karl der Große (768), dessen Spuren man hier zu Lande auf Schritt und Tritt begegnet, voller Begeisterung über die hoch entwickelte römische Gartenbaukultur einen geregelten Gartenbau in West- und Mitteleuropa einführte? Anfangs waren es die Mönche, die ab dem 9. Jahrhundert Kultur und Wissenschaft vorantrieben und in ihren Klosterschulen, von Karl dem Großen gestiftet, Pflanzenkunde lehrten. Nicht nur die Klöster von Lyon, Tours und Fulda, sondern auch Osnabrück stand neben Trier, Würzburg und Paderborn ganz oben auf der Liste. Die Klostergärtner hegten und pflegten Obst- und Zierbäume und eine Fülle bunter Blumen. Denn der Garten sollte das Paradies symbolisieren und jedes Detail sollte an die göttliche Weltschöpfung gemahnen.

Ist das die Inspiration und das ungebrochene, würdige Erbe für die beseelte Schlossherrin auf der Ippenburg? Glücklich preist sie sich, äußerst glücklich. Sieht sie doch ihre Leidenschaft eingebettet in die jahrhundertealte Tradition, in die Geschichte der Gartenkunst voller Poesie, Träume und Utopie, ständig im Umbruch, ständig austauschbar und auch ständig wieder anders vermittelbar. So berauscht sie sich nicht nur am roten Mohn, Klatsch- oder Schlafmohn, am Türkenmohn mit glutrotem Kelch, am Island- und Alpenmohn. Nein, nicht nur rot ist der Mohn, sondern auch gelb, weiß, orange oder violett. Sie weiß um die Sarabande und das Tränende Herz, um den Eisenhut, die Stockmalve und die Pfingstrose, um die heilende Kraft alter Kräuter und Pflanzen, die schon Vergil, Plinius und Hildegard von Bingen lobten, und um jede Rose.

„Rosen pflücke, Rosen blühn,
Morgen ist nicht heut!
Keine Stunde laß entfliehn,
Flüchtig ist die Zeit!“
Johann Wilhelm Ludwig Gleim

So genießt sie auch ihren Winter auf Ippenburg, selbst wenn es nieselt oder wenn der Dauernebel in der trüben Dunkelheit der Novembertage beim ersten zaghaften Frost tausende und abertausende Reifkristalle über Feld, Hain und Wiese zaubert, auch wenn der Sumpf sich zurückmeldet und der Boden sich satt saugt im tiefen Schlossgraben. Viktoria von dem Bussche, geborene von Consbruch, braucht die Zeit der Einkehr. Aber ist sie im Winter zum Nichtstun verurteilt und aufs Zuschauen beschränkt? Keineswegs! Bücher informieren sie über das Zurückschneiden der Obstbäume und Ziergehölze, über Samenschoten und Paracelsus, der die Christrose, zarte Winterblüte, über alles stellte, über Orangerien und Gartenkunst, über Feuchtbiotope, Bauern- und Küchengärten, über Pfarr- und Klostergärten, über fürstliche und Schrebergärten und viel Nostalgie. Es ist die Zeit der Ruhe, Zeit zum Bedenken – eine körperlose Zeit. Ja, die letzte Rose, bevor draußen der erste Frost knackt, stimmt ein wenig melancholisch. Aber ist es die letzte – oder nur vermeintlich die letzte? Ab und zu geht die Schlossherrin mit strammen Schritten durch die schwere Erde, mit Siebenmeilenstiefeln durch das Meer von tausenden abgestorbenen Blättern, vorbei an stummen Stauden und frisch aufgeworfenen Maulwurfshügeln. Es ist Zeit zum Aufräumen und Säubern der Geräte.

Doch der Kopf ist schon wieder voller Ideen, voller Pläne, voller Erwartung – und voller Unruhe. Im Glas glüht der dunkle Wein. Der Garten wartet noch. Doch der Winter, gottlob, ist bald vorbei. Dann explodiert die Natur und Ippenburg lebt auf, wie jedes Jahr. Immer wieder.

Ausstellungs- und Verkaufsstände

Blick über den See zum Schloss

Eröffnung des Gartenfestivals 2004 – von links: Freiherr Philip von dem Bussche, Landrat Manfred Hugo, Viktoria Freifrau von dem Bussche und Ministerpräsident Christian Wulff

Rechte Seite:
Ausstellung von Blumen und Gehölzen im Park

Schlösser, Parks und Gärten im Osnabrücker Land

Rainer Schomann

Landschaften, wie wir sie heute erleben, sind nicht nur durch die Topografie, die Gewässer und den natürlichen Bewuchs geprägt. Wesentlich für die Entstehung eines Landschaftsbildes ist der menschliche Einfluss. Der Mensch nahm das Land in Nutzung, gestaltete es nach seinen Ansprüchen und veränderte das Entstandene mit jedem Eingriff. Wechselseitige Wirkungen zwischen Mensch und Natur führten schließlich zu charakteristischen Gesichtern von Regionen, wie sie immer noch im Osnabrücker Land zu finden sind.

Anders als heute lebten die Menschen früher in und mit der Natur. Sie waren von den natürlichen Bedingungen abhängig und hatten nur wenige einfache Hilfsmittel zur Verfügung, um sich Freiräume zu schaffen, in denen ihr Wille durch ihr Handeln das Bild des Ortes bestimmte. Je nach Besiedlungsart und Bevölkerungsdichte herrschte die Natur vor oder wurde die Landschaft von der Nutzungsweise in ihrer Erscheinungsform bestimmt. Aus einem waldreichen Land wurde so seit dem frühen Mittelalter eine von Wiesen und Feldern geprägte Landschaft. Die Erwirtschaftung der Lebensgrundlage war über Jahrhunderte für den Menschen Antrieb, sich der Natur zu widersetzen. In einer Gesellschaftsform, in der Arbeitsteilung und Hierarchien entstanden, Mächtige und Abhängige lebten, in der es Produzenten und Konsumenten gab, konnten sich schließlich auch andere Motive zum Umgang mit der Landschaft herausbilden.

Bewusste Gestaltung von Landschaft war wohl nicht frühzeitig verbreitet. Das Besetzen von Punkten in der Landschaft durch prägnante Architektur als Zeichen der Herrschaft hingegen schon. Das Osnabrücker Land weist noch heute einige dieser frühen Landmarken auf, die wie die Schelenburg bei Bissendorf mit ihrem im Ursprung auf die Zeit um 1200 zurückgehenden Wohnturm sicherlich nicht nur der Verteidigung dienten,

Schelenburg

Garten von Schloss Hünnefeld

sondern auch Mittel der Kommunikation waren, indem sie über den Stand der Bewohner Auskunft geben sollten. Ausdruck von Herrschaftsbewusstsein, aber auch Lebensart wurde in zunehmendem Maße neben der Architektur auch die Gartenkunst. Machtanspruch wurde nach dem Dreißigjährigen Krieg weniger mittels Waffengewalt betont als durch ausgeprägte Schlossbauten demonstriert. Es verwundert also nicht, dass innerhalb der Grenzen des ehemaligen Bistums – Osnabrück ist vielleicht in Norddeutschland nur mit dem Hildesheimer Raum vergleichbar – eine Fülle beachtlicher Adelssitze mit großzügigen Gärten entstand.

Eine der ersten für diese Zeit in der Region bekannten Gartenanlagen wurde im Zusammenhang mit dem Haus Barenaue im so genannten Bramgau in der Mitte des 17. Jahrhunderts geschaffen. Es war eine noch durchaus von der Renaissance beeinflusste Gartenkunst, die hier Anwendung fand. Über die Motive ist wenig bekannt, doch verweist die additive Anordnung von Gartenräumen und ihre gestalterische Verknüpfung mit dem Herrenhaus eher auf eine zurückliegende Kultur. Bemerkenswert ist neben den erheblichen Dimensionen dieses bald verloren gegangenen Gartens, dass er nicht gegen die ihn umgebende Landschaft völlig abgeschlossen, sondern seine Hauptgestaltungsachse über die Grenzen hinaus in die Umgebung geführt wurde. An dem heute noch atmosphärereichen Ort verweisen die flach geneigten und skurril gewachsenen Alleebäume des Zufahrtsweges auf die ehemalige gestalterische Verbindung zwischen der so genannten Niederen Burg mit knorriger alter Gerichtslinde und der eigentlichen Wasserburg. Wesentlicher Impuls für die Gestaltung von Parks und Gärten in dieser Region war vermutlich die Verlegung der bischöflichen Residenz im Jahre 1672 von der Iburg nach Osnabrück. Die Planungen für diesen imposanten Bau begannen schon Jahre zuvor. Eine erste Gesamtdarstellung aus dem Jahre 1763 hebt bereits die Bedeutung des dazugehörigen Parks hervor. Er war vermutlich von der welterfahrenen und kunstsinnigen Sophie von der Pfalz, Gattin des lutherischen Fürstbischofs von Osnabrück, Ernst August, in seiner Ausprägung beeinflusst worden. Bei einer doch recht bescheidenen Größe von gut 10 000 Quadratmetern entstand jedoch im Laufe der Zeit ein durchaus Maßstäbe setzender moderner Lustgarten.

Nicht nur lokaler Einfluss prägte in jener Zeit die Art und Weise Herrensitze zu gestalten und Einfluss auf das Bild der Landschaft zu nehmen. Reisen und beruflich bedingte Aufenthalte weit außerhalb der Grenzen, aber auch populäre Druckwerke vermittelten

Baumhaus bei Ostenwalde

den gebildeten Edelleuten Moden und Tendenzen in der kulturellen Entwicklung Europas. So konnten sich in einer wieder finanziell erstarkenden Region Architektur und Gartenkunst entfalten. Vielfach war es Letztere, mit der schließlich gerade in der ersten Hälfte des 18. Jahrhunderts Zeitgeist zum Ausdruck kam. So entstanden in Gesmold im Umfeld des Schlosses um 1725 ausgeprägte, raumgreifende Gartenanlagen, mit denen die Bedeutung des Ortes betont wurde. Nicht die Architektur war hier das entsprechende Mittel, sondern die Gartenkunst und Landschaftsgestaltung, schließlich wurden als Alleen geformte, alles dominierende Sichtachsen zum einen auf die Kirche in Melle ausgerichtet und zum anderen weit durch Gärten und Wiesen zu einem Belvedere geführt, das am Rande eines großen, intensiv gestalteten Jagdgeheges zum Aufenthalt einlud. Dieses hochinteressante Schloss- und Gartenensemble ermöglicht es uns mit seiner beeindruckenden Substanz heute noch die einst beabsichtigte Wirkung in der Landschaft zu erleben.

Dicht an dicht erheben sich die Herrenhäuser in dieser Region auf ihren von Gräben umgebenen Inseln. Schloss Bruche, die Häuser Ostenwalde, Leye und Wulften südlich des Wiehengebirges oder die Güter Ippenburg, Loxten und Eggermühlen, nördlich und bereits weit in der Tiefebene gelegen, sind immer noch Marken in der Landschaft und Dokumente einer reichen kulturellen Entwicklung. Geradezu unberührt scheint Schloss Hünnefeld in der Hunteaue zu ruhen. Mit einer nahezu zwei Kilometer langen, doppelreihigen Lindenallee als Zufahrt, dem streng geometrisch geformten Graftensystem und einem dominierenden alten Baumbestand innerhalb des Parks zeugt diese Anlage von einer jahrhundertealten gärtnerischen Tradition. Auch Haus Sögeln bei Bramsche ist einer jener Herrensitze, der mit seinen Alleen und Gräben, Wiesen und Feldern, mit den mächtigen alten Bäumen, den ausgefahrenen Wegen, den weidenden Rindern und prägenden alten Obstgehölzen ein Ort unendlicher Ruhe zu sein scheint. Auch wenn hier die Zeit wirklich nicht stehen geblieben ist, so lassen die gestalteten Gärten, das geformte Umfeld, ja, die Kulturlandschaft eine Atmosphäre entstehen, die nur noch in der ländlichen Region erlebt werden kann.

Auch wenn die große Gartenkunst im Osnabrücker Land lange Zeit von den Adels-

Alt Barenaue

sitzen betont wurde, so entwickelten sich auch im bäuerlichen Kontext hoch interessante Gestaltungen, wie sie noch heute mit den so genannten Artländerbauerngärten, wie z. B. dem Hof Berner in Badbergen oder dem Hof Meyer in Wulften als Letzte eines fast verlorenen Typus, gefunden werden können. Ebenso sind Zeichen bürgerlicher Gartenkultur vorhanden. In Bramsche oder Dissen, in Bad Iburg oder Georgsmarienhütte, aber auch in Osnabrück selbst und seinen Vororten hat der eine oder andere Villengarten Bestand, wird ein bürgerliches Wohnhaus aus dem 19. Jahrhundert noch durch einen kleinen Park geprägt und zeigen aufwendige Gartengestaltungen aus dem frühen 20. Jahrhundert, dass der Garten zur Wohnung gehörte, Teil des Lebens war. Dazu zu zählen sind auch öffentliche Grünanlagen wie der Bürgerpark auf dem Osnabrücker Gertrudenberg, in den Jahren 1877/78 entstanden, und vor allem die großen städtischen Begräbnissorte wie der Hase- und Johannesfriedhof, ebenfalls in Osnabrück, die ab 1808 ständigen Erweiterungen unterlagen. Hier in der Stadt wie auf den Dörfern und in den kleinen Ortschaften, aber auch, und so schließt sich ein Kreis, in den vielen Familienbegräbnissen bei den Schlössern und Burgen wird Gartenkunst wieder zu etwas Gemeinsamem, zeugt gärtnerische Gestaltung von der Vergangenheit und ist letztendlich Ausdruck für den Umgang des Menschen mit Leben und Tod.

Gartenkultur und Landschaftsgestaltung haben dem Osnabrücker Land über Jahrhunderte ein besonderes Gesicht gegeben. Es wurde mit der Natur und den Gärten gelebt. Auch heute werden interessante Gartengestaltungen wie z. B. jene beim Felix-Nussbaum-Haus in Osnabrück oder im so genannten Inselgarten im Park der Ippenburg initiiert. Viele Eigentümer alter Gärten und denkmalgeschützter Parks sind sich der historischen und oftmals künstlerischen Bedeutung ihres Erbes bewusst. In den letzten Jahren wurden deshalb gemeinsam mit Denkmalpflegern und Stiftungen Wege zur Rettung dieser lange Zeit nicht ausreichend gewürdigten Kulturgüter gesucht und beschritten. Alt und Neu findet so zusammen, steht das Erbe neben dem Selbstgeschaffenen, wird die Vergangenheit zum Teil der Gegenwart.

Das Osnabrücker Land im Naturpark TERRA.vita

Wolfgang Eder

Lehrpfad am Schölerberg

Museum Natur und Umwelt am Schölerberg

Der Naturpark, ein Geopark

Das Osnabrücker Land wird heute mit dem Mount Lusan Geopark in der Volksrepublik China, dem Petrified Forest auf Lesbos in Griechenland, dem Madonie Naturpark auf Sizilien, dem Nationalpark Cabo de Gata in Andalusien, der Copper Coast in Irland, der Pennines Area of Outstanding Natural Beauty in England, dem Reserve Geologique Haute Provence in Südfrankreich und aktuell 18 weiteren Regionen in acht Staaten in einem Atemzug genannt.

Was ist so außergewöhnlich an dieser Region? Wie ist es dem Naturpark TERRA.vita im Osnabrücker Land gelungen, als erster deutscher Naturpark die internationale Anerkennung als European Geopark zu erhalten? Die Antwort liegt unter unseren Füßen. Sie ist im besonderen geologischen Aufbau des Osnabrücker Landes begründet. Gleichsam interessant sind seine spannende Erdgeschichte und die außergewöhnliche Vielfalt archäologischer und prähistorischer Funde.

Seinen endgültigen Ritterschlag erhielt der Naturpark im Frühjahr 2004 mit der Aufnahme in das globale Netzwerk der UNESCO Geoparks. Das Zertifikat wird weltweit als Auszeichnung („Sign of Excellence“) an Regionen vergeben, die ihr außergewöhnliches geologisches Erbe schützen und im Sinne einer nachhaltigen Regionalentwicklung nutzen, indem z. B. ein umweltverträglicher Geotourismus gefördert wird.

Die UNESCO, ihr Auftrag

Die UNESCO richtet ihr besonderes Augenmerk auf weltweite Bildungsinitiativen. Ihre Division of Earth Sciences lenkt seit mehreren Jahren die Aktivitäten zum Aufbau eines Geoparknetzwerkes, da bei den bisherigen Bemühungen zum Erhalt des Weltnaturerbes das geologische Erbe weitgehend vernachlässigt wurde. In den neuen Parks werden geologische Phänomene erläutert, regionale „Erdgeschichten“ erzählt und durch spannende Inszenierungen Wissensdefizite aufgearbeitet. Die UNESCO wird die sich rasch auf alle Kontinente ausweitende Geoparkidee auch zukünftig mit fundierter Beratung und ihrer weltweiten Erfahrung fördern.

Im Osnabrücker Land hat das „regionale Lernen“ einen besonderen Stellenwert. Der Begriff wurde hier entwickelt und geprägt und ist mittlerweile über Deutschland hinaus etabliert. Seitdem ist das regionale Lernen unverrückbar mit dem Osnabrücker Land verbunden. Lernstandorte wie die „Noller Schlucht“, das „Museum am Schölerberg“ oder das Umweltbildungszentrum „Osnabrücker Nordland“ stehen für die Kompetenz der Region. Diese Zentren repräsentieren im kleinen Maßstab die Grundidee der UNESCO.

Der Lebensraum

Den Besucher, der wie ich zum ersten Mal den Naturpark im Osnabrücker Land besucht hat, erwartet keine Landschaft von spektakulären Ausmaßen. Nein, der Besucher, der sich auf diese Landschaft einlässt, wird beflügelt durch ihre Ausgewogenheit, ihre parkartigen Strukturen, ihre sanft geschwungene Morphologie. Reizvolle und lebensfrohe Siedlungen liegen in unmittelbarer Nähe von Oasen der Ruhe. Übrigens ist Osnabrück die einzige deutsche Großstadt, die inmitten eines Naturparks liegt. Dieses harmonische Nebeneinander von Lebens-, Arbeits- und Rückzugsstätten – so vermute ich – hat entscheidenden Anteil an der positiven Gesamteinschätzung und Grundstimmung der Bewohner des Osnabrücker Landes. Ohne Erstaunen habe ich daher das Ergebnis einer Umfrage aufgenommen, das den Menschen im Osnabrücker Land bestätigt, die Glücklichsten in der Republik zu sein. Sinnbildlicher Ausdruck für diese Zufriedenheit ist eben auch der Naturpark mit seinem einprägsamen Namen TERRA.vita, der frei übersetzt „Lebensraum" bedeutet.

Das geologische Erbe

Das besondere Interesse der UNESCO am Osnabrücker Land ist – wie bereits angedeutet – nicht ausschließlich in seiner schönen Landschaft und seinen vielen glücklichen Menschen begründet. Hinzu kommt die besondere erdgeschichtliche Vielfalt, das „Geological Heritage" der Region. Dieses herausragende geologische Erbe hat der Naturpark als Thema aufgegriffen und zu seinem Markenzeichen entwickelt: TERRA.vita, der Lebenslauf, die Vita der Region.

TERRA. vita

Das neue Logo des Naturparks nimmt Bezug auf das Thema Erdgeschichte.

Unter den Geologen Deutschlands ist das Osnabrücker Land seit Jahr und Tag ein Begriff. Studentische Exkursionen führen regelmäßig in die Region, um das besondere Phänomen der „Osning-Überschiebung" zu studieren. Wie entstehen Gebirge? Welche Prozesse spielen dabei eine Rolle? An den Kämmen des Teutoburger Waldes und des Wiehengebirges finden sich Antworten auf diese Fragen.

Zur Verdeutlichung will ich etwas über die erdgeschichtliche Entwicklung des Osnabrücker Landes einschieben. Im Verlauf von hunderten Millionen Jahren hat sich die Landschaft im Osnabrücker Raum mehr als einmal grundlegend geändert. Mehrmals hat das Meer die Region überflutet, gewaltige Flüsse haben die Landschaft überschwemmt, tropisches Klima ließ mehrfach eine üppige tropische Vegetation wachsen oder Flüsse, Seen und Meere austrocknen. So legten sich im Laufe der Zeit horizontal Schichten aus Sand, Ton, Kalk und andere Ablagerungen übereinander. Dies ist also der Normalfall. Warum liegen im Osnabrücker Land, wie auch z. B. in den Alpen, dann nicht nur die jüngsten

Schräggestellte Kalksteinschichten in Rulle

Schichten an der Erdoberfläche, wie dies eben auch die „Osning Überschiebung" verdeutlicht? Dazu schlagen wir das Kapitel der Erdgeschichte auf, das sich an die Phase der Sedimentbildung anschloss: das Kapitel der Gebirgsbildung.

Vor ca. 60 Millionen Jahren, zum Ende der Kreidezeit, geriet im Osnabrücker Land, wie zeitgleich auch im Bereich der heutigen Alpen und des Himalaja, die Erdkruste in Bewegung. Entlang einer Linie, ausgehend vom Piesberg in Osnabrück bis zum Harz, wölbte sich die Erde auf. Dabei darf man sich diese Entwicklung nicht als Katastrophenereignis vorstellen, sondern als einen lang andauernden Prozess, der Tausende, ja Millionen von Jahren gedauert hat. Übrig blieb ein gewaltiger Höhenzug, der jedoch schon von Beginn seiner Entstehung der Erosion ausgesetzt war. Regen und Wind transportierten über Jahrtausende hinweg Material von den Bergkuppen in die Täler und modellierten so nach und nach ein Relief, wie wir es heute vorfinden. Entscheidend war die Härte des Gesteins. Dort, wo hartes Gestein anstand, bildete sich eine Kuppe. Es konnte der Erosion widerstehen und ein Berg verblieb. Weiche Gesteine wurden durch das Wasser davongetragen. Hier sollten später die Täler liegen. Der Teutoburger Wald und das Wiehengebirge sind die äußeren, harten Kanten eines ehemals erheblich größeren Gebirgskomplexes. Entsprechend sind die Hänge des Wiehengebirges nach Norden gewölbt, die des Teutobur-

Der Steinbruch im Piesberg: ein typisches „Fenster in die Erdgeschichte"

ger Waldes nach Süden. In Osnabrück, im Zentrum der großen Aufwölbung und Gebirgsbildung, finden wir die ältesten Gesteine der Region. Und weil diese Gesteine extrem hart sind, schälte sich – wie zu erwarten – ein Berg heraus: der Piesberg.

Wie der Zufall, oder besser gesagt, eine Idee der Region es will, wird gerade im mit Abstand ältesten Teil des Osnabrücker Landes im Jahr 2015 das jüngste Projekt der Region umgesetzt: die Bundesgartenschau. Es gibt sicherlich europaweit keinen spektakuläreren und extremeren Standort für eine derartige Show als den riesigen Piesberg-Steinbruch mitten im Naturpark. Hier bietet sich nicht nur die einmalige Chance, außergewöhnliche Erlebnisse zu inszenieren, sondern auch die Möglichkeit, das besondere Potential der Region, seine bewegte Erdgeschichte, voll auszuspielen. Ich würde es begrüßen, wenn anlässlich dieses Megaevents auch die UNESCO Geoparks eine Chance hätten, sich in ihrer faszinierenden Vielfalt zu präsentieren. Damit würde die nationale Show um einen wichtigen internationalen Aspekt erweitert.

Zurück zur Erdgeschichte des Osnabrücker Landes. Die Kombination aus der Ablagerung von Sedimenten, der Gebirgsentstehung und deren Abtragung hat uns eine Landschaft beschert, die sich wie ein aufgeschlagenes Geschichtsbuch der Erde präsentiert: Auf kürzester Distanz liegen nebeneinander die uralten Kapitel der Erdgeschichte vor uns, festgehalten im Gestein, dokumentiert durch Fossilien, Mineralien und all die anderen spannenden Details, die sich über Millionen von Jahren im Fels erhalten konnten.

Doch nicht alle Berge im Naturpark haben ihren Ursprung in den gewaltigen Bewegungen der Erdkruste. Begibt man sich in den nördlichen Teil des Osnabrücker Landes, so trifft man auf eine Landschaft, die durch ihre sanft geschwungenen, flachen Hügel, die zahlreichen Kiefernwälder und die Häufung von Findlingen und Steingräbern auffällt: die Ankum-Bippener Berge.

Ein Blick auf die Karte zeigt, dass dieser flache Höhenzug zusammen mit den Dammer Bergen im Osten ein großes U bildet. Seinen Ursprung hat dieses U, eine Endmoräne wie es die Geologen nennen, in der Eiszeit. Als sich vor 150 000 Jahren gewaltige Eismassen von Norden her unaufhaltsam dem heutigen Osnabrücker Land näherten, brachten sie gewaltige Mengen von Schutt und Geröll mit. Darunter auch die riesigen Granitblöcke, aus denen Menschen später die vielen Großsteingräber errichten sollten.

Ein großer Wall blieb vor der Gletscherzunge liegen und verwandelte sich in den folgenden Jahrtausenden in die reizvolle Landschaft, die wir heute zwischen Alfsee und Hahnenmoor erkunden können. Nördlich dieser Endmoräne liegt das so genannte Artland: eine weitgehend ebene, parkartige Landschaft, die vor allem durch ihre reichen Bauernhöfe bekannt geworden ist. Hier fließt die Hase, die sich zeitweise in mehrere Arme verzweigt. Entlang der Hase sind mittlerweile wunderbare Radwege ohne Steigungen angelegt, die diese reiche Kulturlandschaft erschließen.

Der Wirtschaftsfaktor

Schon fast in Vergessenheit geraten ist die Bergbaugeschichte des Osnabrücker Landes. So wurde vor allem im Bereich Borgloh, Hilter und Kloster Oesede ein umfangreicher Kohleabbau betrieben, der erst nach dem Zweiten Weltkrieg endgültig eingestellt wurde. Diese Kohle wurde in früheren Jahren unter anderem nach Bad Rothenfelde transportiert. Sie wurde dort zur Salzsiedung verbrannt. Die überregional bekannten Salinen Bad Rothenfeldes wurden erst viele Jahre später für gesundheitliche Zwecke umgenutzt.

Die Kohle wurde aber auch zur Georgsmarienhütte transportiert und hier zur Verhüttung von Eisenerzen eingesetzt. Die Erze wiederum wurden im Hüggel bei Hasbergen und Hagen gewonnen. Der Hüggel ist einer der interessantesten Erhebungen im gesamten nordwestdeutschen Raum. Er wurde schon im frühen Mittelalter ausgebeutet. Die überregionale Bedeutung der Rohstoffe dieses Berges wird durch laufende montanarchäologische Untersuchungen unterstrichen. So wurde der Domschatz des Osnabrücker Bischofs maßgeblich aus Silberfunden des Hüggel gefertigt und immer wieder reichhaltig ergänzt. Noch heute erinnern Landschaftsbezeichnungen wie „Silberberg“ an diese alte Abbaugeschichte. Im Naturschutzgebiet Silberberg finden sich in ehemaligen Schürfgruben, so genannten Pingen, äußerst seltene Pflanzengesellschaften. Diese so genannten Schwermetallfluren weisen noch heute auf die Rohstoffgewinnung hin. Darüber hinaus ist der Silberberg für seine üppigen Orchideenvorkommen bekannt. Ein Besuch ist nicht nur wegen der unglaublichen Pflanzenvielfalt lohnenswert, sondern auch wegen der hervorragenden Aussicht.

Aber auch an anderer Stelle im Osnabrücker Land ist die wirtschaftliche Entwicklung eng mit der Erdgeschichte und seinen immer wieder erstaunlichen Phänomenen verknüpft. Die Region ist vor vielen vielen Jahrtausenden nur knapp einer Katastrophe entgangen. Ein Vulkan, der so genannte Bramscher Pluton, ist nördlich von Osnabrück fünf Kilometer unter der Oberfläche im wahrsten Sinne des Wortes stecken geblieben. Diese Magmablase hat dennoch zu einer gewaltigen Erhitzung der Gesteine in seinem Umfeld geführt und dabei Besonderheiten wie die Schwarzkreide bei Vehrte, die Anthrazitkohle sowie den harten Karbonquarzit am Piesberg entstehen lassen. Die Schwarzkreide wurde bis in das letzte Jahrhundert abgebaut und als Schuhcreme bis in die USA exportiert. Am Piesberg wurde ehemals eine qualitativ hochwertige Kohle gefördert. An dieses Zeitalter erinnern noch heute alte

Museum für Industriekultur

Schachtanlagen, aber auch das überaus sehenswerte Museum Industriekultur. Der extrem harte Karbonquarzit wird noch heute im Piesberg gebrochen und im gesamten norddeutschen Raum eingesetzt, z. B. zur Sicherung der Küsten.

Die historischen Bauwerke

Aber nicht nur die frühere und heutige Industrie in der Region war bzw. ist eng mit den Bodenschätzen verbunden. Das an historischen Bauwerken reiche Osnabrücker Land verweist in gleichem Maße auf sein im wahrsten Sinne des Wortes steinreiches Umfeld. Prominentestes Beispiel hierfür ist das schöne historische Osnabrücker Rathaus. So liegt der Steinbruch, in dem das Baumaterial gewonnen wurde, in der Nachbarstadt Melle, exakt in Melle-Buer.

Aber auch die typischen Steinwerke, massive und massige Verteidigungs- und Lagerspeicher, dokumentieren den Reichtum der Region. Sie finden sich gehäuft in dem Landstrich um Ankum.

Ein weiteres Beispiel für die Nutzung von ortsnahen Baumaterialien ist die Bauernschaft Kalkriese bei Bramsche. Nur wenige hundert Meter entfernt besaßen die Landwirte im Kalkrieser Berg eigene Steinbrüche, in denen der Bruchstein gewonnen wurde, aus dem sie Hof- und Stallgebäude errichteten, ebenso wie die charakteristischen Trockenmauern.

Das Naturdenkmal „Schilfsandstein" in Melle-Buer

Die prähistorischen Spuren

In den vielen Steinbrüchen des Osnabrücker Landes wurden jedoch nicht nur Baumaterialien gewonnen. Aufmerksame Beobachter entdeckten mit geschultem Blick Funde aus der Urzeit. Der Piesberg gab unglaublich viele Versteinerungen aus der tropischen Vorzeit des Karbons preis. Der sicherlich bekannteste Fund ist die Sigillaria. Die mächtige Wurzel dieses farnartigen Baumes ziert heute den Eingangsbereich des Museums am Schölerberg in Osnabrück. Ein Abguss ist auch im Senckenberg Museum in Frankfurt zu bestaunen.

300 Millionen Jahre alte Farnabdrücke aus dem Piesberg

Bereits in den zwanziger Jahren des letzten Jahrhunderts wurden die Saurierfährten in Barkhausen bei Bad Essen entdeckt. Dreizehige Raubsaurier und langhalsige große Pflanzenfresser haben hier ihre Spuren hinterlassen.

Saurierspuren in Barkhausen

Erstaunlicherweise liegt die Fährtenplatte aber nicht waagerecht, sie steht fast senkrecht. Dies ist ein deutlicher Hinweis auf die tektonischen Bewegungen der Erdkruste, die, wie schon erwähnt, das Wiehengebirge auffalteten. Diese Fundstätte ist heute mit einem aufwendigen Glasdach geschützt. Zur Freude von Kindern und Jugendlichen wurden die beiden Saurierarten lebensgroß nachgebaut und machen neben leicht verständlichen Informationstafeln so die Ereignisse der damaligen Zeit nachvollziehbar.

Die Archäologie

Eine weitere überaus spannende Facette der Region stellt der große Reichtum an archäologischen Funden dar. Die Varusschlacht, auf die an anderer Stelle diese Buches ausführlich eingegangen wird, hat nicht ohne Grund in Kalkriese stattgefunden. Die besondere Morphologie zwischen den Ausläufern des Kalkrieser Berges und den direkt nördlich anschließenden Mooren ergab aus Sicht der Germanen ein für sie ideales Schlachtfeld. Die hervorragende Konservierung einzelner Fundstücke ist darüber hinaus ein Resultat einer weltweit nur in Nordwestdeutschland praktizierten Form der Bodenbestellung, der so genannten Plaggenwirtschaft. Hierdurch wurde das Niveau des Bodens angehoben, was wiederum zu einem Schutz und zur Konservierung von Schlachtrelikten führte.

Nicht weit von der Varusschlacht entfernt liegt im Wiehengebirge eine weitere bedeutende Ausgrabungsstätte, die Schnippenburg. Wie die unglaubliche Funddichte zeigt, wurde hier in der vorrömischen Eisenzeit Raseneisenerz verhüttet. An diesem historischen Ort, wie an anderer Stelle im Osnabrücker Land auch, wurde es interessierten Touristen ermöglicht, sich an den Ausgrabungen zu beteiligen. Dies ist eine hervorragende Idee, so meine ich, das Potential der Region mit einer Wertschöpfung zu verbinden.

Die Wälder

So vielfältig wie die Geologie des Osnabrücker Landes, so unterschiedlich präsentieren sich auch die Wälder dieser Region. Je nach Gestein, Bodenart, Exposition oder Hanglage ist die Vielfalt augenscheinlich. Im äußersten Norden, nordwestlich der Ortslage Berge, lädt der Börsteler Wald zu erholsamen Spaziergängen in absoluter Ruhe ein. Alte Klosterwälder aus Eiche, Birke, Buche und Kiefer umgeben das Stift Börstel als idyllisches Kleinod. Südlich von Bippen beeindruckt das Waldnaturschutzgebiet Maiburg durch sein welliges und dünenartiges eiszeitliches Relief. Ein dichtes Wegenetz führt in diese Kiefern- und Eichenwälder der Ankumer und Bippener Berge. Familienfreundliche Bauernhöfe laden gerade um Ankum zu Übernachtungen ein.

Als der nordwestliche Ausläufer der Deutschen Mittelgebirge begegnet uns westlich der Tuchmacherstadt Bramsche der Gehn. Er gehört in seiner exponierten Lage zu den wertvollsten Wäldern des gesamten Osnabrücker Landes. Besonders auffällig sind floristische Relikte wie Königsfarn, Moorlilien und Heiden. Der lang gezogene Wiehengebirgskamm erstreckt sich von Bramsche über Bad Essen hinaus. Dieser Kurort zeichnet sich durch seine reizvolle Fachwerkarchitektur aus. Das Wiehengebirge gilt als erster Gebirgszug südlich von Skandinavien und wird durch artenreiche Flattergras-Buchenwälder bestimmt. Der Wittekindsweg bietet als Höhenweg herrliche Ausblicke in die norddeutsche Tiefebene.

Der Teutoburger Wald tritt markant aus dem südlich vorgelagerten Münsterland hervor. Ein Besuchermagnet ist in jedem Frühjahr das Naturschutzgebiet Freeden. „Der Freeden blüht!" Im zeitigen Frühjahr spricht es sich rasch herum, wenn die Lerchenspornblüte mit einem farbigen Blütenteppich den flachgründigen Kalkstein-Höhenrücken überzieht. Teile des Teutoburger Waldes haben wegen ihrer krautreichen mesophilen Kalkbuchenwälder sogar europaweite Bedeutung. Die vielen Wanderer erfreuen sich zudem im April am markanten Duft des blühenden Bärlauchs. Einer der schönsten deutschen Wanderwege, der Hermannsweg, verläuft über den Kamm des Teutos und verbindet alle landschaftlichen Highlights des südlichen Osnabrücker Landes.

Südlich des Teutoburger Waldes ist eine weitere Erhebung zu erwähnen. Es ist der Kleine Berg zwischen den Kurorten Bad Laer und Bad Rothenfelde. Nicht ohne Grund wird er bei den Einheimischen „Blomberg", der Blumenberg, genannt. In jedem Frühjahr verwandeln ungezählte Geophyten den noch unbelaubten Wald in ein Blütenmeer. Mit seinen südexponierten Hängen ist der Kleine Berg zudem der wärmste Ort – sozusagen der „Hotspot" – des Osnabrücker Landes überhaupt. Dies belegen Pflanzenarten, wie z. B. der Weinberglauch, die sonst nur im warmen Rheintal anzutreffen sind.

Einige Projekte

Der Naturpark TERRA.vita hat es sich zur Aufgabe gemacht, viele der genannten spannenden Hintergründe in unterhaltsamer und nachvollziehbarer Art und Weise für die Menschen der Region und die vielen auswärtigen Gäste aufzubereiten. 17 TERRA.trails, Radrouten, die in das Herz des Naturparks führen, bieten für alle, die sich auch gerne einmal abseits befestigter Straßen bewegen, einen

Blick vom Vennerberg zum Wiehengebirge

unglaublichen Fundus von Hintergrundinformationen und Erklärungen zur Genese des Osnabrücker Landes an. Die Trails führen aber auch schlicht und einfach in eine wunderschöne Landschaft und bieten somit Erholung pur.

Alle, die einen ersten Einstieg oder besser gesagt Abstieg in das Innere des Osnabrücker Landes wagen wollen, sollten dies mit einem Besuch des in seiner Konzeption einmaligen Bodenparks verbinden. Dieser etwa zwei Hektar große Landschaftspark am Schölerberg in Osnabrück gibt einen Überblick über die Geologie des Osnabrücker Landes und erläutert in einem in den Boden abgesenkten Pavillon die Zusammenhänge zwischen Gesteinen, Bodenbildung und Landschaftsentstehung.

In unmittelbarer Nähe gelegen führt die einzigartige Ausstellung „Unterwelten" im Museum am Schölerberg weiter in das Bodenthema ein und spricht insbesondere Kinder und Jugendliche an. Allein schon diese beiden Ausstellungen rechtfertigen das Prädikat Kompetenzregion. Von daher begrüße ich es ausdrücklich, dass hier darüber hinaus ein erstes Bodenkommunikationszentrum entstehen soll. Erst nach und nach wird auch auf europäischer Ebene erkannt, dass der Schutz des Bodens zu den elementaren Anliegen des Umweltschutzes gehört.

Glückliches Osnabrücker Land

Das Osnabrücker Land ist mit vielen Vorzügen, insbesondere aber einem Vorzug, der nicht im ersten Moment ins Auge fällt, gesegnet. Es ist dies die faszinierende Welt unter unseren Füßen. Nach meiner Einschätzung zeichnet sich die Region dadurch aus, dass sie diesen Schatz erkannt hat und ihn mit innovativen Ideen an das Tageslicht befördert. Hier wird ein Themenkomplex aufgegriffen, der zur Profilierung und Wertschöpfung der Region hervorragend geeignet ist. Gleichzeitig wird ein Bogen zwischen verschiedenen Disziplinen geschlagen: der Erdgeschichte, der Landschaftsgeschichte, der Kulturgeschichte, der Archäologie und der Paläontologie.

Die Stadt im Naturpark

„An jeder Stelle, wo man einen Baum pflanzen konnte, wurde ein Baum gepflanzt und an jeder Stelle, an der eine Blume gepflanzt werden konnte, blüht eine Blume …“
Prof. Dr. Alex L. Shigo, amerikanischer Baumbiologe, bei einem Besuch in Osnabrück

Botanischer Garten, Regenwaldhaus

Eine Vielzahl grüner Oasen: Osnabrücks Markenzeichen

Angeblich kann man Osnabrücks Grün am besten von oben sehen, „aus der Perspektive Gottes", wie man so schön sagt. Aber wer sitzt schon neben Gottes Thron? So schwingen wir uns lieber frohgemut aufs Rad und erobern, kräftig in die Pedale tretend, über Schleichwege vom belebten Zentrum aus die „Grünen Finger" Osnabrücks. Die Fahrt geht vorbei an Büschen und Sträuchern, altem und neuem Baumbestand, wachsendem und wucherndem Grün, den Duft der frischen Natur in der Nase, die feuchte Luft im Gesicht. Wer sich allerdings zum gemütlichen Radeln ein wohlgefälliges flaches niedersächsisches Stadtgebiet erträumt, der vertut sich gewaltig. Die leichten Erhebungen heißen Westerberg, Schinkelberg und Piesberg, Hasterberg, Sonnenhügel, Kalkhügel und Schölerberg. Und es gibt kein Erbarmen, kein Mitleid mit den Radlern, die mit dem Drahtesel weit hinaus zu den liebenswerten grünen Oasen der Hase-Stadt wollen. So strampeln wir bergauf, bergab. Zunächst geht es recht steil entlang dem „Grünen Finger" Westerberg, an schmucken Wohnhäusern und gepflegten Vorgärten vorbei in die beschauliche Natur, die sich, keine tausend Meter vom Rathaus und dem emsigen Geschäftstreiben entfernt, ausbreitet.

Das gefiel wohl auch einem Rehbock, von den Städtern liebevoll Hansi gerufen. Denn als sich das Tier, wohl aus Versehen, in einem „Grünen Finger" stadtein- statt stadtauswärts wiederfand, suchte es nicht mehr den Weg in die umliegenden Wälder zurück. Es ließ sich einfach in der von Menschen bewohnten Welt nieder, streunte nachts durch die verschlafenen Straßen, begnügte sich mit den Grünanlagen, um tagsüber im Gestrüpp eines Trümmergrundstücks seinem Eremitendasein zu frönen. Die Anrainer ließen Nachsicht walten, auch wenn sich der ursprüngliche Waldbewohner hin und wieder an ihren Pflanzen verging. Hansi gehörte nun mal dazu.

Grün als Devise

Es war wohl der weitsichtige Stadtbaurat Friedrich Lehmann, der bereits in den zwanziger Jahren den Begriff der „Grünen Finger" prägte. So sollte seiner Meinung nach das im Stadtgebiet natürlich gewachsene Grün erhalten bleiben, gleichzeitig aber mit den innerstädtischen Freiflächen sowie mit den äußeren Grünbeständen verknüpft werden, um auf diese Weise eine Verbindung mit dem Umland zu schaffen. Diese „Grünen Finger" sollten bis tief in das Zentrum der Stadt hineinragen. Ein Ratsbeschluss, Landschafts- und Flächennutzungspläne haben seine Idee bereits aufgegriffen und Wirklichkeit werden

Seiten 198/199:
Luftbild vom Schölerberg mit dem Waldzoo und dem Kreishaus des Landkreises Osnabrück

Rhododendren im Botanischen Garten

lassen. Es sind zehn an der Zahl, zehn „Grüne Finger", die sich von den Höhenzügen über der Stadt oder von den Bachtälern strahlenförmig, gleichsam als grüne Schneisen, bis in das Herz der Stadt erstrecken.

Wir radeln umgekehrt vom Zentrum stadtauswärts vorbei an Kleingärten, Vorgärten, Wäldchen und Wiesen, Laubenpiepersiedlungen, Pferdekoppeln und Ackerland. Am Wegesrand sehen wir Hühner, Gänse, Schafe und Pferde. Es riecht nach Heu und Bauernhof, nach Erde. Hinter jeder Biegung blühen Ringelblumen, Kapuzinerkresse, Sonnenblumen und andere einjährige Pflanzen in Privatgärten und öffentlichen Anlagen um die Wette. Wie sie auch alle heißen mögen, Stiefmütterchen oder Vergissmeinnicht, Kissenprimel, Ranunkel, Kaiserkrone oder Löwenohr, Husarenkopf oder Schwarzäugige Susanne, sie blühen alle irgendwann der Reihe nach, je nach Jahreszeit: ein buntes Allerlei zum Greifen nahe. Mal sind es kühle Blautöne, mal warme Gelb- und Goldfarben, die das Bild bestimmen. Nicht umsonst erhielt die Stadt im Jahr 2001 beim Bundeswettbewerb „Entente florale – Unsere Stadt blüht auf" eine Goldmedaille.

Hier, auf dem Weg zum Westerberg, wo die Einheimischen bis weit nach dem Krieg den Muschelkalkstein aus dem alten Steinbruch für ihre Häusersockel, Fassaden, Mauern oder Gartenelemente holten, ist heute eine bezaubernde Pflanzenwelt zu Hause. Denn als irgendwann der Kalkstein nicht mehr gefragt

war und der Steinbruch verwaiste, übernahm die Natur das Regiment. Ein reizvolles Biotop für Flora und Fauna, heute per Gesetz geschützt, wächst und gedeiht. Auch im Steinbruch selbst an der nördlichen Seite findet man nun eine bunte Welt der Blütenökologie, des Artenschutzes und der Pflanzenmagie. Dort liegt der Botanische Garten der Osnabrücker Universität. Dieses 5,6 Hektar große Gelände – ein Paradies voller spannender Geheimnisse über die Wälder Nordamerikas und Eurasiens, Pflanzen der Gebirge Europas und Asiens und Lebensraum zahlreicher Arznei-, Duft- und Salzpflanzen, Kreuzblütler sowie Lauchgewächse – wurde 1984 eröffnet und ist zu jeder Jahreszeit nicht nur für Biologie- und Chemiestudenten, sondern auch für Naturliebhaber ein reizvolles Ziel.

Fast unverhofft taucht am Nordhang des ehemaligen Steinbruches das Regenwaldhaus auf. Ein 21 Meter hohes Gewächshaus über zwei Ebenen, an einer knapp zehn Meter hohen Felswand entstanden, eine Hommage an fleißige Forscher. Zwar tanzen heimische Wolken in den tausend Glasscheiben der faszinierenden Architektur, im Inneren jedoch vermitteln exotische Pflanzen und eine fremde Tierwelt einen Hauch von Abenteuer und dem Mythos ferner Länder. Engagierte Naturwissenschaftler können sich dort mit der Vegetation des Amazonasbeckens und komplexen biologischen Zusammenhängen vertraut machen. Wenn es die Witterung erlaubt, lassen sich die angehenden Biologen, Botaniker, Ökologen und Chemiker zwischen zwei Vorlesungen oder Seminaren nur allzu gerne auf den umliegenden Wiesen und

Westerberg, Brücke über die Albrechtstraße

Rechte Seite:
Pferdekoppel im Heger Holz

im Schatten der Bäume oder Gewächse am Hang des Westerberges nieder. Dort, im kühlen Gras, zwischen Butterblumen, Klee und Löwenzahn vergessen sie die wissenschaftlichen Formeln und suchen wie alle Studenten ganz unakademisch das junge Glück. Der liebe Gott erlaubts – in Osnabrück.

Wir radeln weiter. Mit kräftigem Tritt geht es über die kleine Brücke, die die Albrechtstraße überspannt, damit wir nicht absteigen und schieben müssen, an einem florierenden Bauernhof mit Hofladen, der Muesenburg, und an Ackerflächen und Weiden vorbei. Wir sind immer noch mitten in Osnabrück, ganz oben auf dem Westerberg. Von dort aus schaut man weit über die nördlichen, südlichen und östlichen Stadtteile, nach Westen ins weit entrückte Grüne bis hin zu den Kulissen des Teutoburger Waldes, der sich, Scherenschnitten gleich, am Horizont erhebt.

Allerorten sind Gartenkolonien zu sehen. Mehr als vier Millionen Kleingärtner sollen unter dem Schutz und dem Regiment des Bundeskleingartengesetzes in der Bundesrepublik eine blühende eigene Scholle hüten und auf ein paar 100 Quadratmetern ihre Gartenpassion ausleben. In Osnabrück sind es ganz gewiss ein paar Tausend. Wer oft durch die Miniparadiese der Hobbygärtner streunt, empfindet mit allen Sinnen das Auf und Ab der stetig wachsenden und sterbenden Natur, den Jahresrhythmus Frühling, Sommer, Herbst und Winter. Mal explodiert die Blütenpracht, dann gedeiht das Gemüse auf den Beeten und im September hängt das Obst bereits schwer an den Bäumen und will geerntet werden. Auch der Anatole oder der Aussiedler aus Usbekistan schaffen sich ihre Mini-Biotope und sorgen für Exotisches und eigenes Flair. Paprika und Sonnenblumenkerne machen das Rennen. Schließlich trifft sich das bunte Völkchen fachsimpelnd am Zaun und man trinkt auch schon mal eine Tasse Kaffee zusammen – ein entspanntes multikulturelles Treffen über sämtliches Wachsen und Gedeihen hinweg. Sieben Kleingärtnervereine gibt es in Osnabrück und weit über 2800 Kleingärtner.

„Der deutsche Wald kann mehr als rauschen …"

Eigentlich steht für den Osnabrücker sonntags das Heger Holz auf dem Programm: vor oder nach einem schmackhaften Mittagsmahl zu Hause oder in dem idyllisch gelegenen Hotelrestaurant am Rande des Waldes – je nach Stimmung. Wer sich aber, wie wir, in der Woche dazu entschließt, auf das Fahrrad zu steigen oder auf Schusters Rappen die Gegend zu erkunden, begibt sich auf die Spuren einer verschwiegenen Zauberwelt. Hier, nach langem einsamem Stöbern unter dem Kronendach meterhoher Bäume, muss Rotkäppchen in den Lichtungen Waldbeeren für Großmutters Konfitüre gefunden haben, Kratzdisteln und Brennnesseln für einen köstlichen Salat. Auch der Duft aromatischer Pilze weht einem um die Nase.

Schnatgangsfest der Heger Laischaft. Historische Postkarte

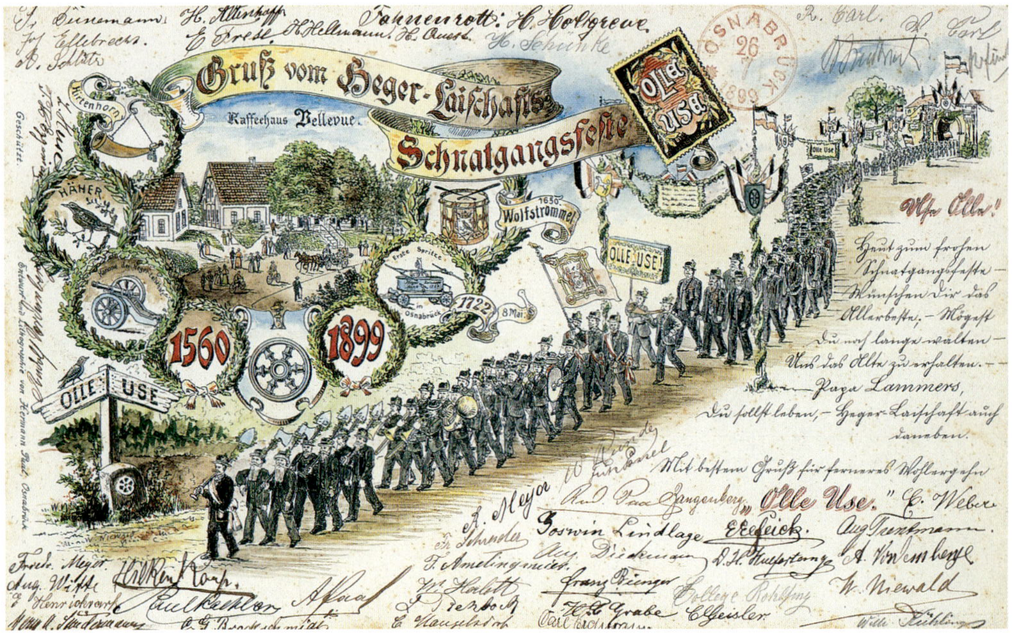

75 Hektar sind jede Menge „Holz" – im wahrsten Sinne des Wortes – und die Besitzer, die Heger Laischaft, lassen bis heute auf ihr Heger Holz nichts kommen. Das ist Tradition. Kümmern sie sich doch bereits mehr als 300 Jahre um diese Waldlandschaft und pflegen auch in unserer hektischen Zeit voller Stolz dieses intakte Fleckchen Erde, das heute allen Bürgern der Stadt Osnabrück als Naherholungsgebiet zur Verfügung steht. Man schrieb das Jahr 1560, als die Ackerbürger – Handwerker, Händler und Kleinbauern in Personalunion – direkt vor den Toren der Stadt begannen, zur täglichen Versorgung der Familie ihr kleines Stück Land zu bewirtschaften. Dahinter erst lagen die Äcker und weiter weg Moor, Bruch, Heide und Wald. Da jeder dreizehnte Bewohner eine Milchkuh besaß, brauchte man auch Weideflächen. Die Regelung des Viehaustriebs und der Weidezeiten gehörte, nachdem sich der Rat der Stadt dieser Verantwortung entledigt hatte, zu den Aufgaben der Laischaften. Damit waren die Weidegenossenschaften geboren. Sie legten die Grenzen ihrer Viehweiden fest, bestellten Kuhhirten und Wächter und bewirtschafteten ihren erworbenen Besitz an Holz- und Weideland. Wer seine Kuh auf die Laischaftsweide treiben wollte, musste das Recht dazu käuflich erwerben. Die Regeln der Genossenschaft beschränkten sich jedoch nicht nur auf die Ordnung der Weidetrift. Sie bestimmten auch die bessere Nutzung des Gemeinbesitzes, die Kultivierung unfruchtbaren Bodens, die Gräbenziehung, den Wegebau und den Feuerschutz. Forstung und Waldpflege gehörten selbstverständlich ebenso dazu. Am allerwichtigsten aber war die genaue Kenntnis der Begrenzungen. Dieser dienten die so genannten Schnatgänge, die Begehung der Grenzen („Schnat"). Aus diesem Anlass wurden Markierungspunkte kontrolliert, Beeinträchtigungen der Grenze gerügt oder auch sogleich beseitigt. Der erste verbriefte Schnatgang der Haselaischaft fand 1587 statt. Die Weidegenossenschaften nannten sich nach den Stadttoren, aus denen sie das Vieh trieben. Nach dem Heger Tor, dem Hasetor, dem Natrupertor. Bis Ende des 19. Jahrhunderts konnte man frühmorgens aus jedem Stadttor eine Kuhherde stadtauswärts ziehen sehen – ein Spektakel ohnegleichen.

Heute ist nur noch das Heger Holz in Laischaftsbesitz. Seine Mitglieder halten vehement die Genossenschaftsehre hoch, und auch heute noch wird alle sieben Jahre von der Heger Laischaft der seit dem Mittelalter bekannte „Schnatgang" durchgeführt, bei dem sich junge Burschen nach einer kräftigen Backpfeife und dem stolzen Besitzerausruf *Olle use* – „das ist alles uns" – die Grenzen der Laischaftslatifundien ein für alle Mal einprägen sollen. Harte Sitten! Aber alles halb so wild. *Olle use* ist das Gegenteil von *Düt is ollet mine*, „das ist alles meins", und soll ein Ausdruck von gerechten Verhältnissen sein, von Gemeinschaftssinn, vom Erhalt des gemeinschaftlichen Besitzes. Gemeinschaftlich war auch die „Buchhalter-Eiche", die leider einem Sturm, der am 25. Januar 1990 mit Windstärke elf über Osnabrück hinwegfegte, zum Opfer fiel. Schon lange schafften es beim „Schnatgang" drei Männer kaum noch den Uraltbaum zu umfassen. Aber das mächtige Exemplar mit einer Krone, die wohl 26 Meter in die Höhe ragte, durfte auf Gemeinschaftsbeschluss nicht gefällt werden. Schließlich nahm die Natur den Mitgliedern der Laischaft die heftig diskutierte Entscheidung „fällen oder nicht" ab.

Ja, die viel gelobte Gemeinschaft, sie ist ein leuchtendes Beispiel aus alten Zeiten. Durch ihre Arbeit unterstützen die Laischaften nach wie vor die öffentlichen Bemühungen um Erhalt und Pflege des Erholungsgrüns. In Zeiten der Not sind die mittelalterlichen Traditionsverbände immer noch mit Rat, Tat und Wohltätigkeit zur Stelle. Das bewiesen die Heger Männer auch im Jahr 1948, als sich die Stadt Osnabrück auf den 300. Jahrestag des Westfälischen Friedens besann. Für den Wiederaufbau des Rathauses stiftete die Laischaft aus ihrem Gelände zehn Festmeter bestes Eichenholz. So spielt das Heger Holz, oben auf dem Westerberg, wo man unter den turmhohen Bäumen die Stille einer Kathedrale spürt, nach wie vor eine gesegnete Rolle. Über den Besitzerstolz der Laischaftsmitglieder hinaus wird auch noch heute der Sinn für Gemeinschaft und soziales Engagement betont. *Olle use!* Alles unser. Nicht *düt is ollet mine …*

Von tapferen Bürgern, „vaterländischen Fluren", Benediktinerinnen – und weiter auf dem Weg ins Grüne

Aber weiter geht es, hinaus aus dem Wald auf der Suche nach Licht, nach Weite, den Rubbenbruchsee entlang, einen 24 Hektar großen Baggersee, der Ende der sechziger Jahre in dem etwa 50 Hektar großen Rubbenbruch entstand. Fachleute nennen ihn ein „Biotop aus zweiter Hand". Kaum einen Steinwurf vom Stadtkern entfernt kann man sich hier jenseits des Trubels ein wenig Auszeit gönnen und die Ruhe genießen. Im kaum tanzenden Wasser des Sees spiegelt sich das launische Wolkenspiel des norddeutschen

Himmels. Vögel segeln durch dünnen Nebel und verschwinden samt der eigenen Gedankenspiele am Horizont. Enten und Gänse stolzieren mit ihrem Nachwuchs furchtlos übers Gelände und in undefinierbarer Ferne hört man den Hufschlag eines Pferdes. Ein Reiter trabt durch den Wald – oder sucht er sich einen Weg über die Reste der historischen Landwehr? Diesen Verteidigungsring, der im Mittelalter vor den Toren und Mauern der eigentlichen Stadtbefestigung angelegt wurde, gibt es heute zwar nur noch in Teilen, diese aber werden von den Denkmalpflegern wohl behütet.

Rubbenbruchsee

Die Städter und Bauern des 13. und 14. Jahrhunderts hatten es bei Gott nicht leicht. Herumstreunende Banden und Viehdiebe machten damals die Region unsicher. Feuerpfeilschützen, zu jener Zeit eine Landplage, setzten über Mauern hinweg die Strohdächer der Häuser in Brand. Die braven Bürger verschanzten sich wohlweislich hinter 1,5 bis 4,5 Kilometer außerhalb der eigentlichen Stadtbefestigung angelegten Wällen aus Dornhecken, Busch- und Hainbuchen, durch Umbiegen und Flechten schier unüberwindbar gemacht, während die Gräben mit Wasser gefüllt wurden. Denn Abstand war dringend geboten. Nicht weniger als 30 Kilometer, einschließlich Wällen, Gräben, Bächen und wehrhafter Turmanlagen, soll die Gesamtlänge dieser alten Osnabrücker Landwehr betragen haben. Heute sind in Osnabrück noch etwa 6,7 Kilometer erhalten. Von Wehrhaftigkeit kann allerdings keine Rede mehr sein. Strohdächer gibt es schon eine Ewigkeit nicht mehr, Wachtürme und Burgen sind längst begehrte und friedliche Touristenziele und Feuerpfeilschützen gibt es, wenn überhaupt, nur noch auf der Kirmes. Über die einst unüberwindbaren Landwehren mit ihrem verwachsenen Baum- und Wurzelgeflecht, spazieren oder radeln heute vergnügte Naturliebhaber, die sich selbst und ihren Lungen etwas Gutes tun wollen.

Also weiter zum ältesten öffentlichen Park der Stadt. Dorthin führt der Weg zunächst vom Westerberg hinunter, die Pedale fröhlich und mühelos schwingend, den in der zweiten Hälfte des 16. Jahrhunderts als Befestigungsanlage errichteten Herrenteichswall entlang bis in das Herz der Altstadt. Schatten spendende Winterlinden säumen die Hase. Es ist kein Wunder, dass das gesamte Ensemble, die bischöflichen Gärten, die Wälle und Bäume, unter Natur- und Denkmalschutz gestellt wurden. Vor dem ehemaligen Hasetor muss man wieder einen Anstieg bewältigen zum 97 Meter hohen Gertrudenberg. Seit alters führt vom Hasetor aus ein direkter Fußweg durch die Gärten den Hang des Gertrudenberges hinauf zum Kloster. Den muss Erich Maria Remarque gelaufen sein, als er zu seiner Zeit allsonntäglich zur St. Michaeliskapelle wollte, um dort zu musizieren. Verwitterte Backsteinhäuser, alte Bruchsteinmauern und ein prächtiger Baumbestand verströmen einen morbiden Charme. Man möchte kurz anhalten, verschnaufen, bevor man den Gertrudenberg hinaufstrampelt.

Es war der Osnabrücker Senator und Tuchhändler Gerhard Friedrich Wagner, der Anfang des 19. Jahrhunderts Teile des verwilderten städtischen Grundstücks am Gertrudenberg gestalten ließ und den „Verein zur Erhaltung und Beförderung von Schönheiten vaterländischer Fluren“ gründete. Dies waren die

Rechte Seite:
Landwehr am Heger Holz

Teich im Bürgerpark

Linke Seite:
Staudengarten im Bürgerpark

Anfänge des Bürgerparks, der ersten öffentlichen Grünanlage in der Stadt. Zahlreiche der damals gepflanzten Bäume prägen noch heute das Gelände, das 1966 zum Landschaftsschutzgebiet erklärt wurde. Dem nicht genug. 1988 wurde diese Oase für kontemplative Gedankenspiele zudem in das Verzeichnis der Kulturdenkmale eingetragen. Die alte gärtnerische Anlage beherbergt heute eine Vielzahl heimischer und exotischer Bäume und Sträucher und wurde Lebensraum für viele Tierarten. Zahlreiche Vögel bauen hier ihre Nester und ihr Gezwitscher beglückt den Natur genießenden Großstädter. Wer weiß noch, dass man hier an dieser Stelle in der zweiten Hälfte des 19. Jahrhunderts den Felsen abgraben ließ und einen Keller baute, in dem im Winter Eis gesammelt wurde? Dicke Wände speicherten die Kälte und das Eis diente der damals dort ansässigen florierenden Brauerei zur Kühlung. In diesem Relikt längst vergangener Zeiten hat sich inzwischen eine beachtliche Fledermauspopulation angesiedelt.

Stille prägt heute das Gelände des Staudengartens der Studenten des Fachbereichs Landschaftsarchitektur der Fachhochschule Osnabrück. Einen Rosengarten gibt es nicht mehr. Dafür war der Boden an diesem Ort schließlich zu ausgelaugt und die Sonne machte sich zum Wachsen und Gedeihen der wärmebedürftigen kapriziösen Blumen zu rar. Dafür gibt es jede Menge Stille. Kein Wunder, dass hier vor langer Zeit unterhalb der Kuppe des Gertrudenberges der Welt abgewandte Frauen Einkehr suchten. Bereits im frühen Mittelalter trafen sich in der dem heiligen Michael geweihten Kapelle fromme Seelen. Nicht von

Bürgerpark Gertrudenberg

ungefähr gründete Bischof Benno II. an diesem Ort Ende des 11. Jahrhunderts ein Frauenkloster, in dem ab 1142 nach der Regel des heiligen Benedikt gelebt wurde. Die Nonnen widmeten sich nicht nur der Buße und dem Beten, sondern auch der sorgfältigen Vervielfältigung von Handschriften, der Kunst der Stickerei mit Gold- und Silberfäden und der Anfertigung kirchlicher Gewänder, Wandteppiche und Altardecken für den liturgischen Gebrauch oder zur Ausschmückung der Kirchen.

Wie auch andere Frauenklöster im Bistum war das Gertrudenkloster mit seiner Schule und Schreibstube ein Zentrum spätmittelalterlicher Kultur. Helle Frauenstimmen erfüllten über Jahrhunderte mit dem Gesang ihrer liturgischen Texte den hohen Raum der Klosterkirche. Eine Osnabrücker Bürgerstochter namens Gertrud Brickwedde, die dem Konvent von 1477 bis 1541 angehörte, war dessen wichtigste Schönschreiberin und ihr Ruhm blieb noch viele Jahrhunderte nach ihrem Tod lebendig. Von ihr stammt mit großer Wahrscheinlichkeit auch die Handschrift der Benediktinerregel. Über die kunstvollen Stickereien der Klosterfrauen, über Nadeln sowie über Gold und Seide für Paramente geben Rechnungen des Klosters Aufschluss.

Doch auch das reiche und gesegnete Gertrudenberger Kloster blieb von Turbulenzen nicht verschont. Querelen mit der Stadt, aber auch herumstreunende, plündernde, rücksichtslose Soldaten brachten im

Rechte Seite:
Kloster Gertrudenberg und Klosterkirche

Laufe der Jahrhunderte immer wieder Leid über den friedlichen Konvent. Erst im 18. Jahrhundert kehrte Ruhe ein, wenn auch das beschauliche Glück nicht lange währte. Napoleons Truppen verunsicherten das Land, 1803 wurde das Kloster säkularisiert. 1861 fasste man dann in Hannover den Beschluss, dort auf dem schönen Berg eine Irrenanstalt, wie man damals sagte, zu bauen. Es entstand ein großzügiger Neubau für 200 Kranke. Das am 1. April 1868 eröffnete Haus versteckte sich schon damals hinter einer bestrickenden Natur. Der erste Direktor des neuen Krankenhauses, Georg Meier, berichtete voller Genugtuung über die „glückliche Wahl des Terrains, die überaus freundliche und gesunde Lage, die unmittelbare Nähe eines schönen Gehölzes, von welchem ein nicht unerheblicher Teil innerhalb des Anstaltsgebietes liegt, die Nachbarschaft einer größeren Stadt, deren Nähe doch in keiner Weise störend oder beunruhigend einwirkt, ein Vorrat trefflichen Wassers in dem Brunnen, welcher selbst während des verflossenen, beispiellos trockenen Sommers im Stande war, dem großen Bedürfnis zu genügen; alles das sind schon Vorzüge, deren sich wenige deutsche Anstalten rühmen dürften“. Heute kann jeder Lufthungrige geruhsam entlang der Klostermauern und über die schöne Allee spazieren und dann in dem Café im Äbtissinnenhaus am Rande des Bürgerparks einkehren, das für viele Osnabrücker ein beliebtes Ausflugsziel ist.

Freud und Leid?

Nur einen Steinwurf entfernt liegt unterhalb des Bürgerparks der altehrwürdige, 10,4 Hektar große Hasefriedhof. Sein Sandboden war für die Bestattung bestens geeignet, weshalb hier, nachdem 1808 auf Anordnung der damaligen westfälischen Regierung die alten Kirchhöfe in der Stadt geschlossen werden mussten, als Ersatz einer der ersten größeren kommunalen Friedhöfe angelegt wurde. Gewachsen mit dem alten Baumbestand, im Schatten der Scheinzypressen und Lebensbäume, Linden, Buchen und Lärchen, ruht auf diesem Friedhof die in Stein gemeißelte Geschichte der letzten beiden Jahrhunderte der Stadt Osnabrück.

> „Nirgendwo sonst scheinen uns die Toten so nahe wie an ihren Gräbern.
> Wir halten Zwiesprache mit ihnen,
> rufen Erinnerungen herauf,
> denken an ihr Leben und ihre Werke."
> Hans Bender „Im Totengarten"

Bestattungen finden hier jetzt nicht mehr statt. Der Würde des Ortes entsprechend, wurde der Todesacker in einen Park umgewandelt. Hinter den halbhohen Bruchsteinmauern ruhen standesgemäß entlang der Friedhofsmauer Mitglieder begüterter Familien, die ihre Grabstellen auf Dauer erwarben, während zu der Zeit die innere Fläche des Gevierts für die Bestattungen der ärmeren Mitbürger bestimmt war. Ehrengräber erzählen von Leben und Leid prominenter Osnabrücker: von dem Bildhauer Vordemberge-Gildewart, von Gerhart Wessel, der hier so manchen Grabstein entwarf, von der Familie Stüve und dem verdienten Bürgermeister Heinrich David Stüve, von Anna und Hans Siemsen, zwei klugen und erklärten Gegnern der Nationalsozialisten, und von so vielen mehr.

> „Wir sind ein Traum, der nicht besteht;
> Ein Hauch, der nicht zu halten ist;
> Flug eines Vogels, der vorüberfliegt."

Wer will das bezweifeln? Aber wir nehmen unsere Räder und strampeln weiter bis an die Stadtgrenze, den Sonnenhügel hinauf Richtung Hasterberg, vorbei an der „Nackten Mühle" in Haste, deren Platz bereits 1224 von den Brüdern Bernhard und Wichard von Haste für fünf Taler erworben wurde. So alt ist dieses Fleckchen Erde. Kaum ein paar Jahre später, 1235, plante das Benediktinerkloster Gertrudenberg

Hasefriedhof

Wassermühle Nettetal, Rulle

dort den Bau einer Wassermühle. Sie lag von Licht umflutet auf freier Flur. So nannte man sie kurzerhand „Nackte Mühle“ und dabei ist es bis heute geblieben.

Das Nettetal lockt. Dort öffnet sich das Land und friedliches Rindvieh schaut ins satte Grün. In der Biegung des kleinen Flusses liegt das beschauliche Klostergut Nette. Auf der schmalen Landstraße geht es nach Belm oder weiter nach Minden. Wir radeln immerfort. Übrigens, in Haste soll ein großer Stein liegen, der Karlstein, in der Mitte gespalten ... Hier zu Lande erzählt man, Carolus Magnus habe diesen Stein, den *Heidenstein,* mit einer Rute mittendurch geschlagen, um Widukind einzuschüchtern. Alles Legende, alles Geschichte. So fahren wir weiter auf diesen Spuren. Schließlich sind wir in Knollmeyers Wassermühle gelandet, knapp hinter der Osnabrücker Stadtgrenze in Wallenhorst-Rulle. Ihre Gründung geht vermutlich ebenfalls auf die Zeit Karls des Großen zurück und ihre Wasser- und Staurechte sind bereits 1253 erwähnt. Die frühere Doppelmühle wurde von 1980 bis 1983 originalgetreu mit historischen Baustoffen nach bauökologischen Gesichtspunkten funktionstüchtig restauriert. Heute betreibt Müller Martin Läer die in Stand gesetzte Mühle, in der Vollkornmehl produziert wird.

Die Stadt liegt hinter uns. Es ist Zeit zum Luftholen, Zeit zum Entspannen und für eine gute Tasse Kaffee. Der Tag löst sich auf im Abendlicht. Er verschwindet allmählich drüben am Forellenteich, dort, wo es im Wald schon dunkel wird.

Es grünt so grün ... in Osnabrück

Katja Grube und Klaus Schröder

Blühende Rhododendren auf dem Johannisfriedhof

Osnabrück ist die größte Stadt Deutschlands, die mitten in einem Naturpark liegt. Eingebettet zwischen Teutoburger Wald und Wiehengebirge reichen die Grünzüge des Naturparks an die Stadt heran und in Form der zehn „Grünen Finger" sogar bis in das Stadtzentrum hinein.

Das „Grün" in der Vergangenheit

Bis über das Mittelalter hinaus war der historische Kern der Altstadt weitgehend frei von Grünflächen. Menschen, die ins Grüne wollten, mussten der Enge der Gassen entfliehen, zum Stadttor hinaus in die angrenzende Landschaft, ähnlich so, wie es Johann Wolfgang von Goethe in seinem „Osterspaziergang" beschrieben hat. Wie die Strukturen einst gewesen sein mögen, kann man heute noch erahnen, wenn man vom Krieg unbehelligt gebliebene historische Städte betrachtet, etwa Brescia oder Verona in Norditalien. Erst nach dem Schleifen der Stadtmauern, in der zweiten Hälfte des 19. Jahrhunderts, wurde die Bauweise offener und in den neuen Stadtteilen entstanden begrünte Plätze und Grünbereiche, die der Allgemeinheit zugänglich waren.

Da das Leben außerhalb der Stadtmauern bedroht war durch Überfälle marodierender Banden und Viehdiebe sowie unfreundlich gesonnener Nachbarn, die stadtnahen Bereiche aber dringend benötigt wurden, um Ackerbau zu betreiben und das Vieh zu hüten, entstand außerhalb der Stadtbefestigungen mit ihren Mauern, Türmen und Gräben weiter vorgelagert eine Schutzeinrichtung, die so genannte Landwehr. Diese, aus einem mit dornigen Gehölzen bepflanzten System von Wällen und mit Wasser gefüllten Gräben bestehende Anlage befand sich etwa 1,5 bis 4,5 Kilometer außerhalb der eigentlichen Stadtbefestigung. Bis heute sind in Osnabrück noch ca. 6,7 Kilometer der ehemals etwa 18 Kilometer langen Landwehren erhalten und stehen der Bevölkerung als historische Grünelemente für die Naherholung zur Verfügung.

Das „Grün" der Gegenwart

Etwa 30 Prozent des 11 980 Hektar großen Stadtgebietes (das entspricht rund 3600 Hektar) liegen im Naturpark TERRA.vita Nördlicher Teutoburger Wald/Wiehengebirge. 31 Prozent oder 3720 Hektar der Stadtfläche sind als Landschaftsschutzgebiet ausgewiesen und immerhin 18 Hektar des städtischen Territoriums sind als flächenhafte Naturdenkmale geschützt. In Osnabrück gibt es 130 Hektar Parks und Grünanlagen, 48 Hektar Straßenbegleitgrün, 36 Hektar Kinderspielplätze, 180 Hektar Kleingartenanlagen, 80 Hektar Friedhöfe, mehr als 200 Hektar Natur- und Brachflächen, 100 Hektar Waldparks und etwa 60 000 Straßen- und Parkbäume.

Eine Besonderheit des innerstädtischen Grünflächensystems besteht darin, dass nur wenige große Parks vorhanden sind. Dies ist eine der Folgen des an historischem Vorbild orientierten Wiederaufbaus der Innenstadt nach den Zerstörungen des Zweiten Weltkrieges. Stattdessen lockert eine Vielzahl kleiner grüner Flecken das Stadtgebiet auf, die es so lebens- und liebenswert machen, wie es Bewohner und Gäste der Stadt empfinden. Für seine vorausschauende Grün- und Umweltplanung erhielt die Stadt im Jahre 2001 beim Bundeswettbewerb „Entente florale – Unsere Stadt blüht auf" eine Goldmedaille. Die beispielhafte Verwendung von

Rechte Seite:
Allee im Bürgerpark Gertrudenberg

Gelände des Piesberges aus der Luft

Frühjahrs- und Sommerblumen im Stadtzentrum dürfte die Jury zu ihrer Entscheidung mit bewogen haben.

Osnabrück ist auch für seine beispielhaften Bemühungen um die Stadtbäume bekannt. Mehr als 500 Großbäume wurden vor der Säge gerettet und im Stadtgebiet verpflanzt. Dazu zählen u. a. die Linden am Domhof und Teile der Alleen im Schlossgarten, aber auch der mehr als 10 Meter hohe Ilex (Hülsenkrabbe) an der Dominikanerkirche sowie die stattlichen Eiben an der Kolpingstraße und auf dem Mittelstreifen des Heger-Tor-Walles.

Der älteste öffentliche Park der Stadt – der Bürgerpark

Viele Gesteinsabbaustätten belegen, dass die Menschen schon vor langer Zeit die Bodenschätze zu nutzen wussten. Im Bürgerpark auf dem Gertrudenberg wurde seit 1333 Kalkstein des Oberen Muschelkalkes abgebaut, der teilweise bis zu sieben Meter mächtig war. Über die Jahrhunderte entstand ein umfangreiches, sagenumwobenes und in seiner ganzen Dimension unerforschtes Höhlensystem, das so genannte Gertrudenberger Loch. Das im Bürgerpark abgebaute Gestein wurde selten für die Errichtung von Bauwerken benutzt, vielmehr wurde es in den Kalköfen gebrannt und bildete damit die Grundlage für die Mörtelherstellung. Nach der Einstellung des Steinbruchbetriebs verwilderte die Umgebung zunehmend.

Senator Gerhard Friedrich Wagner, Tuchhändler in Osnabrück und Vorsteher der Herrenteichslaischaft, war es schließlich, der in der Zeit zwischen 1815 und 1832 Teile des Geländes am Gertrudenberg gestaltete. Dies waren die Anfänge des ersten öffentlichen Parks in der Stadt. Später pachtete und kaufte Wagner weitere Ländereien im östlichen Anschluss an die bisher erstellten Anlagen und gestaltete auch diese. In Wagners Todesjahr (1846) wurde die Lindenallee als Verbindung des „Lustgartens“ mit den als „kleine Schweiz“ bezeichneten Waldflächen im östlichen Teil des Parks gepflanzt. Der Bürgerpark weist heute mit seinem wertvollen, über hundertjährigen Baumbestand und seinen vielfältigen landschaftsparkähnlichen Flächenelementen eine in Osnabrück einmalige Gestaltung auf, die gegenüber dem Ursprungszustand noch weitgehend unverfälscht ist. Als historische Gartenanlage besitzt der Park damit Denkmalwert. Für die Zukunft plant die Stadt zur Aufwertung des herrlichen Parks, den zwischen der Altstadt und dem Gertrudenberg verlaufenden Bahndamm mit einem Durchlass zu unterqueren, um die Anbindung dieser grünen Oase an die Altstadt zu verbessern.

Neben dem Bürgerpark dient der Schlossgarten als weitere historische Gartenanlage der Erholung der Menschen. In seiner ursprünglichen Form wurde der Park 1674 durch Martin Charbonnier geplant, hierbei wurden Prinzipien des später ebenfalls von ihm geschaffenen großen Schlossgartens in Herrenhausen vorweggenommen. Nach der weitgehenden Zerstörung des Schlossgartens während des Zweiten Weltkrieges wurde er als Barackenstandort genutzt. Die Neugestaltung des nördlichen Abschnittes erfolgte nach Plänen von Prof. Lendholt. 1975 erhielt der südliche Teil nach der Umgestaltung durch das Grünflächenamt sein heutiges Gesicht.

Die Friedhöfe der Stadt

Die Stadt Osnabrück unterhält 13 Friedhöfe. Der älteste ist der Hasefriedhof, hier gab es im Jahre 1808 die ersten Bestattungen. Ebenso wie auf dem Johannisfriedhof werden hier keine Beisetzungen mehr durchgeführt, diese Friedhöfe sollen nach ihrer Entwidmung im Jahre 2015 in würdevolle Parks umgewandelt werden.

Der seit 1925 bestehende Heger Friedhof ist mit 247 000 Quadratmetern nicht nur der größte Osnabrücker Friedhof, sondern kann heute durch Lage und Funktion auch als Hauptfriedhof bezeichnet werden. Teils parkartig angelegt, in anderen Teilen symmetrisch gestaltet, ist er, wie auch die anderen Friedhöfe, ein Ort der Besinnung und wird als solcher auch gern von Menschen genutzt, die dort keine Angehörigen oder Freunde betrauern.

Herausragendes Merkmal des Osnabrücker Zoos ist seine waldumsäumte hügelige Lage am Schölerberg. Eingebettet in eine herrliche Buchenwaldkulisse werden 1800 Tiere (280 Arten) in großzügigen Gehegen gehalten. Träger ist die Zoogesellschaft Osnabrück e.V. Der Zoo hat jährlich 600 000 Besucher und belegte im „Zootest" des „Stern" bundesweit den sechsten Platz.

Der Schölerberg – ein Waldpark und sein Zoo

Der Schölerberg, eine bewaldete Kalksteinformation im Süden der Stadt war schon zu Anfang des vergangenen Jahrhunderts ein beliebtes Naherholungsgebiet. Seine Nutzung als Waldpark lässt sich noch heute an den Relikten von Mauern, Treppen und Aussichtsbastionen ablesen. Ein besonderer Anziehungspunkt mit überregionaler Bedeutung ist der am Schölerberg beheimatete Osnabrücker Zoo. 1936 als Heimattiergarten gegründet, hat er sich in den fast 70 Jahren seines Bestehens ständig weiterentwickelt. Geblieben ist die reizvolle Waldkulisse, die der Anlage zu jeder Jahreszeit ein ganz besonderes Flair verleiht. Heute werden im Zoo von Osnabrück auf 16 Hektar Fläche 1800 Tiere gehalten, die 280 Arten repräsentieren, die jährlich von mehr als 600 000 Besuchern in ihren überwiegend naturnah angelegten Gehegen beobachtet werden. Seit 1980 hat ein umfangreiches Neubau- und Sanierungsprogramm im Interesse einer artgerechteren Tierhaltung das Gesamtbild des Zoos entscheidend verändert. Nach dem Bau eines geräumigen Bärenfreigeheges wurden 1999 der neue Elefantenpark, ein zweites Orang-Utan-Innengehege und das Sittichhaus eingeweiht. Jüngst kam die neue Außenanlage für Tiere der afrikanischen Savanne mit dem klangvollen Namen Samburu hinzu.

Der Piesberg – ein Blick in die Zukunft

Auf der gegenüberliegenden Seite, im Nordwesten der Stadt, liegt der Piesberg. Seine Spitze überragt mit 181 Meter über N. N. das Höhenniveau der Altstadt um etwa 115 Meter. Der Steinbruch im Piesberg gehört zu den größten Hartsteinbrüchen Mitteleuropas und ist der nördlichste in Deutschland. Der viele Jahrzehnte hindurch erfolgte industrielle Abbau des Gesteins hat riesige Krater im Berg zurückgelassen. Der südliche Abbaubereich wurde zur zentralen Mülldeponie für die Stadt und den Landkreis Osnabrück, nördlich der stehen gebliebenen Felsrippe, auf der weithin sichtbar vier Windräder ihren Dienst versehen, liegt der aktive Teil des Steinbruches, der bis auf Ablagerungen von Abraum unverfüllt ist und in seinem geplanten Endabbaustadium ca. 2030 ein 40 Millionen Kubikmeter großes „Loch" hinterlassen wird.

Im Rahmen der Überlegungen zur Zukunft des Piesberges und seiner Umgebung entstand die Idee, dieses großartige Gelände zukünftig zu einem Landschaftspark zu entwickeln, um den hier angesiedelten, zum Teil sehr seltenen Pflanzen und Tieren eine dauerhafte Heimstatt zu geben und Teile für die Durchführung einer Bundesgartenschau zu nutzen. Nach Workshops, intensiver Bürgerbeteiligung und politischen Diskussionen wurde eine Machbarkeitsstudie in Auftrag gegeben. Dieses vom Planungsbüro Heimer + Herbstreit, Bochum und Hildesheim, erarbeitete Werk war Grundlage der Bewerbung der Stadt Osnabrück für die Durchführung der Bundesgartenschau. Das von den meisten Menschen in Osnabrück Erhoffte geschah dann im April 2003: Osnabrück erhielt den offiziellen Zuschlag für die Bundesgartenschau 2015.

Unter Beteiligung der Stadt Osnabrück, des Landkreises Osnabrück, der Gemeinde Wallenhorst und des Landes Niedersachsen werden nun die erforderlichen Schritte unternommen, den Wunsch Realität werden zu lassen.

Die größte Umweltstiftung der Welt hat ihren Sitz in Osnabrück

Fritz Brickwedde

Warum wählte der Bund 1990 Osnabrück als Sitz für die neue Deutsche Bundesstiftung Umwelt, mit 1,7 Milliarden Euro Vermögen die größte Umweltstiftung der Welt? Bundesfinanzminister Dr. Theo Waigel hätte die Deutsche Bundesstiftung Umwelt (DBU) gern in Bayern gesehen. Aber wegen der Herkunft des Stiftungsvermögens aus dem Privatisierungserlös der Salzgitter AG hatte es die Zusage von Bundeskanzler Dr. Helmut Kohl an den niedersächsischen Ministerpräsidenten Dr. Ernst Albrecht gegeben, dass Sitz der Stiftung in Niedersachsen sein solle. Es hätte nahe gelegen, die DBU am Standort Salzgitter zu etablieren, da es aber in den Jahren vorher bereits mehrere Entscheidungen zu Gunsten des Raumes Braunschweig/Salzgitter geben hatte (z. B. Bundesamt für Strahlenschutz), beschloss die niedersächsische Landesregierung alle Städte des Landes einer Prüfung zu unterziehen. Schlussendlich entschieden sich Ministerpräsident Albrecht, das Landeskabinett und die Bundesregierung für Osnabrück, weil Niedersachsens drittgrößte Stadt drei Bedingungen optimal erfüllte: eine günstige verkehrstechnische Anbindung durch die Bahn (Nord-West und Süd-Nord), drei Autobahnen und den Flughafen Münster/Osnabrück; der Standort einer Universität und zweier Fachhochschulen sowie die Lebensqualität einer alten und doch modernen Stadt in einer wunderschönen Umgebung.

Das letzte Argument wurde vor allem deshalb als wichtig angesehen, um hochqualifizierte, kompetente Mitarbeiter aus ganz Deutschland für die DBU zu gewinnen. Der Aufbau der DBU in Osnabrück begann Anfang 1991 kurz nach der Wiedervereinigung Deutschlands. Aus diesem Grunde stand in den ersten Jahren der Umweltschutz in den neuen Ländern an erster Stelle. Von einer Milliarde Euro, die von 1991 bis 2004 für über 5000 Projekte bewilligt wurden, flossen über 400 Millionen Euro nach Ostdeutschland. Das ging von der Umweltberatung für den sich neu bildenden Mittelstand, den Aufbau von Umweltbildungseinrichtungen, die Förderung von Umweltforschungszentren bis hin zur Beseitigung der gewaltigen Umweltschäden an den bedeutenden Kulturgütern wie z. B. dem Meißner Dom, der Thomaskirche Leipzig oder dem Wörlitzer Gartenreich.

Die DBU verfügt über neun Förderbereiche: Im ersten Schwerpunkt geht es um die Förderung umwelt- und gesundheitsfreundlicher Verfahren und Produkte im Sinne eines vorbeugenden produkt- und produktionsintegrierten Umweltschutzes. Durch Forschung, Entwicklung und Innovation soll es in Modellprojekten kleiner und mittlerer Unternehmen zu Umweltentlastungseffekten kommen, die dann in ganzen Branchen zu umfassenden Verbesserungen des Umweltstandards führen sollen. Die Entwicklung von innovativen, gesundheitsfreundlichen, klimaschonenden, ressourceneffizienten, abfall- und emissionsarmen Verfahren, Technologien und Produkten steht im Mittelpunkt der Förderung der DBU. An Beispielen aus der Region Osnabrück soll dies verdeutlicht werden: Durch die Förderung der DBU ist es dem Klinkerriemchenwerk Feldhaus in Bad Laer möglich, jährlich 500 000 Kubikmeter Erdgas, 40 000 Liter Dieselöl, 2 500 Tonnen Kohlendioxid und 8 000 Tonnen Ton einzusparen. Durch eine innovative Idee des mittelständischen Unternehmens werden bei der Produktion der Winkelriemchen 85 Prozent weniger Material verbraucht.

Die Tief- und Baugeräte Gesellschaft in Wallenhorst will beim Bau von Tunneln und Trassen den Betonbedarf um etwa die Hälfte verringern und mit Förderung der DBU erhebliche Material- und CO_2-Einsparungen erreichen. Gleichzeitig soll das neue Verfahren einen Beitrag zum Natur-, Lärm- und Hochwasserschutz leisten.

Die Firma Aquila aus Wertheim hat ein System entwickelt, das für Filter in Schwimmbädern erheblich weniger Energie und Spülwasser benötigt. Mit Unterstützung der DBU wird das Verfahren erstmals im neuen Osnabrücker Nettebad erprobt und optimiert. In Zusammenarbeit mit der Fachhochschule und den Stadtwerken Osnabrück soll sich zeigen, ob das neue System hygienisch, umweltfreundlich und wirtschaftlich optimal ist. Ziel des Projektes ist es, 70 000 Liter Spülwasser pro Woche einzusparen und bis zu 50 Prozent weniger Energie zu verbrauchen. Das System spart Platz, Energie, Wasser und Chlor und rechnet sich dadurch sowohl für die Betreiber als auch für die Umwelt.

Einen zweiten Schwerpunkt in der Förderarbeit der DBU stellt das Thema Energieeffizienz und erneuerbare Energien im Interesse des Klimaschutzes dar. Auch für dieses Thema gibt es ein Beispiel aus Osnabrück: Die Abwärme eines der großen europäischen Kupferproduzenten KM Europa Metal AG und der Wärmebedarf des gegenüberliegenden niedersächsischen Landeskrankenhauses wurden mit Hilfe der DBU verbunden. Mit der Abwärme kann ein Viertel des Wärmebedarfs dieses großen Krankenhauses gedeckt werden. Jährlich werden 2,8 Millionen Kilowattstunden Primärenergie eingespart und der CO_2-Ausstoß um rund 570 Tonnen verringert.

An der DBU-Aktion „Kirchengemeinden für die Sonnenenergie“ beteiligten sich auch mehrere Einrichtungen der evangelischen und katholischen Kirche in Osnabrück. Ein besonders schönes Beispiel zeigten die Innenstadtkirchengemeinden St. Katharinen (evangelisch) und St. Johann (katholisch). Sie schufen eine gemeinsame Solaranlage auf dem neuen Dach des Gemeindehauses von St. Katharinen, gefördert von der Deutschen Bundesstiftung Umwelt.

Der dritte Förderbereich der DBU befasst sich mit der Architektur und dem Bauwesen. Bauökologische Modellvorhaben stehen hier im Mittelpunkt der Aktivitäten. Die Gebäude

der DBU-Geschäftsstelle und des Zentrums für Umweltkommunikation stellen solche Pilotprojekte dar.

Der vierte Förderschwerpunkt der DBU widmet sich der angewandten Umweltforschung. Jedes Jahr werden 60 neue Doktoranden in das Stipendienprogramm der DBU aufgenommen. Hinzu kommen weitere Stipendiaten aus Mittel- und Osteuropa. Inhaltliche Schwerpunkte in der Umweltforschung sind die Themen „Nachhaltige Chemie“ sowie „Biotechnologie“. Ein Forschungsthema aus dem Bereich der Biotechnologie bildet beispielsweise ein Kooperationsprojekt zwischen den Universitäten Osnabrück und Duisburg-Essen, der mittelständischen Privatbrauerei Moritz Fiege (Bochum) sowie der Bitburger Brauerei. Thematisch geht es um die Hygiene bei den Abfüllanlagen der Brauereien, wo jedes Jahr über 2000 Tonnen Reinigungs- und Desinfektionsmittel anfallen. Mit Hilfe der DBU soll nun ein intelligentes Früherkennungsverfahren entwickelt werden, das hilft, Reinigungsmittel so zu dosieren, dass die Entstehung so genannter Biofilme sicher verhindert wird. Die für die Biofilmbildung verantwortlichen Mikroorganismen werden von der Universität Osnabrück untersucht. Der Erfolg der Reinigung wird von Sensoren überwacht, die von der Universität Duisburg-Essen entwickelt werden. Erprobt und eingesetzt wird das neue Verfahren in den beiden Brauereien.

Im fünften Förderbereich „Umweltgerechte Landnutzung“ geht es um umweltfreundliche landwirtschaftliche Produktionsverfahren und Produkte, eine nachhaltige Waldnutzung sowie nachwachsende Rohstoffe. Partner in diesem Förderbereich sind z. B. das Deutsche Institut für Lebensmitteltechnik in Quakenbrück (mehr Lebensmittelsicherheit durch umweltschonend gereinigtes Tierfutter) oder die Firma Strautmann aus Bad Laer (optimierte Ernteergebnisse und Umweltentlastung durch satellitengestützte Düngung).

Im sechsten Förderbereich unterstützt die DBU den Naturschutz in genutzten Landschaften und beteiligt sich an der Entwicklung degradierter Lebensräume. Auch der Naturschutz in besiedelten Bereichen und in Schutzgebieten wird von der DBU gefördert. Ein Beispiel aus der Region stellt die Unterstützung der Renaturierung an der Hase dar, um zu einer Revitalisierung des Flusses beizutragen. Vom Landkreis über die Stadt Osnabrück bis hin zum Emsland werden Projekte entlang der Hase gefördert.

Um Umweltinformationsvermittlung geht es im siebten Förderbereich der DBU. Methoden und Instrumente, Erprobung und Einsatz neuer Medienformate, elektronische Medien sowie Umweltmanagementsysteme für kleine und mittlere Unternehmen sind hier die Stichworte. Einen besonderen Schwerpunkt in Osnabrück bildet das Thema „Schutz des Bodens“. Grundlegende Informationen über die Bedeutung des Bodens für Ernährung, Wasserhaushalt, Lebens- und Stoffkreisläufe werden im Museum für Natur und Umwelt am Schölerberg durch eine Ausstellung vermittelt. In engem Zusammenhang damit wurde auch der Bodenpark des Landkreises Osnabrück am Schölerberg gefördert, so dass sich die Ausstellung „Unterwelten“ im Museum und der Erlebnispark Boden der Naturschutzstiftung des Landkreises Osnabrück gut ergänzen.

Gemeinsam mit der „Neuen Osnabrücker Zeitung“ wurde das Medienprojekt „Klasse!“ aus der Taufe gehoben. In ihm sind 6000 Schüler aus 260 Klassen engagiert. Die Schüler setzen sich mit den besten DBU-Förderprojekten der Region auseinander und schreiben darüber in der „Neuen Osnabrücker Zeitung“.

„Der Osnabrücker Verein zur Förderung des regionalen Lernens“ unter Leitung von Prof. Christian Salzmann startete ein Renaturierungsprojekt mit 25 Schulen und 1500

Schülern. Ausgehend vom Lernstandort „Noller Schlucht" in Dissen wurde ein Bildungsprojekt zur Renaturierung des Noller Baches initiiert, bei dem Schüler als Planer und auch als Ausführende aktiv beteiligt sind.

Im achten Förderbereich Umweltbildung geht es um den interdisziplinären Austausch und die Vermittlung von Wissen zu Umwelt und Natur, um Bildung für Nachhaltigkeit sowie die berufliche Umweltbildung und -beratung. Ein bundesweit durchgeführtes Projekt „Kurs 21 – Schulen unternehmen Zukunft" soll Schulen und Unternehmen in feste Umweltpartnerschaften führen. Schüler sollen praktisch in den Unternehmen lernen, Unternehmen auch kritische Fragen der Schüler beantworten. Vorbildlich in Osnabrück: Hellman Worldwide Logistics ging offiziell eine Lernpartnerschaft mit der Domschule Osnabrück ein. Für Firmenchef Klaus Hellmann und seinen Umweltberater Prof. Dr. Gerhard Lohmeier stellt dieses Projekt ein wichtiges Beispiel für ein nachhaltig agierendes und international tätiges Unternehmen dar.

Der letzte und neunte Förderbereich widmet sich unter der Überschrift „Umwelt und Kulturgüter" dem Erhalt von bedeutenden Kulturgütern unter Umweltaspekten, dem Erhalt von historischen Kulturlandschaften und national bedeutenden Gartenanlagen sowie der Kooperation von Kulturgüter- und Naturschutz. Der überwiegende Teil der Mittel in diesem Förderbereich floss aufgrund der großen umweltbedingten Schäden z. B. durch die Braunkohleverbrennung in den Osten Deutschlands. Ein wertvolles Zeugnis der Industriekultur ist eine der ältesten noch funktionsfähigen Spinnmaschinen Europas in Tangermünde (Sachsen-Anhalt). Sie konnte mit Hilfe der DBU in umweltverträglicher Weise nachhaltig restauriert und konserviert sowie dauerhaft im Tuchmachermuseum in Bramsche der Öffentlichkeit zugänglich gemacht werden. Die seit Jahren unberührte Anlage bildet ein einmaliges Ensemble der frühen Industrialisierung.

Höhepunkt des „DBU-Jahres" stellt im Herbst die Verleihung des Deutschen Umweltpreises dar. Dieser mit 500 000 Euro wie ein Nobelpreis dotierte größte europäische Umweltpreis wurde in den vergangenen Jahren durch Bundespräsident Johannes Rau übergeben. 2003 wurde zum ersten Mal nach zehn Jahren der Deutsche Umweltpreis am Standort der Stiftung in Osnabrück überreicht.

Verleihung des Umweltpreises 2003: Vor der Osnabrücker Stadthalle begrüßen der stellvertretende Kuratoriumsvorsitzende der DBU Hubert Weinzierl (zweiter v. l.), Ministerpräsident Christian Wulff (zweiter v. r.) und Oberbürgermeister Hans-Jürgen Fip den Bundespräsidenten Johannes Rau und seine Frau Christina.

1990 war Prof. Dr. Horst Köhler als Staatssekretär an der Gründung der DBU beteiligt. 2004 besuchte er kurz vor seiner Wahl zum Bundespräsidenten die DBU. Der Generalsekretär der DBU Dr. Fritz Brickwedde erläutert ihm die Ausstellung „Energie@home".

Das Gebäude des Zentrums für Umweltkommunikation (ZUK)

Die DBU fördert nicht nur in ganz Deutschland innovative und umweltentlastende Modellprojekte, sondern auch in Mittel- und Osteuropa. Schwerpunktländer sind diejenigen Staaten, die am 1. Mai 2004 neu zur Europäischen Union gekommen sind und Länder, die in den nächsten Jahren EU-Mitglieder werden sollen. Besonders wichtig ist der Wissenstransfer und Gedankenaustausch zwischen Deutschland und den mittel- und osteuropäischen Ländern. Ein zentrales Anliegen der DBU-Förderung stellt der Schutz der Ostsee dar. Schadstoffe, die aus Polen, den baltischen Ländern und der Provinz Kaliningrad (Russland) nicht in die Ostsee gelangen, erzielen auch eine umweltentlastende Wirkung für unser Land. So wurde beispielsweise die erste Pflanzenkläranlage in Lettland durch eine Förderung der DBU ermöglicht. Bildungsprojekte, Naturschutzvorhaben, Förderung der rationellen Energienutzung und regenerativer Energiequellen: All dies sind Themen, die für Mittel- und Osteuropa von Bedeutung sind. So spannt sich inzwischen von Osnabrück aus ein dichtes Netz aus Projekten und Partnern von Königsberg/Kaliningrad über die baltischen Länder und Polen bis hin zur Tschechischen Republik und Ungarn sowie Kroatien. Die Slowakei, Rumänien und Bulgarien schließen sich an. International ist die DBU im Bellagio Forum for Sustainable Development engagiert. Hierbei handelt es sich um einen Zusammenschluss aller wichtigen im Umweltschutz tätigen Stiftungen aus Nordamerika, Japan und Europa. Die Geschäftsstelle des Bellagio Forums ist in den Räumen der DBU zu Hause. Auf nationaler Ebene spielt die DBU eine führende Rolle im Bundesverband Deutscher Stiftungen.

Neben der Förderung von Projekten geht es der DBU um die Multiplikation des neuesten Standes der Technik und des Wissens nach Abschluss der Vorhaben. Deswegen wurde das Zentrum für Umweltkommunikation (ZUK) als gemeinnütziges Tochterunternehmen der DBU gegründet und ein eigenes Tagungszentrum errichtet, das Ende 2002 durch Bundespräsident Johannes Rau eingeweiht wurde. Pro Jahr besuchen ca. 15 000 Teilnehmer etwa 150 Tagungen und weitere 10 000 Personen die DBU-eigenen Ausstellungen (Faszination Biotechnologie, Energie@home). Auch Prof. Dr. Horst Köhler – seit Mai 2004 Präsident der Bundesrepublik Deutschland – besuchte die Ausstellung „Energie@home", um sich über Energieeffizienz und regenerative Energien zu informieren.

„Umweltentlastung durch Innovation" ist zu einem Markenzeichen von DBU und ZUK geworden.

Betrachtungen über Vergangenheit und Gegenwart im Dialog mit Arnulf Baring

Die Begegnung mit Mythen und Macht am Ort der Varusschlacht

Die Varusschlacht – archäologische Forschungen in Kalkriese bei Osnabrück

Wolfgang Schlüter

Im Jahre 9 n. Chr. wurde ein unter dem Oberbefehl des P. Quinctilius Varus stehendes römisches Heer aus drei Legionen sowie drei Reiter- und sechs leichten Infanterieeinheiten – einschließlich eines wohl recht großen Trosses von 15 000 bis 20 000 Mann – von westgermanischen Stammesverbänden unter der Führung des Cheruskers Arminius vernichtend geschlagen.

Über den Ort des Schlachtfeldes gibt es seit mehr als 500 Jahren unzählige Spekulationen, die zu Hunderten von Lokalisierungsversuchen führten. Spätestens seit dem ausgehenden 19. Jahrhundert gehört dazu auch der Engpass zwischen dem Kalkrieser Berg und dem Großen Moor am Nordrand des Wiehengebirges im Osnabrücker Land. Damals betrachtete der Althistoriker Theodor Mommsen diesen Platz aufgrund der seit dem 17. Jahrhundert dort nachweisbaren Funde römischer Gold- und Silbermünzen als Ort der Katastrophe des römischen Heeres. Doch erst die seit 1987/88 laufende archäologische Erforschung dieses Gebietes hat die Auffassung Theodor Mommsens bestätigen können.

Die Kalkrieser-Niederwedder Senke ist ein etwa sechs Kilometer langer und an der schmalsten Stelle rund ein Kilometer breiter Engpass zwischen dem Großen Moor im Norden und dem Kalkrieser Berg, der dem Wiehengebirge nördlich vorgelagert ist, im Süden. Sie liegt etwa 110 Meter unterhalb der Hochfläche der Anhöhe. Nach Osten öffnet sich der Pass zu einem großen, bis zur Weser reichenden Trichter, der im Norden durch einen breiten Moorgürtel und im Süden durch das Wiehengebirge begrenzt wird.

Passierbar war die Kalkrieser-Niewedder Senke bis weit in die Neuzeit hinein wegen des hohen Grundwasserspiegels nur an ihren Rändern, und zwar auf Flugsandrücken, die die Talsande am Saum des Moores bedeckten, und auf Hangsanden am Fuß des Kalkrieser Berges. Während die Flugsandrücken relativ gute Wegemöglichkeiten boten, wurde der Hangbereich – für einen Durchgangsverkehr äußerst ungünstig – immer wieder durch breite, feuchte Bachniederungen oder durch tief in den Untergrund eingeschnittene Bachtäler unterbrochen. Da sowohl die Hangsandzone als auch die Flugsandrücken zahlreiche vorgeschichtliche Siedlungsspuren aufweisen, kann damit gerechnet werden, dass die beiden Trockenzonen an den Rändern der Senke weitgehend waldfrei oder zumindest stark aufgelichtet waren.

Obwohl die Prospektion und die sich an die Geländebegehungen anschließenden Ausgrabungen noch längst nicht abgeschlossen sind, gibt die bislang festgestellte Verteilung der Funde in und außerhalb des Engpasses von Kalkriese schon eine Reihe von Hinweisen auf den Ablauf der Kampfhandlungen. Die östlichen Fundstellen liegen fünf bis sechs Kilometer südöstlich des Kalkrieser Berges in den Gemarkungen Schwagstorf und Ostercappeln. Der fundfreie Raum von hier bis zum Kalkrieser Berg muss bislang noch als Forschungslücke angesprochen werden.

Am Osthang des Kalkrieser Berges setzt dann auf der Höhe von Venne eine Fundstreuung ein, die sich auf der Hangsandzone über mehr als zehn Kilometer bis zum westlichen Ausläufer der Erhebung bei Engter hinzieht. Da sich die Südgrenze des Vorkommens römischer Funde weitgehend mit der Grenze zwischen dem trockenen waldfreien und dem staunassen bewaldeten Bereich am Fuß des Kalkrieser Berges deckt, sind die Angriffe der germanischen Stammesverbände in die Flanke des sicherlich in lang auseinandergezogener Formation marschierenden römischen Heeres vermutlich von dieser Grenzlinie, dem ehemaligen Waldrand aus erfolgt. Entlang dieser Grenze sind parallel zur Marschrichtung des römischen Heeres Befestigungen in Form von Rasensodenmauern oder einfachen Sandwällen, jeweils ohne vorgelagerten Graben, angelegt worden, die wohl nicht nur als Ausgangsstellungen für germanische Ausfälle, sondern sicherlich auch als Auffangstellungen bei römischen Gegenangriffen dienten. Innerhalb der Kalkrieser-Niewedder Senke liegen sie dort, wo der Engpass auf einer Strecke von annähernd 2000 Metern lediglich rund 1000 Meter breit ist. Möglicherweise ist in diesem Abschnitt die Waldkante durchgehend auf die eine oder andere Weise befestigt worden.

Zumindest zweigt auf der gesamten Breite dieses Bereichs von der Aneinanderreihung römischer Funde am Fuß des Kalkrieser Berges ein mindestens zwei Kilometer breiter Fundstrang ab, der sich durch die Senke bis in den Flugsandbereich am Rand des Großen Moores verfolgen lässt. Anscheinend sind Teile des römischen Heeres den Angriffen der Germanen von den Hängen des Berges herab ausgewichen und haben versucht, durch die ehemals stark grundwasserbeeinflusste und mit Bruchwald bestandene Niederung die trockenen Flugsandflächen zu erreichen, auf denen ein Entkommen in nordwestlicher Richtung möglich schien. Die starken Fundniederschläge lassen vermuten, dass hier germanische Verbände Stellungen bezogen hatten, die diese Möglichkeit der Absetzungsbewegung römischer Einheiten verhindern sollten. Auf jeden Fall ist dieser Prospektionsbefund beim derzeitigen Forschungsstand als Teilung bzw. Auflösung des römischen Heeres zu deuten.

Bislang sind bei der systematischen Prospektion und den planmäßigen Ausgrabungen in der Kalkrieser-Niederwedder Senke, einschließlich der 205 nachweisbaren Altfunde, mehr als 6500 römische Fundstücke zum Vorschein gekommen. Allein rund 1 500 der Funde sind Münzen, und zwar 20 Gold- sowie 790 Silber- und 722 Kupferprägungen. Das übrige Fundmaterial setzt sich aus Fragmenten von Schutz- und Angriffswaffen (Helm,

Panzer, Schild, Schwert, Dolch, Pilum, Lanze, Speer, Pfeil und Bogen, Schleuder, Katapult), aus Teilen der Militärtracht (Gürtelschnallen und -beschläge, Hängeschurzbesatz, Fibeln, Orden, Fingerringe, Sandalen), aus Überresten des Geschirrs der Reit- und Zugtiere (Trensen, Zügelketten, Riemenbeschläge, Amulette, Jochbeschläge, Glocken), aus Geräten und Werkzeugen (Pioniergerät, Zimmermannswerkzeug, Vermessungsgerät, medizinische Instrumente, Schreibgerät) sowie aus Gebrauchsgegenständen (Waagen und Gewichte, Toilettegerät, Glasspielsteine, Silber-, Bronze- und Tongefäße) zusammen.

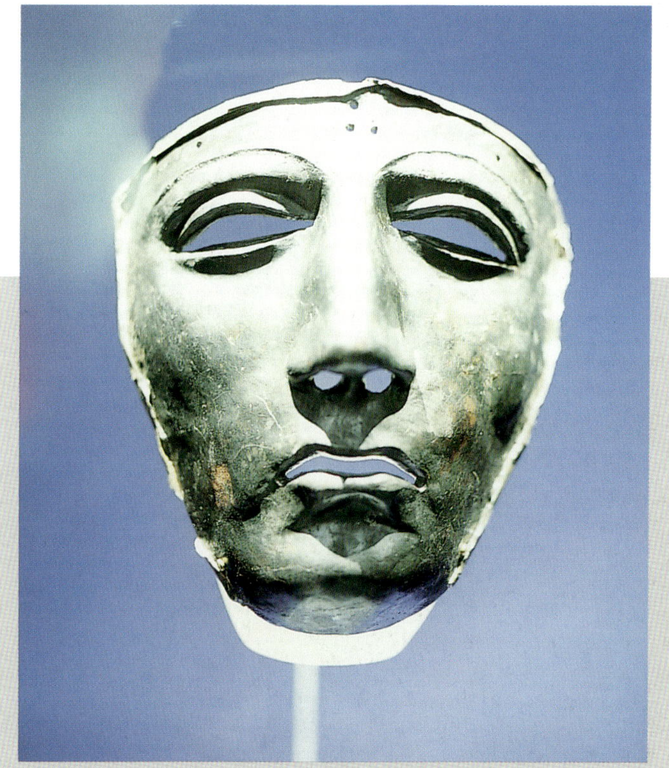

Eisernes, ursprünglich mit Silberblech überzogenes Visier eines römischen Reiterhelms in Form einer Gesichtsmaske, Höhe 16,9 cm

Da die Erhaltungsbedingungen für organische Reste in der Hangsandzone, in der bislang vorwiegend gegraben wurde, äußerst schlecht sind, haben sich – in der Regel nur in Verbindung mit Metall und Kalkstein – relativ wenige Holz-, Leder- und Textilreste erhalten. Dies gilt, obwohl bei den Ausgrabungen 1989 bis 1993 nicht wenige Fragmente menschlicher und tierischer Skelette zum Vorschein gekommen sind, grundsätzlich auch für Knochenmaterial. Eine Ausnahme bildete aber bereits 1992 die Auffindung großer Teile eines Maultierskelettes. Die gute Erhaltung der Knochen ist bei diesem Befund wohl auf die Nähe zu den metallenen Teilen der Anschirrung, unter anderem einer Trense und einer Kette aus Eisen, sowie einer Glocke und Amulettanhängern aus Bronze zurückzuführen.

Bei den Ausgrabungen der Jahre 1994 bis 2003 auf dem Oberesch fanden sich jedoch insgesamt sieben größere Ansammlungen von Knochen, die durchsetzt mit römischen Funden in unterschiedlich großen Gruben oder in natürlichen Senken „deponiert“ worden waren. Die noch nicht abgeschlossenen zoologischen und anthropologischen Untersuchungen haben gezeigt, dass sich diese Knochenanhäufungen in wahllosem Durcheinander aus menschlichen und tierischen Skelettresten zusammensetzen. Unter den zwischen 1989 und 1996 geborgenen Tierknochen lassen sich die Reste von mindestens acht Pferden und 30 Maultieren nachweisen, die alle im Spätsommer oder Herbst zu Tode gekommen sind. – Den römischen Quellen zufolge fand die Varusschlacht Anfang September statt. – Die Maultiere stammen zudem nachweislich aus dem Mittelmeerraum. Die menschlichen Skelettreste sind ausschließlich gut ernährten Männern mittleren Alters zuzuordnen. Die gefundenen Gebisse und Zähne belegen allgemein einen guten Gesundheitszustand. An zwei Schädelkalotten finden sich sichere Hinweise auf tödliche Verletzungen durch Gewalteinwirkung mit scharfen Gegenständen. Verschiedene Merkmale lassen auf eine zeitweilige Lagerung der Menschen- und Tierknochen auf der Bodenoberfläche schließen.

Die oben erwähnte, mit den Maultierresten gefundene Glocke, die das Tier anscheinend um den Hals trug, war mit einem strohartigen Material ausgekleidet. Dabei handelt es sich um die trocken konservierten Reste von Saathafer und Erbsen, die zusammen auf einem Feld angebaut worden sein müssen, als Ganzes aus dem Boden gerissen wurden und noch im frischen Zustand in den Hohlkörper gelangten. Vermutlich sollte die Glocke hierdurch zum „Schweigen“ gebracht werden.

Das Fehlen der 13 n. Chr. neu einsetzenden Gold- und Silberprägungen und der 10 n. Chr. wieder beginnenden Kupferprägungen sowie die geringe Zahl der erst nach dem Regierungsantritt des Tiberius 14 n. Chr. an Rhein und Donau in größeren Mengen auftretenden, in Rom geprägten Münzmeisterstücke und nicht zuletzt das Fehlen der ab 14 n. Chr. auftretenden Gegenstempel des Tiberius und Germanicus auf den in Kalkriese gefundenen Exemplaren aus Buntmetall weist eindeutig darauf hin, dass in Kalkriese nach dem Jahre 9 n. Chr. keine römische Münze mehr in den Boden gelangte und das Kampfgeschehen zwischen Kalkrieser Berg und dem Großen Moor mit der Varusschlacht 9 n. Chr. zu verbinden ist. Dies gilt um so mehr, als nach 9 n. Chr. geprägte Kupfermünzen durchaus rechts des Rheins vorkommen, ihr Ausbleiben in Kalkriese also nicht auf ein generelles Fehlen in Germanien zurückgeführt werden kann und für die Datierung des Fundplatzes Kalkriese somit bedeutungslos wäre.

Blick von Süden auf das neue Museum. Der Bau wurde nach Entwürfen der Schweizer Architekten Mike Guyer und Annette Gigon errichtet und im Frühjahr 2002 eröffnet. Das Museum präsentiert auf einer Fläche von 600 Quadratmetern die Ergebnisse und Funde der langjährigen archäologischen Forschungen zur Varusschlacht.

1600 Kilometer von Rom

Eine Anhöhe, Mischwälder und ein Paar Giebelhöfe – recht typisch für diesen Landstrich – eine weite Ebene, grün und friedlich – das ist Kalkriese. Ein Ort wie jeder andere im Osnabrücker Land? Nicht ganz. Denn hier feierte vor fast 2000 Jahren Arminius, Sohn des Cheruskerfürsten Segimer (geboren im Jahre 18 v. Chr.), einen historischen Sieg über die römischen Besatzer Germaniens. Tausende und abertausende Soldaten ließen ihr Leben in dieser Erde, in diesem Land, das Tacitus, der römische Geschichtsschreiber (55–117/120 n. Chr.) beschrieb als „... insgesamt wegen seiner Wälder abschreckend oder wegen der Sümpfe scheußlich, feuchter als Gallien (=Frankreich/Belgien), windiger als Noricum und Pannoien (=Österreich); (das Land ist) ausreichend fruchtbar, ohne Frucht tragende Bäume, üppig an Vieh, aber meistens unansehnlich." (Germania; 5,1)

Zufallsfunden des britischen Majors Tony Clunn folgend gruben Archäologen 1989 hier in Äckern und Waldböden römische Münzen aus, alle vor dem Jahr 9 n. Chr. geprägt, Schleuderbleie, Geschirr von Reit- und Zugtieren, eine eiserne Gesichtsmaske und eine Wallanlage. So verdichtete sich nach Jahren intensiven Forschens Zug um Zug die Annahme, dass hier tatsächlich die Varusschlacht stattgefunden haben muss. Zu spät entdeckt? Auf jeden Fall, *sehr* spät. Denn hatten nicht frühere Generationen den Arminius, alias Hermann den großen Cherusker, bereits längst in den Teutoburger Wald verfrachtet und ihm dort im 19. Jahrhundert euphorisch ein überdimensionales Denkmal gesetzt?

Tatsächlich ein Missverständnis der Geschichte, denn Tacitus, der selbst nie in Germanien war, überlieferte aus Erzählungen in seinen Abhandlungen zwar den Ort *saltus tuetoburgiensis.* Die „Lippische Theorie" aber ging davon aus, dass der Schauplatz der Varusschlacht das Lipper Bergland bzw. der Osning gewesen sei. Das hatte zur Folge, dass Mitte des 16. Jahrhunderts der Paderborner Bischof Ferdinand von Fürstenberg den Osning in Teutoburger Wald umbenannte. Die Verwirrung war jetzt vorprogrammiert. Als schließlich im 19. Jahrhundert der Bildhauer, Architekt und beseelte Patriot Ernst von Bandel (1800–1876) für seine pathetische Hermannsstatue einen exponierten Ort mit Blick in die weite Landschaft suchte, verlegte man endgültig auch gedanklich die Schlacht in den Teutoburger Wald. Aber zwischen dem Osning und der Weser einerseits sowie der oberen Ems und Lippe andererseits befanden sich keine Sümpfe, die einer Armee gefährlich werden konnten.

Seiten 222/223:
Blick vom Turm auf den „Oberesch" – Kernzone des heutigen Parks und zugleich die archäologische Fundstelle, die im Verlauf der mehrjährigen Forschungen die meisten Hinweise auf die tragische Schlacht zwischen Römern und Germanen erbrachte.

Tatsache ist: Nicht die Detmolder Gegend, sondern die Wälder und das Moor um Kalkriese wurden vor 2000 Jahren dem römischen Heer zum Verhängnis. Nicht über den Osning, sondern über die Kalkrieser Anhöhe machte damals Varus, römischer Statthalter und Oberbefehlshaber in Germanien, auf dem Weg ins Winterlager einen Umweg, mit der Absicht, einen Aufstand niederzuschlagen. Aber es kam alles ganz anders. Er wurde von den Germanen, bestens vertraut mit den landschaftlichen Gegebenheiten, wie den engen Waldwegen und dem „Großen Moor", überlistet und in einen Engpass gelockt. Das war für ihn und sein Heer fatal.

So fahre ich mit dem Historiker und Publizist Professor Dr. Arnulf Baring Anfang des 21. Jahrhunderts nicht hoch hinauf zum Hermannsdenkmal, sondern an Osnabrück vorbei, knapp ein paar Kilometer von der A1 entfernt, nach Kalkriese. Dort geht von der Hauptstraße Richtung Bad Essen die *Cherusker*straße ab. Ein rostroter Museumsbau und der anliegende 40 Meter hohe Turm, von den Schweizer Architekten Gigon und Guyer in bewusst reduzierter Formensprache gehalten, setzen bereits von Weitem ein eigenwilliges Zeichen in der heute so friedlichen Kalkrieser Landschaft.

Wir sind 1600 Kilometer von Rom entfernt ... das muss man sich erst einmal vorstellen, weit, weit weg von dem, was damals überhaupt römische Einflusssphäre war, und fast 2000 Jahre sind inzwischen über das grausame Gemetzel hinweggegangen, haben die Spuren verwischt und ihnen den Schrecken genommen, aber auch sämtliche Mythen genährt. So kann man zunächst die Worte des Römers Tacitus über die abschreckenden Wälder so gar nicht nachvollziehen, denn dieser Ort der damaligen Varusschlacht bietet dem heutigen Betrachter vom Turm aus einen weiten Blick über eine beschauliche Landschaft. Gegen Norden hängt der wechselnde Himmel über dem am fernen Horizont schwindenden Grün wie ein unendlich weites Meer. In der Mitte erhebt sich der so typische Mischwald aus Eichen und Buchen. Gegen Süden steigt die Kalkrieser Anhöhe an. Mittendrin duckt sich, ein wenig einsam, fast versunken in den Feldern, ein Giebelhof. Als ob sich dieses Panorama, dieser Ausschnitt, über die Geschichte hinweg gerettet hat?

„Daß die Völkerschaften der Germanen keine Städte bewohnen, ja daß sie nicht einmal in sich geschlossene Siedlungen leiden können, ist hinlänglich bekannt. Sie wohnen für sich und zerstreut, wie eine Quelle, ein Feld, ein Gehölz ihnen gerade paßt. Ihre Dörfer legen sie nicht in der Art der unsrigen so an, daß die Gebäude aneinander stoßen und eine zusammenhängende Zeile bilden. Die Saatfelder wechseln sie jährlich und doch ist noch ein weiteres Ackerland vorhanden. Sie ringen nämlich nicht in mühsamer Arbeit mit der Ertragsfähigkeit des Bodens in der Weise, dass sie Obstgärten anlegen, Wiesen abgrenzen und Gärten bewässern, lediglich Korn verlangen sie von der Erde." (Tacitus, Germania)

Ein Hauch dieser Idylle, die der römische Dichter so plastisch beschrieb, begegnet uns auch im Gasthaus vor dem Museumseingang, keine Spur feindseliger Vergangenheit. Um den Tisch sind heute die Cherusker und Römer friedlich vereint, denn es wird, je nach Wunsch, *Cherusker Met* und der rote *Il desiderio dei Romani* aus Sardinien serviert. Tacitus schrieb zwar über die Lebensgewohnheiten der Germanen: „Als Getränk dient ein Saft aus Gerste oder Weizen, der durch Gärung eine gewisse Ähnlichkeit mit Wein erhält. Die Kost ist einfach: Wildes Obst, frisches Wildbret oder geronnene Milch: Ohne feine Zubereitung, ohne Gewürze vertreiben sie den Hunger." Doch das hält den Gastronomen in Kalkriese nicht davon ab, den hungrigen Touristen eine luftgetrocknete Mettwurst namens *Harter Hermann* anzubieten, dazu *Thusneldas Beste,* eine Marmelade, hergestellt aus heimischen Erdbeeren, und süße Waffeln mit den viel verheißenden Namen *Varus' Versuchung.* Man kann das Ganze mit *Cherusker Met* oder einem *Kurzen Germanen,* einem Kräuterlikör, hinunterspülen.

Und so sind wir doch kaum mehr als Vergangenheitstouristen, wie es so schön im Film des Museums heißt, „eine Vergangenheit, die wir in uns tragen," begleitet von sämtlichen Fragen.

Varusschlacht im Osnabrücker Land – Museum und Park Kalkriese

Heidrun Derks

Blick vom Turm des Museums nach Norden

Wo Römer und Germanen sich einst eine blutige Schlacht lieferten, befindet sich heute ein modernes Museum mit einer außergewöhnlichen Parkanlage. Wie ein Ausrufezeichen ragt der Museumsturm in den Himmel und scheint so den Ort des historischen Geschehens aufs Neue zu markieren. Geplant von den Architekten Annette Gigon und Mike Guyer aus Zürich in Zusammenarbeit mit dem Büro für Landschaftsgestaltung Zulauf, Schweingruber und Seippel (Baden, Schweiz) wurde der Park anlässlich der EXPO in Hannover im Jahr 2000 der Öffentlichkeit übergeben. Das neue Museum ging im Frühjahr 2002 an den Start und konnte kaum zwei Jahre später den 300 000. Besucher begrüßen.

Bei ihrer Gestaltung des Museums und des Parks setzten die Architekten auf klare Formen ohne dramatische Effekte. Ihr Entwurf versteht sich als künstlerische Interpretation des Ortes und nicht als eine Rekonstruktion des Schlachtareals oder gar des damaligen Geschehens. Mit ihren zurückhaltenden, dennoch irritierenden Eingriffen und einer streng reduzierten Formensprache möchten sie die Besucher zur bewussten Wahrnehmung des Ortes, zur Reflexion und Auseinandersetzung einladen. Das auffällige Baumaterial, wetterfester Baustahl, versteht sich als Referenz und Würdigung des archäologischen Fundgutes. Dank dieses Materials entwickelt das Museumsensemble bei jedem Wetter einen ganz spezifischen Reiz.

So verändert der Lichteinfall die Farbigkeit und damit zugleich Ausstrahlung und Charakter des Museumsbaus und der Installationen im Park. Bei bedecktem Himmel wirkt das Ensemble mitunter düster, geradezu bedrohlich und verhangen. Bei Sonnenschein blüht der Stahl dagegen förmlich auf und setzt mit seinem strahlenden Orange markante Farbpunkte in die Landschaft am Kalkrieser Berg, die den Betrachter unwillkürlich anziehen.

Der Park erstreckt sich über annähernd 24 Hektar am Fuß des Kalkrieser Berges. Er ist in zwei Bereiche gegliedert – den „Germanenwald“ im Süden und den „Römerweg“ im Norden –, dazwischen verläuft, stellvertretend für den von den Germanen einst errichteten Wall, eine Reihe von Stahlstelen, die den Verlauf der archäologisch nachgewiesenen Wallanlage exakt nachzeichnet. Der „Germanenwald“ ist, wie der Name schon vermuten lässt, bewaldet und wird derzeit weiter aufgeforstet. Kreuz und quer verlaufen schmale Pfade durch diesen Bereich, der so einen Eindruck vom Aktionsraum der Germanen und ihrer partisanenartigen Angriffstechnik vermittelt.

Auf der anderen Seite des einstigen Walles erstreckt sich heute eine ausgedehnte Wiesenfläche, ein Teil des antiken Schlachtareals. Tief unter der Grasnarbe sind in diesem Bereich bis heute viele Hinweise und Überreste der einstigen kriegerischen Auseinandersetzung erhalten, die seit Jahren in archäologischen Ausgrabungen erforscht und gesichert werden. Über die Wiese verläuft der so genannte Stahlplattenweg. Er ist ein Sinnbild für die Marschrichtung und den Weg, auf dem sich die Römer dem Engpass näherten – für sie der Weg ins Verderben.

In der Mitte des Parks liegt der Landschaftsschnitt. In diesem Areal sind beide Parkbereiche in einer Annäherung an die Altlandschaft vor 2000 Jahren vereint. Die hierin eingebettete Rekonstruktion der Wallan-

Ab dem 17. Jahrhundert wird Arminius zum beliebten Motiv in der bildenden Kunst und der Musik.

lage vermittelt einen Eindruck von der Größe und Konstruktion des von den Germanen errichteten Hinterhaltes.

Das architektonische Konzept setzt auf Abstraktion und Reduktion und verlagert so die Darstellung des historischen Ereignisses konsequent in die Vorstellungswelt der Besucher. Diese sind eingeladen, Blicke und Gedanken schweifen, den Ort wirken zu lassen und sich ein eigenes Bild von dem einstigen Geschehen zu machen. Installationen wie die Stelenreihe und der Stahlplattenweg liefern die hierfür erforderlichen Ausgangspunkte. Die Pavillons verstehen sich als Rückzugsräume für eine fokussierte Wahrnehmung und Auseinandersetzung. Doch der Pavillon des Sehens bietet kein Bild der Schlacht, der Pavillon des Fragens liefert keine einfachen Antworten. Was hat sich hier vor 2000 Jahren wirklich zugetragen? So lautet die zentrale Frage, die uns im Park, aber auch im Museum, auf Schritt und Tritt begleitet. Die archäologische Forschung hat in den vergangenen Jahren eine Fülle von Spuren, Hinweisen und Indizien ermittelt, die vielfältige Anhaltspunkte liefern und zukünftig vielleicht sogar dazu führen könnten, das bisherige Bild von der Varusschlacht zu korrigieren. Folgerichtig erzählt die Ausstellung nicht die Geschichte der Varusschlacht, sondern schildert das Abenteuer ihrer wissenschaftlichen Entdeckung, das 1989 begann.

„Hallo! Augenblick mal! Ich möchte Ihnen etwas zeigen. Ich bin hier einer der Ermittler ... nennen Sie mich einfach Stahnke. Mit diesen kleinen Dingern – da links – hat damals alles angefangen. Wenn ich gewusst hätte, was mich erwartet, hätte ich die Finger davon gelassen.“ Mit diesen Worten stellt sich Herr Stahnke im Zugang zur neuen Dauerausstellung den Besuchern in den Weg. Stahnke selbst ist erfunden. Nicht jedoch die von ihm noch etwas ratlos als „kleine Dinger“ bezeichneten Objekte. Sie stehen am Anfang der Ausstellung, und dies nicht ohne Grund. Sie waren das entscheidende „missing link“ in einer jahrhundertealten Diskussion und damit der eigentliche Auslöser für die seit 1989 stattfindenden Ausgrabungen am Kalkrieser Berg.

Doch Stahnke ahnt hiervon noch nicht das Geringste – er tappt im Dunkeln: „Die Teile, die Kollege Kramer mitgebracht hatte, sahen aus wie gammelige Pfefferminzbonbons. Dass sie aus Blei waren, hat mich gleich stutzig gemacht. Bis der Groschen fiel, hat es aber noch eine Weile gedauert: römische

Blick in den Themenbereich Rezeptionsgeschichte der Ausstellung

Die Spur führt nach Kalkriese – die Bibliothek in der Ausstellung lädt zum Suchen und Stöbern ein.

Schleuderbleie, Reichweite 300 Meter, auf kurzer Distanz punktgenau! Das waren römische Kriegswaffen ... und so was hier?" Stahnke hat einen neuen Fall. Mit seiner Hilfe erfahren wir, wie die Spurensuche um einen zunächst eher unscheinbar erscheinenden Fund völlig unverhofft zur Entdeckung der Varusschlacht führte. Im Mittelpunkt steht die wissenschaftliche „Spurensuche" und sie ist eben deshalb auch die konzeptionelle Grundidee der neuen Dauerausstellung.

„Spurensuche" – bei diesem Wort denken wir an verschwommene Zeichen, unübersichtliche Wege und unverhoffte Entdeckungen. „Spurensucher" müssen neugierig sein, genau hinschauen, sich gelegentlich bücken oder strecken, auch mal ins Ungewisse tasten und mit offenen Augen durch die Welt gehen. Spurensuche ist spannend und manchmal auch ein bisschen gefährlich.

Natürlich ist es kaum möglich, ein solches Erlebnis künstlich zu inszenieren. Schließlich sind wir nicht irgendwo im Wald, sondern im Museum und wollen alle, zwar um viele Erkenntnisse reicher, aber dennoch unbeschadet irgendwann wieder zurück nach Hause. Dennoch folgt die Ausstellung den Grundprinzipien einer kriminalistischen Spurensuche: So betritt der Besucher zunächst einen dunklen Innenraum. Noch fällt Tageslicht auf die erste Wand, doch was dahinter liegt, bleibt den Blicken verborgen. Wie Barrieren schieben sich die Wände in den Weg, versperren die Aussicht und eröffnen plötzlich unerwartete Durchgänge. Je tiefer sich der Besucher in das Labyrinth vortastet, umso dunkler und enger scheint es um ihn zu werden. Schiebebücher, Schubladen, Mikroskope, Hörorte, Info-Klappen, Medienstationen laden ein zum Suchen, Stöbern und Entdecken. Wir sind auf Spurensuche! Nur wer sucht, der findet.

Da nicht erwartet wird, dass sich jeder Besucher hieran aktiv beteiligen möchte, gibt es ein dreiteiliges Vermittlungssystem. Wer wenig Zeit hat, nur den roten Faden sucht und es eher unterhaltsam mag, hält sich an Stahnke. Der Ermittler führt launig und eher hemdsärmelig durch die Themen, stellt Fragen, lässt seine Gedanken schweifen und kommentiert die erzielten Ergebnisse.

Die weißen Informationsseiten bieten zu den einzelnen Themenbereichen inhaltliche Einführungen und Zusammenfassungen. Besonders Interessierte und vor allem sehr engagierte Spurensucher finden auf den kleinen schwarzgrundigen Texttafeln an den Wänden, in den Büchern, hinter den Klappen und in den Bildern vielfältige Hintergrunderläuterungen, Zusatz- und Vertiefungsinformationen. Mit dieser Gliederung kann sich jeder Besucher seinen Rundgang nach Lust und Interesse individuell zusammenstellen.

Die ersten Ermittlungsschritte führen diesen zusammen mit Herrn Stahnke in die Bibliothek. Dort eröffnen die zahlreichen Informationen Stahnke schlagartig das Ausmaß seines neuen Falles: „Zu viele Hinweise können einem mehr zu schaffen machen als gar keine. An 700 Orten wurde die Varusschlacht schon vermutet ... da macht man sich mit jedem weiteren Vorschlag ja nur lächerlich", stellt er irritiert fest und fällt nach eingehenden Überlegungen, vielen Tassen Kaffee und einigen Gesprächen einen folgenreichen Entschluss: „Die Kollegen haben gelacht. Konnte ich ihnen nicht verübeln. Sehe uns noch da stehen: Wiesen und Felder, soweit das Auge reicht, und nichts in der Hand als ein paar Bleiklümpchen und ein paar fixe Ideen. Aber unser Entschluss stand fest: Wir graben! Später hat keiner mehr gelacht."

Von nun an geht es Schlag auf Schlag. Die Spurensuche führt auf die Grabung, in verschiedene Labore, in die Landschaft, in das Münzkabinett, in die Geschichte und schließlich in den „Engpass". Danach ändert sich die Erzählperspektive. Aus Spurensuche wird Spurensicherung. Die Knochen der Gefallenen und Tausende von Fundstücken, darunter auch die ausdrucksvolle Gesichtsmaske eines römischen Reiterhelmes, führen dem Betrachter das Ausmaß an Gewalt und Zerstörung dieser Tragödie vor Augen. Vor allem kleine Fundstücke – Blechreste, Nägel, Ringe, mitunter kaum einen Daumennagel groß – haben das Schlachtgeschehen, die anschließenden Plünderungen und die folgenden Jahrtausende im Boden überdauert. Trotz ihrer Winzigkeit liefern sie wertvolle Hinweise auf die Ausrüstung der römischen Legionäre und geben Aufschluss darüber, dass nicht nur Soldaten, sondern auch Handwerker, Ärzte, Schreiber, Vermesser und Frauen zu den Opfern der Varusschlacht gehört haben müssen. Die Germanen bleiben allerdings im Hintergrund. Nur ein einziges Fundstück – ein Reitersporn – kann mit ihnen in Zusammenhang gebracht werden. Wie ist das möglich? Sie waren doch die Angreifer und Sieger dieser Schlacht. Gehen Sie auf Spurensuche ... Sicher finden Sie die Antwort!

Der letzte Ausstellungsbereich gilt dem späteren Helden jener Schlacht. „Arminius hatte Rom viel zu verdanken – seine Erziehung, sein Können, seine Karriere. Und dann legt ausgerechnet er diesen Hinterhalt. Ist so jemand ein Held? Ein Befreier? Ein Verräter?", fragt sich Stahnke und macht sich auf die Suche. Seit dem 16. Jahrhundert beflügelten Arminius und sein Sieg in der Varusschlacht die Phantasie der Zeitgenossen. Politische Hoffnungen und Sehnsüchte machten den Cherusker schließlich zum nationalen Helden und seinen Sieg zum politischen Mythos. Doch wer war Arminius wirklich? Das kann auch Herr Stahnke am Ende nicht beantworten. Arminius war immer so, wie man ihn brauchte: beherzt, mutig, romantisch, leidenschaftlich, draufgängerisch, diplomatisch und irgendwann wohl auch verzweifelt.

Doch was wäre gewesen, wenn Varus gewonnen hätte ...? Mit einem ironischen Augenzwinkern verabschiedet sich Stahnke an dieser Stelle. Für ihn ist der Fall klar. Kalkriese ist der Ort der Varusschlacht! Dennoch bleibt er, und wir bleiben es natürlich auch, weiter an diesem Fall, schließlich sind noch viele Fragen offen.

Archäologie, Ausstellung und Architektur sind die inhaltlichen Schwerpunkte des Hauses. Darüber hinaus gibt es jedoch noch eine Vielzahl weiterer Angebote zur Information und Unterhaltung. Neben den Vortragsreihen im Winterhalbjahr und den Themenwochenenden im Frühjahr, gehört hierzu das schon weit über die Region bekannte alljährliche Oster-Leuchten und die überaus beliebten, alle zwei Jahre zu Pfingsten stattfindenden Internationalen Römer- und Germanentage. Überdies lädt nicht zuletzt die reizvolle Lage des Museums zu weiteren kulturellen und landschaftlichen Erkundungen in der Umgebung ein. Biergarten, Gasthaus und Spielplatz bieten allen Ausflugsgästen, Wanderern und Radfahrern einen willkommenen Anlass für eine kurze – oder auch längere – Verschnaufpause an jenem einzigartigen Ort, auf den vor fast 2000 Jahren das Licht der Weltgeschichte fiel.

Tausende Fundstücke sind stumme Zeugen der Tragödie.

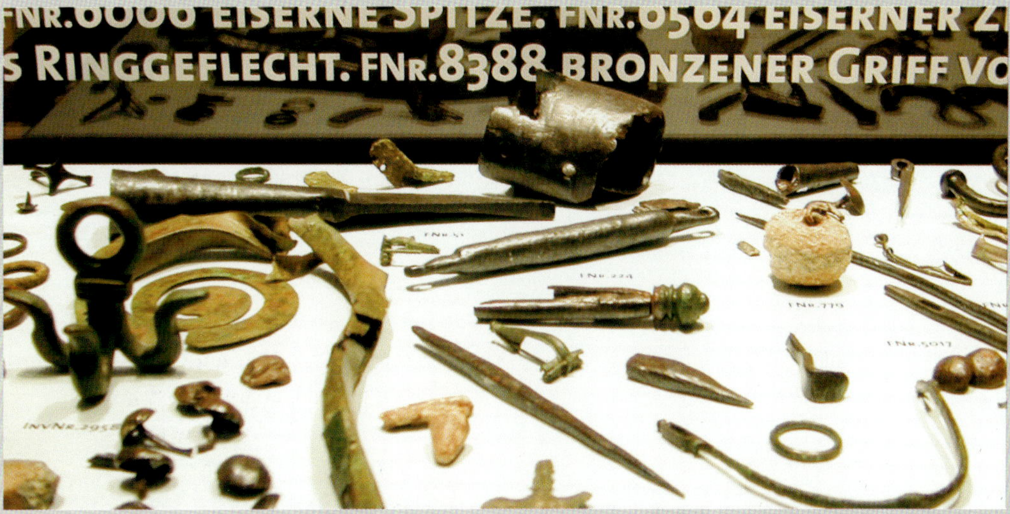

Was wäre gewesen, wenn ...

Wenn Varus die Schlacht gewonnen hätte? Würden wir anders leben, wäre unsere Geschichte anders verlaufen? Hätten wir eine andere Kultur? Tatsächlich, was wäre gewesen, wenn, Herr Professor Baring?

Verbindungen zwischen dem Damals und dem Heute sind offensichtlich. Wären die Amerikaner im Zweiten Weltkrieg weiter nach Osten vorgedrungen, hätte es die DDR nicht gegeben, wäre unsere Geschichte also anders verlaufen. Wie man Arminius bewertet, seine Leistungen, seine Schlacht, hängt wesentlich davon ab, wie sich die Deutschen jeweils selber sehen. In einer Phase, in der sie sich gegen das Welsche, den Westen, gegen das Französische oder Italienische abgrenzten, hielten sie den Cherusker für einen großen Helden, für ein Vorbild. In Phasen, in denen sie sich, wie in den letzten Jahrzehnten, dem Westen sehr nahe fühlen, ein Teil des Westens sind, mit dem Westen verschmelzen wollen, wird umgekehrt argumentiert und gesagt, es sei ein großer Jammer, dass wir jene Schlacht damals gewonnen haben. Es wäre viel besser für Deutschland gewesen, heißt es dann, wenn die Römer bis an die Elbe vorgedrungen wären, wenn also die Segnungen der römischen Zivilisation, die vielen technischen Erfindungen, das Handwerk, das Kunsthandwerk, aber auch die Transportwege, die Mentalitäten und Errungenschaften wie das Römische Recht in großen Teilen des späteren Deutschlands verbreitet worden wären. Ich glaube also, dass die Figur des Arminius Konjunkturschwankungen unterliegt: Zu Zeiten wächst sein Prestige, dann wieder fällt es.

Das römische Imperium war zu Zeiten des Arminius längst auf die Zuwanderung der Germanen angewiesen: Sie stellten Soldaten und Generäle und wurden Hauptstützen des römischen Heeres. Um die germanischen Fürstensöhne fester an Rom zu binden, bot man ihnen die besten Aussichten für ihre persönliche Karriere. Sie konnten sich in Rom zu militärischen Führern ausbilden lassen und später hohe Ämter bekleiden. So wurden auch die Brüder Arminius und Flavus zu römischen Offizieren ausgebildet und in den Ritterstand erhoben.

Arminus/Hermann befehligte im Dienste der römischen Armee bei den Feldzügen des Tiberius in Germanien und Pannonien cheruskische Hilfstruppen. Die Römer wollten partout die Rheingrenze sichern. Starke germanische Stämme waren deshalb bereits unterworfen worden und der Umwandlung Germaniens in eine römische Provinz schien nichts mehr im Wege zu stehen. Aber die Römer machten entscheidende Fehler. Sie versuchten in der Fremde Gesetzgebung, Verwaltungsstrukturen und die Steuerpflicht durchzusetzen. So bedachte Varus, ein erfolgreicher Verwaltungsmann, nicht, dass die Erhebung von Steuern in Germanien noch kaum bekannt war. Die Menschen dort empfanden dieses Diktat als Unrecht und wehrten sich gegen die Ordnungsmacht der Römer, die sich ihrer Meinung nach auch viel zu oft in ihre internen Auseinandersetzungen, in die germanische Stammesführung, einmischten und willkürlich die eine oder andere Seite bevorzugten. Viele lehnten die Fremdherrschaft ab. Sollte uns das nicht bekannt vorkommen?

Arminius, vertraut mit den römischen Sitten und Bräuchen, beschloss, sich gegen Rom zu stellen und Germanien von den Römern zu befreien. Nachdem er in seine Heimat zurückgekehrt war, organisierte er den Widerstand. Als der Römer Varus schließlich im Herbst des Jahres 9 n. Chr. mit drei Legionen in sein Winterlager aufbrach, wurde er von dem cheruskischen Adligen in eine Falle gelockt – ein Signal mit weitreichenden Folgen. Man darf aber nicht vergessen, dass dieser historische Sieg über die unbeliebte römische Besatzungsmacht für die Germanen nur möglich wurde, weil Arminius die einzelnen Stämme dazu brachte, ihre Streitigkeiten beizulegen und gemeinsam gegen die Römer zu kämpfen. Wurde er deshalb zum Mythos?

Wechselnde Loyalitäten spielen eine Rolle. Arminius stand in römischen Diensten, war dort Offizier geworden, aber das machte ihn nicht zum Römer. Er war kein Einzelfall. Wissenschaftler wie Alexander Demandt betonen, das Römische Reich sei an der misslungenen Integration der Germanen zugrunde gegangen. Sie hätten sich zwar im Römischen Reich niedergelassen, seine zahlreichen Privilegien in Anspruch genommen, seien aber keine Römer geworden. Die Massen der eingeströmten Germanenvölker weichten das Reich von innen auf und brachten es schließlich zu Fall.

Die Einsicht in diese Zusammenhänge ist auch heute nicht ohne Wert. Wenn es uns nicht gelingt, die zahlreichen Zuwanderer aus anderen Teilen der Welt im Laufe der nächsten 20, 30 oder 40 Jahre zu vollgültigen Deutschen zu machen, die unsere Sprache sprechen, sich in unsere Geschichte, Kultur und

Linke Seite:
Blick von Westen in die Kalkrieser-Niewedder Senke. Der Bildausschnitt zeigt die Hangsandzone am Fuß des Kalkrieser Berges zwischen dem Mittellandkanal im Norden (linker und oberer Bildrand) und der B 218 im Süden (rechter Bildrand) an der schmalsten Stelle des Engpasses. In der rechten Bildhälfte knapp oberhalb der Bildmitte sind das Museum der Varusschlacht mit Turm sowie das Gehöft mit Gasthaus, Museumsshop, Kindermuseum und den Arbeitsräumen der Archäologen zu sehen, unterhalb der beiden Gebäude der archäologische Park auf dem Oberesch.

Umgangsformen einleben, ihre Kinder auf deutsche Schulen und Universitäten schicken, deutsche Karrieren anstreben, statt mit einem Gemüseladen an der Ecke über Generationen hinweg das Leben zu fristen, dann werden diese Menschen in unserer Gesellschaft Fremdkörper bleiben. Sollten sich die Zuwanderer obendrein islamisch fundamentalistisch aufladen, wird es möglicherweise harte Zerreißproben geben. Eine Integration, die die Zuwanderer bis auf folkloristische Reste uns anverwandelt, ist also eine sehr wichtige Aufgabe. Wenn sie misslingt, wird sich unsere Gesellschaft allmählich auflösen.

Was lehrt uns das? Kann der Mensch überhaupt aus der Geschichte lernen?

Wenn Sie einen Historiker fragen, wird er natürlich sagen: Wir haben diese Hoffnung, sonst hätten wir nicht unseren Beruf gewählt. Tatsächlich wiederholt sich die Geschichte in Grundzügen. So wurden beispielsweise Völker, die bequem, leistungsschwach und vergnügungssüchtig waren, von außen überrannt oder brachen, morsch geworden, im Inneren zusammen. Es gibt historische Einsichten, die man unter den wechselnden, modischen Verkleidungen der jeweiligen Zeit immer wieder entdecken kann und beherzigen sollte. Geschichte wiederholt sich natürlich nie in gleicher Weise. Aber es gibt Parallelen in der Geschichte und deshalb ist es nicht unnütz, sich das Geschehen anhand zeitgenössischer Alternativen zu verdeutlichen. Was wäre die Folge eines Sieges der Araber bei Tours und Poitiers über die Franken gewesen? Wahrscheinlich stünde dann jetzt an der Stelle des Petersdoms in Rom eine riesige Moschee.

Was sollte man tun, um die Integration tunlichst voran zu bringen? Welche Fehler der Römer sollte man vermeiden?

Bisher sind nicht die Eliten der Türkei, sondern anatolische Bauern zu uns gekommen, die natürlich besondere Schwierigkeiten hatten, sich in einem fremden Land unter völlig anderen Lebensverhältnissen zurechtzufinden. Manche holten sich Halt in einem strikten, fundamentalistischen Islam. Die Religion diente der Selbstvergewisserung, der inneren Stabilisierung. Vermutlich wären wir weiter mit der Integration unserer Zuwanderer, wenn wir eine bessere Meinung von uns selbst hätten. Ein Land ist nur dann für andere attraktiv, wenn es von sich etwas hält, sich als gut, als liebenswürdig empfindet und es dadurch auch wird. Das gilt ebenso für alle Partnerschaften und individuellen Bindungen, die wir als Einzelne eingehen. Man muss eine hinreichend positive Meinung von sich selbst haben, um für andere anziehend zu werden. Man kann aus guten Gründen der Meinung sein, dass die Deutschen zu wenig von sich halten und ein Teil ihrer Probleme daher rührt. Die Deutschen empfinden sich selbst häufig als Peinlichkeit. Das macht den Umgang anderer mit ihnen schwierig.

Arminius/Hermann der Cherusker wurde im Teutoburger Wald in einer Größe von etwa 26 Meten vom Architekten Ernst von Bandel auf einen 30,70 Meter hohen Sockel gestellt. Die überdimensionale, gigantische Figur blickt drohend Richtung Westen, dem „Erbfeind" Frankreich entgegen. Kaiser Wilhelm I. höchstpersönlich weihte am 16. August 1875 das Hermannsdenkmal ein und die Bewunderung für den Cheruskerfürsten als deutschen Nationalhelden ist noch heute in konservativ national denkenden Kreisen präsent, als Symbol der nationalen Befreiung von „welschem Joche".

Hermann wurde zum Mythos, weil dieser Mythos die kulturelle Selbstfindung im 19. Jahrhundert unterstützte und der Mobilisierung für den Krieg diente. Im Jahre 1871 wurde das Deutsche Reich nach einer gescheiterten Revolution (1848/1849) und den Kriegen gegen Österreich, Dänemark und Frankreich endlich gegründet. Die nationale Einigung war damit erreicht, wie damals die Einigung der Germanen durch Arminius?

Der ironisch schärfste Kritiker der „Hermannsverehrung" war Heinrich Heine. Er fragte bissig: „...Wo fängt der Germane an? Wo hört er auf? Darf ein Deutscher Tabak rauchen? Nein, behauptete die Mehrheit. Darf ein Deutscher Handschuhe tragen? Ja, jedoch von Büffelhaut ..." (Erinnerungen, Wartburgfest 1817) Bereits Anfang des 19. Jahrhunderts misstraute der Dichter dieser nationalen Rückbesinnung als „Deutschtümmelei". Die Geschichtsfigur Arminius/Hermann wurde seiner Meinung nach von den reaktionären Kreisen missbraucht. Wir kennen die ironischen Verse aus seinem „Wintermärchen", dem „Protokoll" einer 1843 unternommenen Reise von Paris nach Hamburg, die durch die Detmolder Gegend führte.

Ahnungslos näherte sich das römische Heer von Osten dem Engpass zwischen dem Kalkrieser Berg und der Niederung – ein Weg ins Verderben. Der Stahlplattenweg symbolisiert den Zug der Römer und erstreckt sich über eine Länge von 400 Metern durch den gesamten Park.

Tatsächlich ist der Mythos der Hermannsschlacht eine Erfindung viel späterer Jahrhunderte. Der historische Hermann/Arminius hatte kaum etwas zu tun mit der Figur, die man im 19. und 20. Jahrhundert aus ihm gemacht hat. Der deutsche Nationalismus, der sich seiner bediente, war ein Ableger der Französischen Revolution. Deutschland fühlte sich durch die napoleonischen Eroberungen gedemütigt und wehrte sich gegen die französische Überfremdung. Sebastian Haffner hat einmal gesagt, die Deutschen seien mit zwei Entschlüssen aus den Befreiungskriegen hervorgegangen: Das soll uns nicht noch einmal passieren! Und: Das wollen wir auch mal machen!

So verfasste Heinrich von Kleist 1806 unter dem Eindruck der napoleonischen Besetzung die „Hermannsschlacht“. Er propagierte in seinem Stück den Hass. Hass als Tugend und wahre Vaterlandsliebe. „Wer Rom nicht hassen kann, kann Deutschland nicht lieben.“ Der politische Gegner wurde zum absoluten Feind. Es genügte nicht, ihn zu schlagen, man musste ihn vernichten. „Ich will die höhnische Dämonenbrut nicht lieben. So lang sie in Germanien trotzt, ist Hass mein Amt und meine Tugend Rache.“ Das Stück wurde 1821 veröffentlicht und 1839 uraufgeführt.

20 Jahre später galt Kleists „Hermann" als Vorkämpfer für die Ziele der deutschen Nationalisten. Die „Hermannsschlacht" wurde zum Standardwerk. Allein 1913 wurde das Stück mehr als 60 Mal aufgeführt. Unmittelbar nach Kriegsbeginn 1914 eröffnete das Schillertheater damit die Berliner Theatersaison. Zwischen den einzelnen Akten verlasen Schauspieler die aktuellen Siegesmeldungen von der französischen Front. Den Soldaten legte man die „wundervollen patriotischen Rasereien" Kleists ausdrücklich ans Herz, weil sie nach solcher Lektüre „hundertfach siegen" würden. Die Figur des Arminius war also in aller Munde. Diese Manipulation und der Gedanke an einen „Erbfeind", wäre das heute überhaupt noch möglich? Haben wir Feindbilder? Jetzt, wo man in Berlin die Absicht hat ein deutsches „Zentrum gegen Vertreibungen" zu errichten, sind boshafte Karikaturen einiger polnischer Zeitungen an der Tagesordnung. Der deutsche Revanchist lebt bei den Nachbarn wieder auf? Hat man zu früh geglaubt, dass jene grausamen Feindbilder endlich verschwunden sind?

Dieses Zentrum, ein Gedächtnisort für die eigenen Vertriebenen, sollte von Anfang an ganz bewusst völkerverbindend angelegt werden, also nicht nur der Opfer unter den Deutschen, sondern auch der Opfer der Deutschen gedenken. Es hat allein im Jahrzehnt zwischen 1939 und 1949 50 Millionen Vertriebene in Europa gegeben, unter denen die deutschen Vertriebenen – aus unseren früheren Ostgebieten sowie anderen Teilen Ostmitteleuropas – die größte Gruppe waren. Von ihnen kamen zwei Millionen Menschen zu Tode, vor allem Frauen und Kinder. Der große negative Widerhall auf die Initiative des „Bundes der Vertriebenen" in Polen und Tschechien zeigt, dass es immer noch sehr viele, stark national geprägte Verletzungen in diesen Ländern gibt. Warum kommt dieses Thema erst jetzt hoch? Die Deutschen haben sich in den letzten Jahrzehnten keine nationale Identität erlaubt, weil sie wegen des Dritten Reiches sehr beschämt und selbstkritisch waren. Da Hitler den Krieg begonnen habe, hieß es, dürften wir nicht die eigenen Toten betrauern. Die Erinnerung an die Opfer unter den Deutschen war also in der Öffentlichkeit weithin tabuisiert. Mich hat das immer irritiert, weil ich überzeugt war und bin, dass die Trauer um eigene Angehörige, um Angehörige des eigenen Volkes, ein elementares menschliches Bedürfnis ist.

Die Deutschen haben die Geschichte eigenen Leidens nach 1945 auch deshalb aus dem Gedächtnis verdrängt, weil sie überzeugt waren, die Nationen würden in einem vereinten Europa aufgehen, sich dort auflösen, die bisherigen nationalen Unterschiede auf bloß landsmannschaftliche Besonderheiten zusammenschrumpfen. Wir hatten eine ideale Vorstellung von Europa, wenn auch aus einem negativen Impuls heraus. Wir waren überzeugt, nicht nur die deutsche Nation sei eine Sache der Vergangenheit, sondern alle Nationen seien von der Geschichte überholt. Daher solle man sich künftig auf ein europäisches Bewusstsein konzentrieren. Die Nationen Europas existieren bis heute auf zwei verschiedenen Ebenen. Die europäische ist wirtschaftsprägend, wozu auch rechtliche Bindungen gehören. Die andere Ebene ist die nationale, auf der nach wie vor Außen- und Sicherheitspolitik, aber auch viele innenpolitische Themen (Demokratie, Rechtsstaat, Sozialstaat, Bildungswesen) behandelt und entschieden werden. Die Nationen bleiben, obwohl die Deutschen geglaubt haben, sie würden alles Nationale endgültig los und zugleich damit ihre ganze leidige Geschichte. Inzwischen ist unübersehbar eine Renationalisierung des öffentlichen Bewusstseins in vollem Gange. Es ändert sich etwas klimatisch.

Heinrich von Kleist hat betont, zur Stilisierung eines Gegners als Erbfeind komme es immer nur in Zeiten aktueller Bedrohung. Früher waren es in Deutschland die Franzosen, in Zeiten des Kalten Krieges die Sowjets, die sich so bezeichnet sahen. Man ahnt heute, dass es zu einer anti-islamistischen Feindvorstellung kommen könnte, wenn der Terrorismus weiter um sich greift und in Europa Einzug hält.

Das 20. Jahrhundert war unglaublich brutal. Aber darf man hoffen, dass das 21. Jahrhundert besser wird? Die Brutalität der jüngsten Vergangenheit lag an der verbreiteten Überzeugung, das eigene Volk, das eigene Land sei von Feinden bedrängt und umstellt. Die Feinde müssten daher zurückgedrängt werden, hätten zu verschwinden.

Die westeuropäische Integration der Nachkriegsjahrzehnte hat unter ausgemacht glücklichen ökonomischen und sozialen Umständen stattgefunden. Heute, wo viele europäische Gesellschaften, auch wir, in ökonomischen Schwierigkeiten stecken, merkt man schmerzlich, wie mühsam es ist, die Bevölkerung an den Gedanken zu gewöhnen, dass wir künftig kürzer treten müssen als bisher.

Was geht in uns um, wenn wir uns erinnern? Brauchen wir die Erinnerung? Heißt das zu versuchen, das Gedächtnis eines Ortes aufzuspüren?

„Anblicke von Ruinen oder Schlachtfeldern können uns in die Vergangenheit versetzen. Eine Vergangenheit, die wir in uns tragen. Oder ist es unsere Erinnerung, die das Gedächtnis des Ortes zu neuem Leben erweckt?“, fragt der Sprecher, Mathias Habicht, im Film des Museums. Brauchen wir in unserer heutigen Zeit noch Helden oder besser Vorbilder?

Ja, unbedingt! Viele Europäer glauben momentan, keine Helden mehr zu brauchen, da es keine Kriege mehr gebe oder geben dürfe. Die eigene Friedfertigkeit ist aber überhaupt keine Garantie für die Friedfertigkeit anderer. Bisher darf man nicht glauben, das Reich des ewigen Friedens sei angebrochen und die Vereinten Nationen oder die Amerikaner schützten uns gegen alle Unbill der Weltpolitik. Das mag in der Zukunft eines Tages der Fall sein. Aber bisher zeigt die Mehrzahl der Regime, die in der Welt herrschen, gewaltige kriminelle Energien.

Die Deutschen haben mit Vorbildern oder Helden ihr ganz eigenes Problem. Sie sind ihnen abhanden gekommen, sind abgewertet – wie ihre ganze Geschichte. Zumal junge Deutsche kennen kaum historische Verbundenheiten mit dem eigenen Land. Das hat, wie wir heute sehen, große Nachteile. Denn um aus den großen Schwierigkeiten der jetzigen misslichen Lage herauszufinden, braucht Deutschland positive Vorbilder aus der eigenen Vergangenheit.

Es wäre dringend notwendig, den Landsleuten klarzumachen, dass sie in ihrer Geschichte ganz andere, viel größere Krisen gemeistert haben als die gegenwärtige. Man müsste Beispiele anführen, Vorbilder nennen, Menschen schildern, die unter schwierigen Umständen ihr Leben eingesetzt haben, um das Land voranzubringen, zu sichern, die Lage zu meistern. Ohne ermutigende historische Rückgriffe wird der Ruck in Deutschland ausbleiben, der immer wieder gefordert wird – und doch bisher nicht gekommen ist.

Die Geschichte erzählt, dass beim Gründungstreffen der Nationalsozialisten in Lippe sowie auf Wahlplakaten und Werbepostkarten der NSDAP das Hermannsdenkmal im Jahre 1932 noch einmal aufgewertet wurde. Nachdem die „Lippische Volkszeitung“ den 15. Januar 1933, den Wahltag, als „Tag der Varusschlacht des 20. Jahrhunderts“ bezeichnet hatte, stellte der „Simplicissimus“ am 5. Februar 1933 auf seine Titelseite anstelle Hermanns, Hitler auf den Denkmalsockel, der statt des Schwertes seine Hand zum Hitlergruß nach oben streckte. In der linken Hand hielt er keinen Schild, sondern ein kleines Schwert, dessen Knauf zu einem Hakenkreuz geformt war. Der Text dazu lautete: „Fort mit Hermann! In den Teutoburger Wald gehört Adolf! Ihm gelang es mit nur 6000 Lippe-Detmoldern ein Sechzigmillionenvolk zu schlagen!“

Das Hermannsdenkmal im Teutoburger Wald wurde trotz allem als nationale Wallfahrtsstätte von den Nationalsozialisten abgelehnt, denn Arminius, der seinen Feldherren hintergangen hatte, konnten die Nazis nicht als nationales Vorbild akzeptieren. Er lockte ihn in eine Falle, obwohl er ihm hätte dienen müssen ... Denn das höchste Gut des germanischen Mannes sind „Mut und Treue und Ehre“ nach dem Vorbild des edlen Siegfrieds aus dem Nibelungenlied (1200–1210).

Nibelungentreue ist nie richtig. Denn sie wäre bedingungslose Treue. Meines Erachtens kann Treue aber immer nur bedingt sein, in allen Lebenslagen, auch zwischen Partnern. Ich würde selbst von meiner Frau nie bedingungslose Treue erwarten. Wenn dies auf intime Vertrauensverhältnisse zutrifft, dann erst recht auf berufliche oder politische Verbundenheiten.

Wenn man es mit einem Diktator zu tun hat, haben nur die eine Chance, sich ihm zu nähern, ihn notfalls umzubringen, die in seiner Umgebung arbeiten, sich wenigstens dort aufhalten. In Diktaturen kann also ein Anschlag immer nur dann gelingen, wenn er von Gefolgsleuten des Alleinherrschers ausgeht. Nur ein Mensch aus der unmittelbaren Umgebung kann bei einem Staatsstreich, einem Putsch, einer Revolte, einem Überfall eine maßgebliche, entscheidende Rolle spielen.

Wie Arminius, Hermann der Cherusker, auf dem Schlachtfeld bei Kalkriese.

Bild- und Rechtenachweis

Conditorei Coppenrath & Wiese: S. 162 o. m.
Deutsche Bundesstiftung Umwelt: S. 220 l. (Foto: Michael Münch), r. (Foto: Jörn Martens)
Diözesanarchiv Osnabrück: S. 58 o., 60
Diözesanmuseum Osnabrück, Foto Strenger: S. 62 l., o., u., 63 u. l., r., 64 l., o., u.
Erich Maria Remarque-Friedenszentrum: S. 122 o., 126 r., 127 u., 130 u., o., 132, 133 r.
Felix Schoeller Service GmbH & Co. KG: S. 160 u. l.
FUCHS Gewürze GmbH: S. 162 o. l.
Georgsmarienhütte Holding GmbH: S. 167, 168
Harms E./Neue Osnabrücker Zeitung: S. 134, 135, 136
Ihr Platz GmbH & Co. KG: S. 160 u. r.
Johaentges, Karl, Hannover: S. 229 o., 231
Karl Leysieffer GmbH & Co. KG: S. 162 o. r.
Kulturgeschichtliches Museum Osnabrück, Felix-Nussbaum-Haus: S. 142, 146, 147 o., u., 148 l., r., 151 u., 152, 153 o., u., 154, 155, 156, 157/Bitter & Brett: S. 142, Foto Strenger: S. 150, 151 o.
© VG Bild-Kunst, Bonn 2004: Seiten 146–148, 151 u., 152–154, 156
Niedersächsisches Staatsarchiv Osnabrück: S. 133 l.
Piepenbrock Service GmbH + Co. KG: S. 160 u. m.
Remarque-Collection, New York University: S. 124 r., 128, 131
Sammlung Rabe, Niedersächsisches Staatsarchiv Osnabrück: S. 122 u., 127 o. r.
Schomann, Rainer: S. 189
Stadt Osnabrück: S. 104 (Foto: Fritz Günter Schwarzenberger)
Terhorst, Frank, Osnabrück: S. 123 u., 127 o. l.
TERRA.vita: S. 193 o., u., 195 u. l., r.
terre des hommes Deutschland e. V.: S. 117
Verlag H. Th. Wenner, Osnabrück: S. 124 l.
Familie Vordemberge: S. 126 l.

Alle hier nicht aufgeführten Fotos stammen von PUNCTUM Fotografie, Leipzig – Peter Franke und Bertram Kober.

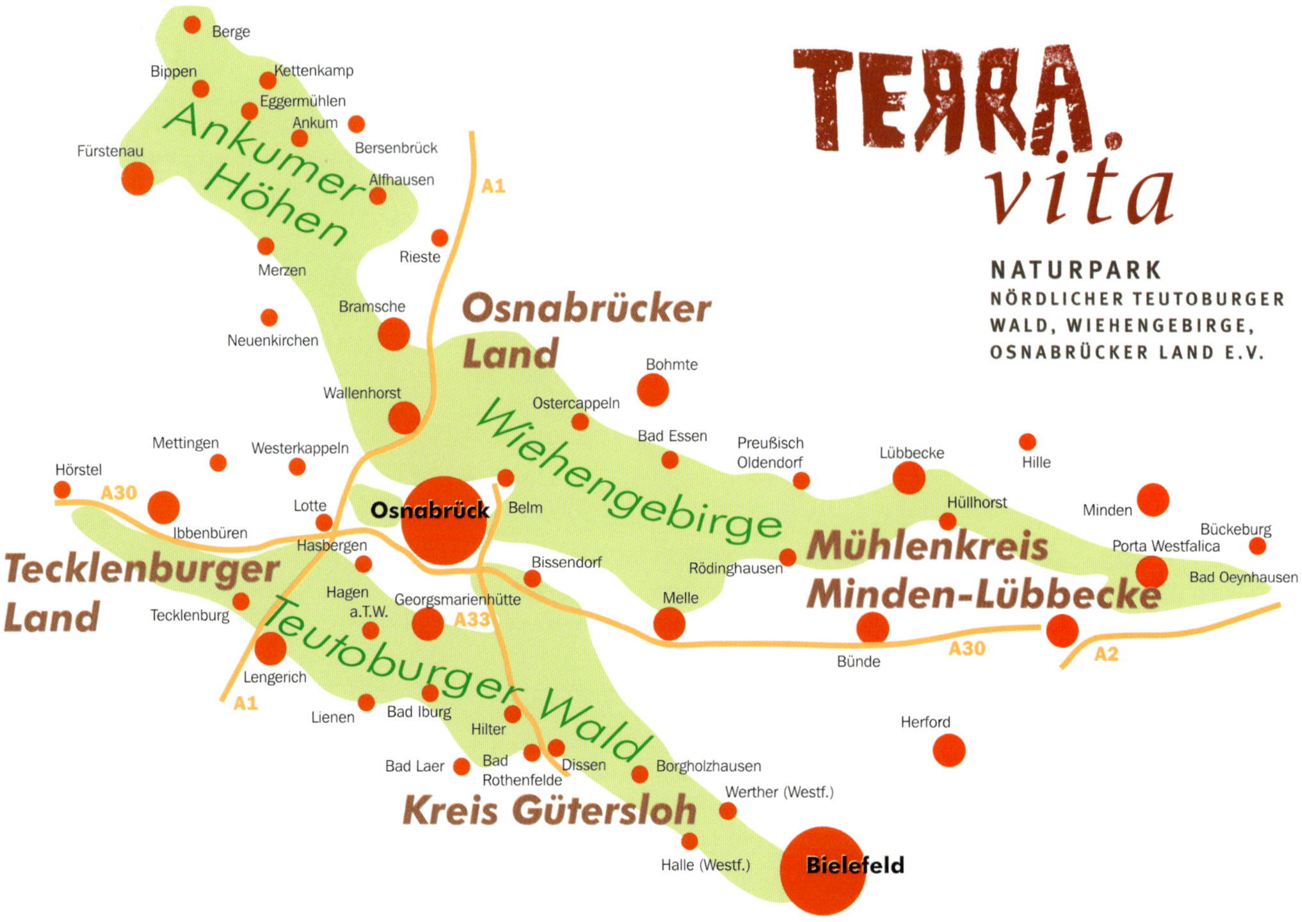

Osnabrücker Land

Stadtplan Osnabrück

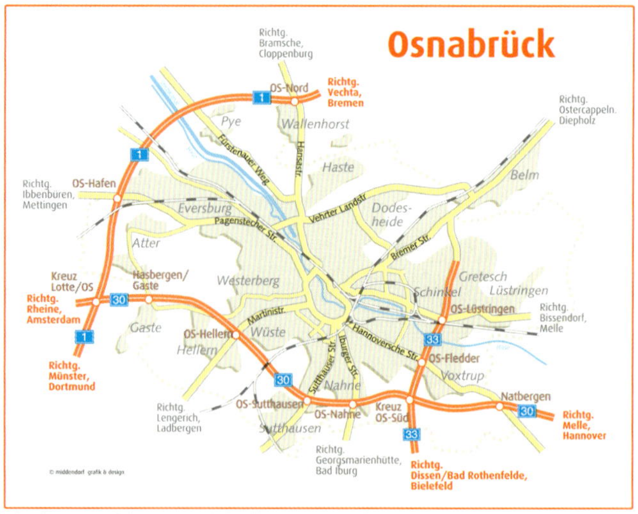

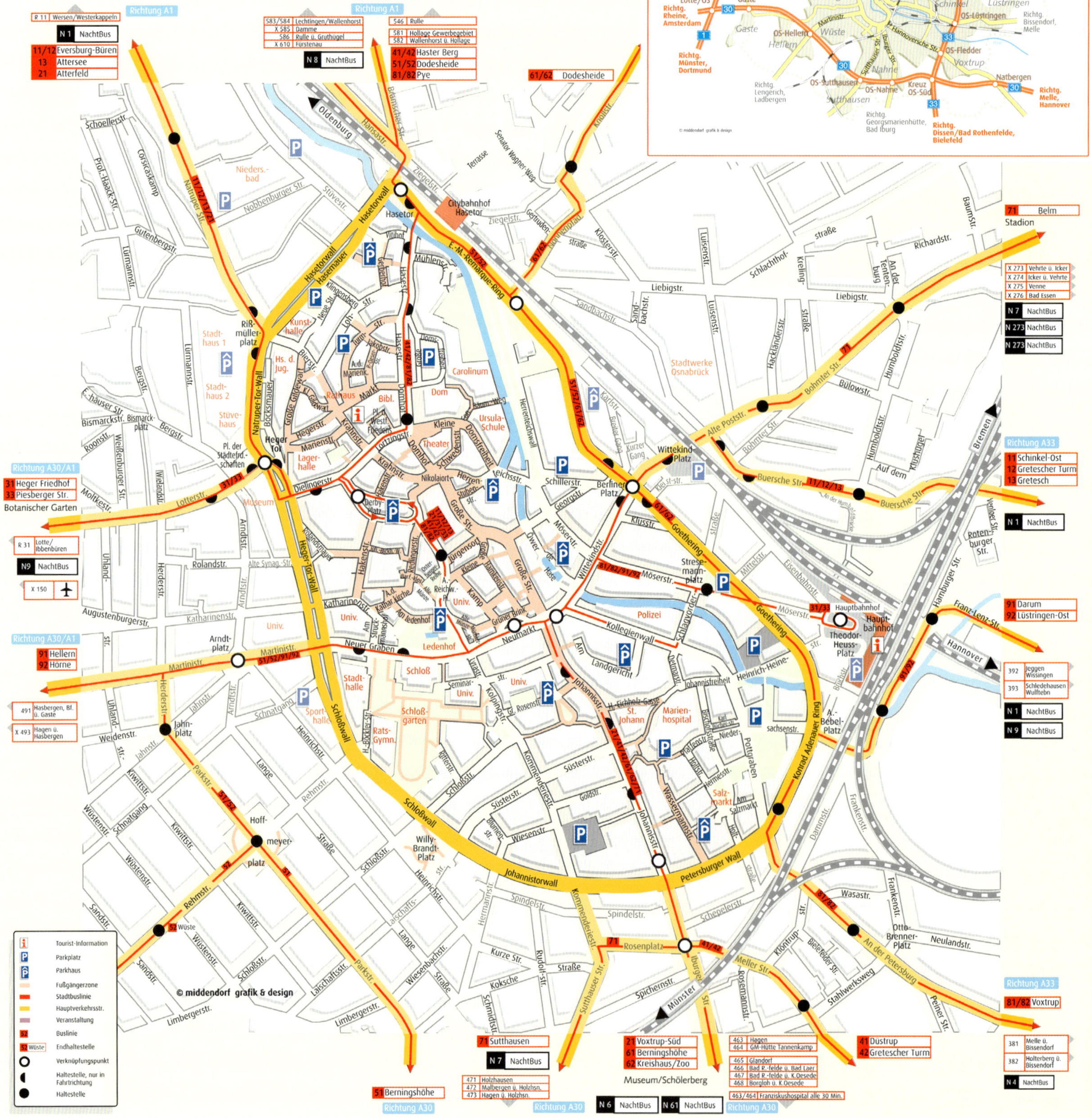